2024

ケアマネジャー試験

合格問題集

中央法規

はじめに

　介護支援専門員の養成が開始された 1998 年から 20 年以上の歳月を経た現在において、介護支援専門員は、ケアマネジメントそのものを具現化させる、すなわち介護サービスを利用しようとする高齢者のケアプランの調整役として「なくてはならない存在」となっています。介護保険制度の定着とともに、介護支援専門員はわが国において確固たる地位を確立したといえるでしょう。

　一方、介護保険制度においては、この間制度改正を繰り返しながら、より一層、ケアマネジメントの質が求められるようになり、地域包括ケアの具体化に向けた制度設計に拍車をかけています。2015 年制度改正では、「地域包括ケアシステムの構築」に向けた体制の強化が行われ、2018 年制度改正では地域包括ケアシステムのさらなる強化のため、介護医療院の創設や利用者負担の見直しなどが行われました。さらに 2021 年と 2024 年にも制度改正が行われました。そうしたなかで、介護支援専門員には、地域包括ケアの中核としてさらなる期待が寄せられているといえるでしょう。

　私たち中央法規ケアマネジャー受験対策研究会では、介護支援専門員実務研修受講試験に向けた模擬問題集を毎年発行してきました。受験対策書籍が多数出版されるなか、本書は、多くの受験者の方々から信頼され、毎年発行を待ち望んでいただいています。それは、本研究会の想いに基づく編集方針が一貫しているからでしょう。

　本書は、本研究会独自の分析に基づき、試験でよく問われる内容の問題を厳選して収載しています。ぜひ、本書の問題を繰り返し解いて、合格力アップにお役立てください。

　本書が試験合格の一助となれば幸いです。そして合格の暁には、質の高いケアマネジメントを地域で展開させる力量をもち、利用者から信頼される、利用者本位の介護支援専門員として、ご活躍されることを祈念しています。

　2023 年 12 月

中央法規ケアマネジャー受験対策研究会

目次

はじめに

本書の使い方

介護支援専門員実務研修受講試験の概要

出題傾向

2024 年介護保険制度改正のポイント

介護保険制度改正の変遷

1 介護支援分野

1	介護保険制度導入の背景等	2
2	介護保険制度の目的等	7
3	介護保険の保険者及び国、都道府県の責務等	11
4	介護保険の被保険者等	20
5	財政構造と保険料	26
6	要介護認定及び要支援認定	38
7	保険給付の種類・内容等	51
8	利用者負担	62
9	他の法令等による給付調整等その他の規定	67
10	介護支援専門員	68
11	サービス提供事業者・施設	73
12	地域支援事業等	85
13	介護保険事業計画	91
14	国民健康保険団体連合会の介護保険事業関係業務	93
15	審査請求	95
16	介護保険制度におけるケアマネジメント	98
17	居宅のケアマネジメント	104
18	介護予防支援サービス	115
19	指定居宅サービス事業にかかる運営基準（居宅）の共通事項	120
20	事例	122

2 保健医療サービス分野

1　高齢者の心身機能の特徴 ……………………………………… 128
2　医学的診断・予後予測・医療との連携 ……………………… 135
3　バイタルサインと検査 ………………………………………… 143
4　高齢者に多い疾病 ……………………………………………… 148
5　急変時の対応 …………………………………………………… 162
6　感染症の予防 …………………………………………………… 165
7　認知症高齢者の介護 …………………………………………… 171
8　精神に障害のある場合の介護 ………………………………… 180
9　ケアにおけるリハビリテーション …………………………… 182
10　ターミナルケア ………………………………………………… 184
11　薬の知識 ………………………………………………………… 189
12　栄養・食生活からの支援と介護 ……………………………… 191
13　介護技術の展開 ………………………………………………… 193
14　訪問看護 ………………………………………………………… 201
15　訪問リハビリテーション ……………………………………… 207
16　居宅療養管理指導 ……………………………………………… 208
17　通所リハビリテーション ……………………………………… 212
18　短期入所療養介護 ……………………………………………… 215
19　定期巡回・随時対応型訪問介護看護 ………………………… 218
20　看護小規模多機能型居宅介護 ………………………………… 220
21　介護老人保健施設 ……………………………………………… 222
22　介護医療院 ……………………………………………………… 225

3 福祉サービス分野

1	訪問介護	230
2	訪問入浴介護	236
3	通所介護	240
4	短期入所生活介護	244
5	特定施設入居者生活介護	248
6	福祉用具	250
7	住宅改修	254
8	地域密着型サービス	256
9	介護老人福祉施設	271
10	ソーシャルワーク	276
11	社会資源の活用及び関連諸制度	286

本書の内容は、2023（令和5）年12月20日現在の法制度等（同日までに公布された法令、厚生労働省発出の通知等）に基づいています。

■2024年介護保険制度改正について

本書発刊後に明らかになった、2024（令和6）年施行の介護保険制度改正の内容のうち、本書に関連するものについて、弊社ホームページにおいて順次紹介していきます。下記URLでご確認ください。
https://www.chuohoki.co.jp/foruser/manager/

本書の使い方

● 出題傾向の徹底分析及び制度改正の動向をふまえて、介護支援分野125問、保健医療サービス分野100問、福祉サービス分野75問の計300問を厳選して掲載しています。一度解いただけでは、知識は身に付きません。チェック欄が付いていますので、3回は解いて、知識を定着させましょう。

● 各選択肢ごとに〇×の理由をわかりやすく解説しています。また、内容を視覚的に理解しやすいように、図表を多数掲載しています。

---

1 訪問介護

訪問介護

問 題 226 ✓ ✓ ✓

介護保険における訪問介護について正しいものはどれか。2つ選べ。

1 利用者宅の窓ガラス磨きは、生活援助として算定できる。
2 薬の受け取りは、生活援助として算定できる。
3 利用者が飼育している犬に餌をあげることは、生活援助として算定できる。
4 一人暮らしの利用者宅の庭の草むしりは、生活援助として算定できる。
5 ゴミ出しは、生活援助として算定できる。

解 説 頻出

> 解説のポイントや重要語句は赤文字に

1 × 窓ガラス磨きは、日常的に行われる家事の範囲を超える行為と考えられ、生活援助として算定できない。

2 〇 薬の受け取り（処方薬の受け取り）は、生活援助として算定できる。

3 × 利用者が飼育しているペットに餌をあげることや犬の散歩等のペットの世話は、訪問介護員が行わなくても日常生活を営むのに支障が生じないと判断される行為であり、生活援助として算定できない。

4 × 一人暮らしかどうかにかかわらず、庭の草むしりは、訪問介護員が行わなくても日常生活を営むのに支障が生じないと判断される行為であり、生活援助として算定できない。

5 〇 ゴミ出しは、掃除の一部に該当するため、生活援助として算定できる。

解答 2・5

生活援助

生活援助とは、身体介護以外の訪問介護。本人や家族が行うことが困難な掃除、洗濯、調理などの日常生活の援助。本人の代行的なサービス。
・掃除（ゴミ出し等）
・洗濯
・ベッドメイク（シーツ交換等）
・衣類の整理（夏・冬物等の入れ替え等）
・被服の補修（ボタン付け等）
・一般的な調理
・配下膳
・買い物
・薬の受け取り

生活援助の範囲に含まれないもの

1 「直接本人の援助」に該当しない行為
・利用者以外の者の洗濯、調理、買い物、布団干し
・利用者が使用する居室等以外の掃除
・来客の応接
・自家用車の洗車・清掃
2 「日常生活の援助」に該当しない行為
①訪問介護員が行わなくても日常生活を営むのに支障が生じないと判断される行為
・草むしり
・花木の水やり
・犬の散歩等ペットの世話
②日常的に行われる家事の範囲を超える行為
・家具・電気器具等の移動、修繕、模様替え
・大掃除、窓のガラス磨き、床のワックスがけ
・室内外家屋の修理、ペンキ塗り
・植木の剪定等の園芸
・正月、節句等のために特別な手間をかけて行う調理

> 図表で理解を深めよう

230

●過去の本試験で出題頻度の高い問題には、頻出マークが付いています。まずは頻出マークが付いている問題から優先的に取り組むのもよいでしょう。

●赤シートが付いています。○×や解答番号を隠すことはもちろん、解答のポイントとなる内容や重要な項目が赤文字になっていますので、穴埋め問題としても活用することができます。

●「ONE POINT」は、プラスαの知識や整理しておきたい内容をまとめています。解説と併せて読んで、実力アップにつなげましょう。

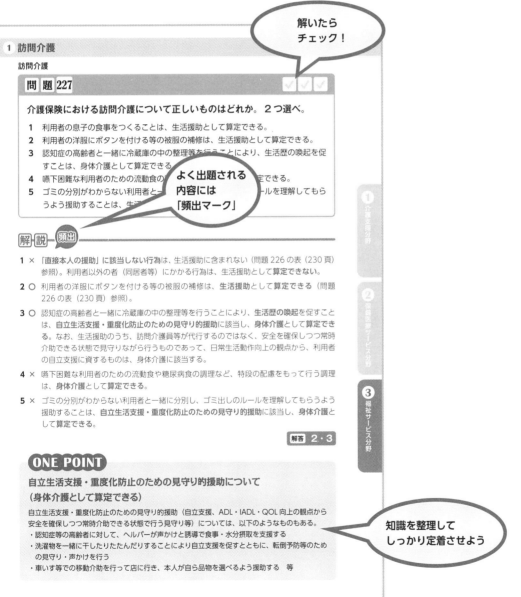

解いたら
チェック！

1 訪問介護

訪問介護

問題 227

介護保険における訪問介護について正しいものはどれか。2つ選べ。

1 利用者の息子の食事をつくることは、生活援助として算定できる。
2 利用者の洋服にボタンを付ける等の被服の補修は、生活援助として算定できる。
3 認知症の高齢者と一緒に冷蔵庫の中の整理等を行うことにより、生活歴の喚起を促すことは、身体介護として算定できる。
4 嚥下困難な利用者のための流動食の調理は、生活援助として算定できる。
5 ゴミの分別がわからない利用者と一緒に分別し、ゴミ出しのルールを理解してもらうよう援助することは、生活援助として算定できる。

よく出題される
内容には
「頻出マーク」

解説 **頻出**

1 × 「直接本人の援助」に該当しない行為は、生活援助に含まれない（問題226の表（230頁）参照）。利用者以外の者（同居者等）にかかる行為は、生活援助として算定できない。

2 ○ 利用者の洋服にボタンを付ける等の被服の補修は、生活援助として算定できる（問題226の表（230頁）参照）。

3 ○ 認知症の高齢者と一緒に冷蔵庫の中の整理等を行うことにより、生活歴の喚起を促すことは、自立生活支援・重度化防止のための見守り的援助に該当し、身体介護として算定できる。なお、生活援助のうち、訪問介護員等が代行するのではなく、安全を確保しつつ常時介助できる状態で見守りながら行うものであって、日常生活動作向上の観点から、利用者の自立支援に資するものは、身体介護に該当する。

4 × 嚥下困難な利用者のための流動食や糖尿病食の調理など、特段の配慮をもって行う調理は、身体介護として算定できる。

5 × ゴミの分別がわからない利用者と一緒に分別し、ゴミ出しのルールを理解してもらうよう援助することは、自立生活支援・重度化防止のための見守り的援助に該当し、身体介護として算定できる。

解答 2・3

ONE POINT

自立生活支援・重度化防止のための見守り的援助について
（身体介護として算定できる）

自立生活支援・重度化防止のための見守り的援助（自立支援、ADL・IADL・QOL向上の観点から安全を確保しつつ常時介助できる状態で行う見守り等）については、以下のようなものもある。
・認知症等の高齢者に対して、ヘルパーが声かけと誘導で食事・水分摂取を支援する
・洗濯物を一緒に干したりたたんだりすることにより自立支援を促すとともに、転倒予防等のための見守り・声かけを行う
・車いす等での移動介助を行って店に行き、本人が自ら品物を選べるよう援助する　等

知識を整理して
しっかり定着させよう

介護支援専門員実務研修受講試験の概要

❶ 出題方式及び出題数

（1）出題方式

五肢複択方式

（2）出題数、試験時間

区　　分		問題数	試験時間
介護支援分野	介護保険制度の基礎知識 要介護認定等の基礎知識 居宅・施設サービス計画の基礎知識等	25 問	120 分 （10：00～12：00） 点字受験者（1.5 倍） 180 分 弱視等受験者（1.3 倍） 156 分
保健医療 福祉サービス分野	保健医療サービスの知識等	20 問	
	福祉サービスの知識等	15 問	
合　　　計		60 問	

❷ 過去の試験実績・合格基準

（1）試験実績

	受験者数	合格者数	合格率
第 23 回（2020 年）	46,415 人	8,200 人	17.7 %
第 24 回（2021 年）	54,290 人	12,662 人	23.3 %
第 25 回（2022 年）	54,406 人	10,328 人	19.0 %
第 26 回（2023 年）	56,494 人	11,844 人	21.0 %

（2）合格基準

分　　野	問題数	合格基準			
		第 23 回 （2020 年）	第 24 回 （2021 年）	第 25 回 （2022 年）	第 26 回 （2023 年）
介護支援分野	25 問	13 点	14 点	18 点	17 点
保健医療福祉サービス分野	35 問	22 点	25 点	26 点	24 点

注 1：配点は 1 問 1 点です。
注 2：介護支援分野、保健医療福祉サービス分野ごとに、正答率 70％を基準とし、問題の難易度で補正します。

❸ 第 27 回試験期日

2024 年 10 月頃の予定

出題傾向

【介護支援分野】

　介護支援分野では、特に「保険給付」「要介護認定」「居宅介護支援」「介護予防支援」に関する出題に留意しましょう。法改正の動きも横目にみながら、今どんなことが話題になっているのか、新聞やニュースなどで日々キャッチすることが大切です。

問題	第26回（2023年）	第25回（2022年）	第24回（2021年）
1	高齢化	介護保険制度の考え方	2020（令和2）年の介護保険法改正
2	地域福祉・地域共生社会	社会福祉法における「重層的支援体制整備事業」	2018（平成30）年度の介護保険給付（介護給付及び予防給付）の状況
3	社会保険	介護保険法第5条	社会保険方式の特徴
4	介護保険法第2条	2019（令和元）年度の第1号被保険者の状況	介護保険の第2号被保険者
5	住所地特例	被保険者資格の取得及び喪失	介護保険法第4条
6	被保険者とならないもの	介護支援専門員	介護保険法において市町村が条例で定めることとされている事項
7	介護保険と他制度との関係	介護保険施設	区分支給限度基準額が適用されるサービス
8	現物給付化されている保険給付	要介護認定のしくみ	共生型サービスの指定の対象となる介護保険サービス
9	指定居宅サービス事業者の責務	介護保険財政	都道府県知事が指定する事業者が行うサービス
10	介護保険等関連情報の調査・分析	第1号被保険者の保険料	介護支援専門員
11	地域医療介護総合確保基金	介護予防・生活支援サービス事業	財政安定化基金
12	社会保険診療報酬支払基金	包括的支援事業	介護保険の費用の負担
13	包括的支援事業	国民健康保険団体連合会が行う業務	介護保険法上、市町村介護保険事業計画において定めるべき事項
14	地域ケア会議の機能	介護サービス情報の公表制度	介護予防・日常生活支援総合事業
15	介護サービス情報の公表制度	介護サービスに関する苦情処理	介護サービス情報の公表制度における居宅介護支援に係る公表項目
16	介護保険審査会への審査請求	要介護認定に係る主治医意見書における「認知症の中核症状」	要介護認定の認定調査
17	介護保険法における消滅時効	特定疾病	要介護認定の更新認定
18	要介護認定の申請	要介護認定	要介護認定
19	要介護認定	指定居宅介護支援等の事業の人員及び運営に関する基準第13条	指定居宅介護支援事業
20	指定居宅介護支援	指定居宅介護支援事業者の記録の整備	指定居宅介護支援におけるアセスメント
21	居宅サービス計画の作成	指定居宅介護支援に係るモニタリング	居宅サービス計画の作成
22	施設サービス計画	介護予防サービス計画	施設サービス計画書の記載
23	事例 認知症	事例 若年性認知症	事例 生活保護世帯への対応
24	事例 閉じこもりがちな高齢者への対応	事例 変形性関節症	事例 自立支援・重度化防止
25	事例 施設に入所しているターミナル期の利用者への対応	事例 認知症	事例 虐待

【保健医療サービス分野】

　保健医療サービス分野では、「高齢者に多い疾病」をはじめ、「認知症」「ターミナルケア」「在宅医療管理」「感染症」に関する問題がここ数年多く出題されています。また制度に関しては、「訪問看護」「介護老人保健施設」の知識を問うものが増えています。

問題	第 26 回（2023 年）	第 25 回（2022 年）	第 24 回（2021 年）
26	保険医療関係の複合問題	高齢者に多い疾病	高齢者にみられる疾病・病態
27	バイタルサイン	高齢者の精神障害	バイタルサイン
28	検査	高齢者に多い病態	検査・発熱
29	褥瘡	検査項目	排泄
30	リハビリテーション	高齢者のケア	睡眠障害・口腔ケア・ヒートショック
31	認知症	口腔機能・口腔ケアの複合問題	認知症のケアや支援
32	せん妄・うつ・統合失調症	認知症	高齢者の精神疾患
33	傷病	リハビリテーション	診察や治療
34	退院	薬剤	高齢者にみられる疾病・病態
35	高齢者の栄養・食生活	保健医療関係の複合問題	栄養に関するアセスメント
36	呼吸・酸素療法	高齢者の栄養・食生活	感染予防
37	感染症と感染経路	在宅医療管理	在宅医療管理
38	高齢者に起こりやすい急変・急変時の対応	在宅医療管理	高齢者の病状・病態
39	保険医療関係の複合問題	保健医療関係の複合問題	疾患・後遺症・副作用
40	ターミナルケア	臨死期	高齢者の臨死期のケア
41	指定通所リハビリテーション	訪問看護	指定訪問看護
42	指定短期入所療養介護	指定通所リハビリテーション	指定訪問リハビリテーション
43	指定看護小規模多機能型居宅介護	指定短期入所療養介護	指定看護小規模多機能型居宅介護
44	介護老人保健施設	指定定期巡回・随時対応型訪問介護看護	介護老人保健施設
45	介護医療院	介護老人保健施設	介護医療院

【福祉サービス分野】

　福祉サービス分野では、「ソーシャルワーク」や「職業倫理」については、基本的な理解があれば正答を導き出すことができます。毎年必ず出題されているのは、「訪問介護」や「通所介護」に関するものです。「地域密着型サービス」についてもサービスの内容などを把握しておく必要があります。

　介護保険制度以外については、「生活保護制度」や「成年後見制度」がよく出題されていますので、制度のしくみをしっかりおさえておきましょう。

問題	第 26 回（2023 年）	第 25 回（2022 年）	第 24 回（2021 年）
46	面接場面におけるコミュニケーション技術	面接場面におけるコミュニケーション技術	面接場面におけるコミュニケーション技術
47	ソーシャルワーク	インテーク面接	ソーシャルワークの視点から、支援困難事例への対応
48	ソーシャルワークにおける相談援助者の基本姿勢	ソーシャルワーク	ソーシャルワーク
49	ソーシャルワークにおける集団援助	ソーシャルワークにおける集団援助	ソーシャルワークにおける地域援助技術
50	訪問介護	訪問介護	介護保険における訪問介護
51	訪問入浴介護	通所介護	介護保険における通所介護
52	通所介護	訪問入浴介護	介護保険における訪問入浴介護
53	短期入所生活介護	短期入所生活介護	介護保険における短期入所生活介護
54	住宅改修	福祉用具	介護保険における住宅改修
55	小規模多機能型居宅介護	小規模多機能型居宅介護	介護保険における夜間対応型訪問介護
56	認知症対応型通所介護	認知症対応型共同生活介護	介護保険における認知症対応型通所介護
57	指定介護老人福祉施設	指定介護老人福祉施設	指定介護老人福祉施設
58	成年後見制度	生活保護制度	生活保護制度
59	高齢者虐待防止法	成年後見制度	生活困窮者自立支援法
60	生活保護制度	障害者総合支援法	成年後見制度

2024年介護保険制度改正のポイント

　2023（令和5）年5月19日に公布された「全世代対応型の持続可能な社会保障制度を構築するための健康保険法等の一部を改正する法律」により、介護保険法が改正されました。一部を除き、2024（令和6）年4月1日に施行されます。

　今回の改正は、全世代対応型の持続可能な社会保障制度を構築するため、健康保険法や高齢者の医療の確保に関する法律などさまざまな法律の改正とともになされています。団塊の世代が75歳以上を迎える2025年問題や、介護現場の人材不足などの課題もあり、今後、介護保険制度の持続可能性を確保するためにも、地域包括ケアシステムの深化・推進、介護現場の生産性の向上が求められています。

2024年介護保険制度改正の主な内容

Ⅰ．介護情報基盤の整備	介護保険者が被保険者等にかかる医療・介護情報の収集・提供等を行う事業を医療保険者と一体的に実施
	・被保険者、介護事業者その他の関係者が当該被保険者にかかる介護情報等を共有・活用することを促進する事業を介護保険者である市町村の地域支援事業として位置づけ ・市町村は、当該事業について、医療保険者等と共同して国民健康保険団体連合会・社会保険診療報酬支払基金に委託できることとする（※2023（令和5）年5月19日から4年以内の政令で定める日から施行）
Ⅱ．介護サービス事業者の財務状況等の見える化	介護サービス事業所等の詳細な財務状況等を把握して政策立案に活用するため、事業者の事務負担にも配慮しつつ、財務状況を分析できる体制を整備
	・各事業所・施設に対して詳細な財務状況（損益計算書等の情報）の報告を義務づけ（※職種別の給与（給料・賞与）は任意事項） ・国が、当該情報を収集・整理し、分析した情報を公表
Ⅲ．介護サービス事業所等における生産性の向上に資する取り組みにかかる努力義務	介護現場における生産性の向上に関して、都道府県を中心に一層取り組みを推進
	・都道府県に対し、介護サービス事業所・施設の生産性の向上に資する取り組みが促進されるよう努める旨の規定を新設　など
Ⅳ．看護小規模多機能型居宅介護のサービス内容の明確化	看護小規模多機能型居宅介護（以下「看多機」）について、サービス内容の明確化等を通じて、さらなる普及を進める
	・看多機のサービス内容について、サービス拠点での「通い」「泊まり」における看護サービス（療養上の世話または必要な診療の補助）が含まれる旨を明確化　など
Ⅴ．地域包括支援センターの体制整備等	地域の拠点である地域包括支援センターが地域住民への支援をより適切に行うための体制を整備
	・要支援者に行う介護予防支援について、居宅介護支援事業所（ケアマネ事業所）も市町村からの指定を受けて実施可能とする　など

介護保険制度改正の変遷

これまでの改正内容

改正年	主な施行年	主な改正内容
2005 年 (平成 17 年)	2006 年 (平成 18 年)	○新予防給付の創設 ○地域密着型サービスの創設 ○地域包括支援センターの創設 ○介護サービス情報の公表制度の創設 ○居住費・食費の見直し
2008 年 (平成 20 年)	2009 年 (平成 21 年)	○介護サービス事業者に対する法令遵守などの業務管理体制の整備
2011 年 (平成 23 年)	2012 年 (平成 24 年)	○定期巡回・随時対応型訪問介護看護、複合型サービスの創設 ○介護予防・日常生活支援総合事業の創設 ○介護福祉士による喀痰吸引の実施
2014 年 (平成 26 年)	2015 年 (平成 27 年)	○地域支援事業の充実（在宅医療・介護連携推進事業や認知症総合支援事業などの創設、地域ケア会議の創設） ○介護予防訪問介護・介護予防通所介護の地域支援事業への移行 ○介護老人福祉施設の新規入所者を原則、要介護 3 以上に重点化 ○第 1 号被保険者のうち一定以上の所得のある利用者の自己負担を 2 割に引き上げ ○「補足給付」の要件に資産などを追加
2017 年 (平成 29 年)	2018 年 (平成 30 年)	○保険者機能の強化等の取り組みの推進 ○医療・介護の連携の推進等（介護医療院の創設等） ○地域共生社会の実現に向けた取り組みの推進等（共生型サービス事業者の指定の特例等） ○現役世代並みの所得のある層の負担割合を 3 割に（第 1 号被保険者に限る） ○介護給付費・地域支援事業支援納付金への総報酬割の導入
2020 年 (令和 2 年)	2021 年 (令和 3 年)	○地域生活課題の解決に資する市町村の包括的な支援体制の構築の支援 ○地域の特性に応じた認知症施策や介護サービス提供体制の整備等の推進 ○医療・介護のデータ基盤の整備の推進 ○介護人材確保および業務効率化の取り組みの強化

1

介護支援分野

要介護（要支援）認定者数の状況

問題 1　✓ ✓ ✓

2021（令和3）年度末における全国の要介護（要支援）認定者数の状況として正しいものはどれか。2つ選べ。

1　要介護（要支援）認定者（以下「認定者」という。）数は、600万人を超えている。
2　認定者を要介護（要支援）状態区分別にみると、軽度（要支援1〜要介護2）の認定者が70％を超えている。
3　認定者を要介護（要支援）状態区分別にみると、認定者数が最も多いのは要介護2である。
4　第1号被保険者に占める認定者の割合は、25％を超えている。
5　認定者数は、前年度末に比べて増加している。

解説　頻出

1 ○　認定者のうち、第1号被保険者は677万人（男性211万人、女性465万人）、第2号被保険者は13万人（男性7万人、女性6万人）であり、計**690万人**となっている。
　　※数値は、千人未満を四捨五入しているため、計に一致しない場合がある。

2 ×　認定者を要介護（要支援）状態区分別にみると、以下の表のとおりとなっており、軽度（要支援1〜要介護2）の認定者が約**65.5％**を占めている。

要介護（要支援）状態区分別の認定者数

要支援1	要支援2	要介護1	要介護2	要介護3	要介護4	要介護5
97万人	95万人	143万人	116万人	92万人	87万人	59万人

資料：厚生労働省「令和3年度介護保険事業状況報告（年報）」

3 ×　認定者を要介護（要支援）状態区分別にみると、認定者数が最も多いのは、**要介護1**（143万人）である。

4 ×　第1号被保険者数は3589万人、そのうち認定者数は677万人であり、第1号被保険者に占める認定者の割合は、全国平均で**18.9％**となっている。地域別には、大阪府、和歌山県、京都府などが高く、茨城県、栃木県、山梨県などが低くなっている。

5 ○　2020（令和2）年度末における認定者数は682万人であり、2021（令和3）年度末における認定者数は、前年度末に比べて7.7万人（1.2％）**増加**し、690万人となっている。
　　※数値は、千人未満を四捨五入しているため、計に一致しない場合がある。

解答　1・5

介護保険給付の状況

問題 2

2021（令和3）年度の介護保険給付（介護給付及び予防給付）の状況として正しいものはどれか。3つ選べ。

1 居宅サービスにかかる給付費は、施設サービスにかかる給付費よりも多い。

2 居宅サービスにかかる給付費の総額が最も高い要介護（要支援）状態区分は、要介護1である。

3 第1号被保険者1人あたり給付費（総数）の全国平均は、居宅サービスでは約18万円である。

4 施設サービス受給者数が最も多い要介護（要支援）状態区分は、要介護4である。

5 給付費は、9兆円を超えている。

解説

1 ○ 2021（令和3）年度において、給付費について内訳をみると、居宅サービスは4兆9604億円、施設サービスは3兆1938億円となっており、居宅サービスにかかる給付費のほうが**多い**。

各サービスにおける給付費の内訳

4兆9604億円 （50.4%）	1兆6925億円 （17.2%）	3兆1938億円 （32.4%）

☐ 居宅サービス　　☐ 地域密着型サービス　　■ 施設サービス

注：構成比は小数点以下第2位を四捨五入しているため、合計は100％にならない。

資料：厚生労働省「令和3年度介護保険事業状況報告（年報）」

2 × 2021（令和3）年度において、居宅サービスの給付費が最も高い要介護（要支援）状態区分は、**要介護2**で1兆1401億円である。なお、要介護1の給付費は1兆241億円である。

3 × 2021（令和3）年度において、第1号被保険者1人あたり給付費（総数）の全国平均は、居宅サービスでは**13万8000**円である。

4 ○ 施設サービス受給者数は、2021（令和3）年度累計で総数1150万人（延人月）となっている。要介護（要支援）状態区分別では、以下の表のとおり、**要介護4**の受給者数が35.5％と最も多く、重度（要介護3～要介護5）の受給者が約85.8％を占めている。

要介護（要支援）状態区分別の施設サービス受給者数（延人月）

要介護1	要介護2	要介護3	要介護4	要介護5
60万人	103万人	283万人	408万人	296万人

資料：厚生労働省「令和3年度介護保険事業状況報告（年報）」

5 ○ 保険給付関係の2021（令和3）年度累計の総数は、件数1億6913万件、単位数1兆646億単位、費用額11兆26億円、利用者負担を除いた給付費**9兆8467億**円となっており、年々**増加傾向**となっている。

解答 **1・4・5**

介護保険制度

問題 3

介護保険制度について正しいものはどれか。3つ選べ。

1 介護保険制度の創設後は、高齢者福祉や介護に関するサービスは、すべて社会保険制度により提供されることになった。

2 介護保険制度を利用している場合、原則として障害年金の受給はできない。

3 介護保険では、資格要件を満たすと自動的に被保険者となる強制適用のしくみがとられている。

4 介護保険の給付は、一定の条件を満たした被保険者に対して行われる。

5 介護保険は、被保険者の加入期間による保険給付の種類に違いがない短期保険に分類される。

解説

1 × 養護老人ホームへの入所や、やむを得ない事由で介護保険の契約によるサービス提供が望めない場合には、従来どおり**老人福祉法**上の**措置**によるサービス提供が行われる。

2 × 介護保険制度を利用している要介護者等は、併せて**障害年金**の受給もできる。

3 ○ 介護保険では、資格要件を満たすと本人の意思にかかわりなく、何ら手続きを必要とせずに自動的に被保険者となる**強制適用**（強制加入）のしくみがとられている。65歳に到達すれば、生活保護の受給者であっても第1号被保険者になる。

4 ○ 介護保険の給付は、要介護状態または要支援状態となった場合に保険事故として、**介護サービスの提供**（現物給付）を主に行う。

5 ○ 介護保険は、保険給付に要する費用は基本的に保険料収入で賄い、保険給付の支給要件や支給額も、原則として加入期間とは無関係となる**短期保険**である。また、市町村の区域内の住民を被保険者とし、市町村を保険者としている**地域保険**である。

解答 **3・4・5**

介護保険制度の改正内容

問題 4

2020（令和2）年の介護保険制度の改正内容として正しいものはどれか。3つ選べ。

1 利用者負担について、第1号被保険者で2割負担者のうち、特に所得の高い層の負担割合を3割とした。

2 指定介護老人福祉施設の新規の入所要件が、原則要介護3以上の高齢者に限定された。

3 国及び地方公共団体は、地域住民が相互に人格と個性を尊重し合いながら、参加し、共生する地域社会の実現に資するよう努めなければならないとされた。

4 市町村介護保険事業計画に介護人材の確保及び業務効率化の取り組みの強化が盛り込まれた。

5 社会福祉連携推進法人制度が創設された。

解説

1 × 2017（平成29）年の改正内容である。第1号被保険者で2割負担者のうち、特に所得の高い層の負担割合を3割とした。**第2号被保険者**と**生活保護受給者である被保険者**は、1割負担である。

2 × 2014（平成26）年の改正内容である。指定介護老人福祉施設の入所要件が厳格化され、新規の入所は**要介護3以上**を原則とした。

3 ○ 介護保険法第5条第4項に、国及び地方公共団体の責務として、国及び地方公共団体は、保健医療サービス及び福祉サービスを提供する体制の確保に関する施策を包括的に推進するにあたっては、「地域住民が相互に人格と個性を尊重し合いながら、参加し、共生する地域社会の実現に資するよう努めなければならない」旨が**追加**された。

4 ○ ①**市町村介護保険事業計画**に、介護支援専門員その他の介護給付等対象サービス及び地域支援事業に従事する者の確保及び資質の向上並びにその業務の効率化及び質の向上に資する都道府県と連携した取り組みを定めるよう努めること、②**都道府県介護保険事業支援計画**に、介護支援専門員その他の介護給付等対象サービス及び地域支援事業に従事する者の確保及び資質の向上並びにその業務の効率化及び質の向上に資する事業を定めるよう努めることを規定した。

5 ○ **社会福祉連携推進法人制度が創設**され、社会福祉事業に取り組む社会福祉法人やNPO法人などを社員とし、相互の業務連携を推進することとなった。

解答 **3・4・5**

重層的支援体制整備事業

問題 5 ✓ ✓ ✓

社会福祉法における「重層的支援体制整備事業」について正しいものはどれか。 3つ選べ。

1 地域共生社会、包括的支援体制をより具体的な事業として推進していくための事業として創設された。

2 参加支援と地域づくりに向けた支援の2つで構成されている。

3 介護保険における地域支援事業の一般介護予防事業の地域介護予防活動支援事業などを、重層的支援体制整備事業として行うことができる。

4 すべての市町村を対象とする必須事業に位置づけられている。

5 事業を実施する市町村に対しては、交付金が交付される。

解説

1 ○ 2021（令和3）年4月より、**市町村を実施主体**として、地域共生社会、包括的支援体制をより具体的な事業として推進していくために創設された事業である。

2 × 重層的支援体制整備事業は、①**相談支援**、②**参加支援**、③**地域づくりに向けた支援**の3つで構成されている。

3 ○ 市町村が実施する地域支援事業のうち、一般介護予防事業の地域介護予防活動支援事業、包括的支援事業の総合相談支援事業、権利擁護事業、包括的・継続的ケアマネジメント支援事業、生活支援体制整備事業を、**重層的支援体制整備事業**として実施することができる。

4 × 実施を希望する**市町村による任意事業**に位置づけられている。

5 ○ 事業を実施する市町村に対しては、相談・地域づくり関連事業にかかる補助等について一体的に執行できるよう、**交付金が交付**される。

解答 **1・3・5**

介護保険法第 1 条

問題 6

介護保険法第 1 条に規定されている内容として正しいものはどれか。3つ選べ。

1 要介護状態等の軽減又は悪化の防止をする。
2 介護が必要となった者等が尊厳を保持する。
3 国民の保健医療の向上及び福祉の増進を図る。
4 介護が必要となった者等が有する能力に応じ自立した日常生活を営むことができる。
5 国民は、常に健康の保持増進に努める。

解説

介護保険法第 1 条は以下のとおりである。

（目的）
第 1 条 この法律は、加齢に伴って生ずる心身の変化に起因する疾病等により要介護状態となり、入浴、排せつ、食事等の介護、機能訓練並びに看護及び療養上の管理その他の医療を要する者等について、これらの者が尊厳を保持し、その有する能力に応じ自立した日常生活を営むことができるよう、必要な保健医療サービス及び福祉サービスに係る給付を行うため、国民の共同連帯の理念に基づき介護保険制度を設け、その行う保険給付等に関して必要な事項を定め、もって国民の保健医療の向上及び福祉の増進を図ることを目的とする。

1 × 選択肢の内容は、**第 2 条第 2 項**に「要介護状態等の軽減又は悪化の防止に資するよう行われるとともに、医療との連携に十分配慮して行われなければならない」と規定されており（8 頁参照）、第 1 条には規定されていない。

2 ○ 上記の条文に「尊厳を保持」と規定されている。2005（平成 17）年の改正で新たに規定された。

3 ○ 上記の条文に「国民の保健医療の向上及び福祉の増進を図る」と規定されている。

4 ○ 上記の条文に「その有する能力に応じ自立した日常生活を営むことができる」と規定されている。

5 × 選択肢の内容は、**第 4 条第 1 項**に「国民は、自ら要介護状態となることを予防するため、加齢に伴って生ずる心身の変化を自覚して常に健康の保持増進に努める」と規定されており（9 頁参照）、第 1 条には規定されていない。

解答 **2・3・4**

介護保険法第2条

問 題 7

介護保険法第2条に示されている保険給付の基本的考え方として正しいものはどれか。2つ選べ。

1　被保険者の選択に基づく。
2　要介護状態等の維持又は悪化の予防に資するよう行われる。
3　認知症に関する知識の普及及び啓発に努めなければならない。
4　総合的かつ効率的に提供されるよう配慮して行われなければならない。
5　利用者主体に支援できるように配慮しなければならない。

解説 頻出

介護保険法第2条は以下のとおりである。

（介護保険）
第2条　介護保険は、被保険者の要介護状態又は要支援状態（以下「要介護状態等」という。）に関し、必要な保険給付を行うものとする。
2　前項の保険給付は、<u>要介護状態等の軽減又は悪化の防止に資するよう行われる</u>とともに、医療との連携に十分配慮して行われなければならない。
3　第1項の保険給付は、被保険者の心身の状況、その置かれている環境等に応じて、<u>被保険者の選択に基づき、適切な保健医療サービス及び福祉サービスが、多様な事業者又は施設から、総合的かつ効率的に提供されるよう配慮して行われなければならない。</u>
4　第1項の保険給付の内容及び水準は、被保険者が要介護状態となった場合においても、可能な限り、その居宅において、その有する能力に応じ自立した日常生活を営むことができるように配慮されなければならない。

---

1 ○ **第2条第3項**に「被保険者の選択に基づき、適切な保健医療サービス及び福祉サービスが、多様な事業者又は施設から、総合的かつ効率的に提供されるよう配慮して行われなければならない」と規定されている。

2 × **第2条第2項**に「要介護状態等の軽減又は悪化の防止に資するよう行われるとともに、医療との連携に十分配慮して行われなければならない」と規定されている。

3 × 選択肢の記述は**第5条の2第1項**に規定されている内容であり、認知症施策推進大綱の5つの柱の1つである「普及啓発・本人発信支援」に記載されている。主な内容として、認知症に関する理解促進のための、認知症サポーターの養成及び子供への教育・高齢者との交流活動の推進等があげられる。また、認知症の人本人からの発信支援として、認知症の人本人がまとめた「認知症とともに生きる希望宣言」の展開などがある。

4 ○ **第2条第3項**に「総合的かつ効率的に提供されるよう配慮して行われなければならない」と規定されている。

5 × 「利用者主体」は第2条に規定されていない。しかし、利用者主体（利用者本位）については、介護支援専門員の基本倫理であり、介護保険法の理念である。

解答 **1・4**

介護保険法第 4 条

問 題 8

「国民の努力及び義務」として介護保険法第 4 条に規定されている内容として正しいものはどれか。 3 つ選べ。

1 自ら要介護状態となることの予防に努める。

2 介護保険事業に要する費用を公平に負担する。

3 高齢社会を支える一員として、介護保険の加入に努める。

4 常に健康の保持増進に努める。

5 高齢者が生きがいを持てる健全で安らかな生活を保障されるように努める。

解 説

介護保険法第 4 条は以下のとおりである。

> **（国民の努力及び義務）**
> **第 4 条** 国民は、自ら要介護状態となることを予防するため、加齢に伴って生ずる心身の変化を自覚して常に健康の保持増進に努めるとともに、要介護状態となった場合においても、進んでリハビリテーションその他の適切な保健医療サービス及び福祉サービスを利用することにより、その有する能力の維持向上に努めるものとする。
> **2** 国民は、共同連帯の理念に基づき、介護保険事業に要する費用を公平に負担するものとする。

1 ○ 第 4 条第 1 項に「自ら要介護状態となることを予防するため、加齢に伴って生ずる心身の変化を自覚して常に健康の保持増進に努める」ことが規定されている。

2 ○ 第 4 条第 2 項に「共同連帯の理念に基づき、介護保険事業に要する費用を公平に負担する」義務を負うことが示されている。

3 × 第 4 条にはそのような内容は規定されていない。なお、介護保険は社会保険であり、一定の要件を満たすことで**強制適用（強制加入）**となる。加入は**努力義務ではない**。

4 ○ 第 4 条第 1 項に「加齢に伴って生ずる心身の変化を自覚して常に健康の保持増進に努める」ことが規定されている。

5 × 高齢者が「生きがいを持てる健全で安らかな生活を保障されるものとする」ことは老人福祉法第 2 条の基本的理念に含まれる内容であり、介護保険法には規定されていない。

解答 **1・2・4**

介護保険制度の目的等

問題 9

介護保険制度の目的等について正しいものはどれか。3つ選べ。

1 介護保険制度は、高齢の利用者の居住の安定の確保を図るためにサービスが提供される。

2 都道府県は、介護保険法の定めるところにより、介護保険を行うものとする。

3 保険給付の基本的な考え方として、被保険者の要介護状態等に関し、必要な保険給付を行う。

4 要介護状態または要支援状態を保険事故としている。

5 介護保険法には、国民の共同連帯の理念が文言として含まれている。

解説

1 × 介護保険制度の目的は、介護保険法第1条により**加齢に伴って生ずる**心身の変化に起因する疾病等により要介護状態となったとき、必要な保健医療サービス及び福祉サービスを提供し、**国民の保健医療の向上及び福祉の増進を図ること**、としている（7頁参照）。

2 × 介護保険法**第3条第1項**に、**保険者**として「**市町村及び特別区**は、この法律の定めるところにより、介護保険を行うものとする」と定められている。

3 ○ 介護保険法**第2条第1項**に「介護保険は、被保険者の要介護状態又は要支援状態（以下「要介護状態等」という。）に関し、**必要な**保険給付を行うものとする」と定められている（8頁参照）。

4 ○ 介護保険制度は、**要介護状態または要支援状態**を保険事故としている。なお、保険給付とは、保険事故が発生した場合に、被保険者にサービス（現物）や金銭・物品が提供されることである。

5 ○ 介護保険法**第1条**には、介護保険制度が**国民の共同連帯の理念**に基づいた制度であることが明記されている（7頁参照）。

解答 **3・4・5**

国及び地方公共団体の責務

問 題 10 ✓ ✓ ✓

介護保険法第5条及び第5条の2に規定する「国及び地方公共団体の責務」等について正しいものはどれか。3つ選べ。

1 国及び地方公共団体は、障害者その他の者の福祉に関する施策との有機的な連携を図るよう努めなければならない。

2 都道府県は、都道府県事務受託法人を指定する。

3 国及び地方公共団体は、認知症の予防、診断及び治療並びに認知症である者の心身の特性に応じたリハビリテーション及び介護方法に関する調査研究の推進に努めなければならない。

4 国及び地方公共団体は、医療及び居住に関する施策との有機的な連携を図る。

5 国及び地方公共団体は、地域支援事業の第1号事業についての事業者の指定・指導監督や費用の支払い等を行う。

解 説

1 ○ 介護保険法第5条第5項に、国及び地方公共団体は、「**障害者その他の者の福祉に関する施策との有機的な連携を図るよう努める**とともに、地域住民が相互に人格と個性を尊重し合いながら、参加し、共生する地域社会の実現に資するよう努めなければならない」と明記されている。

2 × **都道府県**は、都道府県が行う事務のうちの一部を委託する**都道府県事務受託法人**を指定することができるが、介護保険法**第24条の3**で規定しており、第5条では規定していない。

3 ○ 介護保険法第5条の2第2項に、「認知症の予防、診断及び治療並びに認知症である者の心身の特性に応じたリハビリテーション及び介護方法に関する調査研究の推進に努めるとともに、その成果を普及し、活用し、及び発展させるよう努めなければならない」と明記されている。

4 ○ 介護保険法第5条第4項に、「地域における自立した日常生活の支援のための施策を、**医療及び居住に関する施策との有機的な連携**を図りつつ包括的に推進するよう努めなければならない」と明記されている。

5 × 市町村は、地域支援事業の実施（第1号事業）についての事業者の指定・指導監督や費用の支払い等が行えるが、介護保険法第5条では規定していない。

解答 1・3・4

ONE POINT

国及び地方公共団体の責務（介護保険法第5条及び第5条の2）

・医療及び居住に関する施策との連携　　・認知症の関連機関との連携・調査研究の推進
・障害者福祉施策との連携　　　　　　　・認知症である者とその介護者への支援体制の整備
・認知症に関する知識の普及・啓発　　　・認知症である者の意向の尊重と尊厳の保持

国の事務または責務

問題 11

介護保険制度における国の事務または責務として正しいものはどれか。３つ選べ。

1 介護保険制度に関する重要事項等を定める際の、社会保障審議会への意見聴取
2 指定居宅介護支援事業所の人員・運営基準の設定
3 第２号被保険者負担率の設定
4 地域支援事業支援交付金の交付
5 介護保険事業の基盤整備のための基本指針の策定

解説 頻出

1 ○ 国（厚生労働大臣）は、介護保険制度に関する重要事項や告示を定める際、さまざまな立場や分野の国民の意見を十分反映させるため、**あらかじめ社会保障審議会の意見を聴かなければならない**こととされている。

2 × 指定居宅介護支援事業所の人員・運営基準は、2018（平成 30）年度より**都道府県**から移管されて**市町村**が**条例**で定めることとなった。

3 ○ 第２号被保険者負担率（給付のための費用負担割合）は、３年ごとに**国**が定める。

4 × 市町村に対する地域支援事業支援交付金の交付は、**社会保険診療報酬支払基金**が行う業務である。国は、医療保険者が行う**介護給付費・地域支援事業支援納付金**の納付関係業務に関する報告徴収・実地検査を行う。

5 ○ 国（厚生労働大臣）は、基盤整備の一環として、介護保険事業に係る保険給付の円滑な実施を確保するための基本的な指針（**基本指針**）を策定する。

解答 **1・3・5**

ONE POINT

国の事務と責務について確認しよう!

国の責務として、介護保険事業の運営が健全かつ円滑に行われるよう保健医療サービス及び福祉サービスを提供する体制の確保に関する施策その他の必要な各般の措置を講じることになっている。

国は介護保険事業の運営が健全かつ円滑に行われるよう基準を定める。その基準に沿って、都道府県や市町村が地域性を踏まえて独自の基準を条例で設定できることを理解しよう。

① 介護支援分野
② 保健医療サービス分野
③ 福祉サービス分野

都道府県の事務または責務

問題 12　☑ ☑ ☑

介護保険制度における都道府県の事務または責務として正しいものはどれか。3つ選べ。

1 住所地特例に該当する被保険者の資格管理
2 市町村による介護認定審査会の共同設置の支援
3 介護保険審査会の設置
4 介護予防・生活支援サービス事業についての事業者の指定
5 指定市町村事務受託法人の指定

|解|説|

1 × 住所地特例に該当する被保険者の資格管理は、**市町村**の事務である。

2 ○ **介護認定審査会**の共同設置の場合には、共同で行われるのは審査・判定業務であり、認定調査や認定自体は各市町村で行うこととなる。その際、都道府県は、**市町村間の調整**や**助言**等の必要な援助を行うことができる。

3 ○ **介護保険審査会**の設置は、**都道府県**の事務である。市町村の行った処分に対する不服申立の審理・裁決について、中立・公正な立場から審査を行うことが主な役割である。

4 × 介護予防・生活支援サービス事業は、地域支援事業の介護予防・日常生活支援総合事業（総合事業）の一事業であり、訪問型、通所型、その他生活支援サービス、介護予防ケアマネジメントの4つのサービスより構成される。地域支援事業（介護予防・生活支援サービス事業についての事業者の指定・指導監督や費用の支払い等を含む）の実施主体は、**市町村**である。

5 ○ 指定市町村事務受託法人の指定については、要介護認定等業務の支援に関する事務として、**都道府県**の主な事務になっている。**指定市町村事務受託法人**とは、市町村から委託を受けて市町村事務の一部を実施する法人であり、都道府県が指定することになっている。居宅サービス等の担当者に対する**保険給付に関する照会**などの事務、**要介護認定調査事務**を受託することができる。

解答 **2・3・5**

ONE POINT

市町村にはない都道府県の事務

市町村にはない都道府県の主な事務として以下の5点があるので確認しておこう。
①介護保険審査会の設置
②介護支援専門員の登録・登録更新
③財政安定化基金の設置
④介護サービス情報の公表・調査
⑤指定市町村（都道府県）事務受託法人の指定

1 介護支援分野

2 保健医療サービス分野

3 福祉サービス分野

市町村の役割

問題 13

介護保険における市町村の役割について正しいものはどれか。3つ選べ。

1 指定居宅サービス事業者の更新を行う。

2 区分支給限度基準額の上乗せを行う。

3 財政安定化基金を設ける。

4 種類支給限度基準額を設ける。

5 社会福祉事業体が提供するサービスにつき、利用者負担額を軽減できる。

解説 **頻出**

1 × 指定居宅サービス事業者の更新は、**都道府県**の事務である。

2 ○ 選択肢のとおり、**市町村**は、**条例**により区分支給限度基準額の上乗せを行うことができる。

3 × 財政安定化基金を設けるのは、**都道府県**である。財政安定化基金は、見込みを上回る給付費増や保険料収納不足により、市町村の介護保険特別会計に赤字が出ることとなった場合に、一般財源から財政補填をする必要のないよう、市町村に対して**資金の交付・貸付**を行うものである。

4 ○ 選択肢のとおり、市町村は、区分支給限度基準額の設定された居宅サービス等区分・介護予防サービス等区分に属するサービスの種類につき、**市町村独自**に、種類支給限度基準額を設定できる。

5 ○ 選択肢のとおり、市町村は、低所得者や生活保護受給者に対する「社会福祉法人等による利用者負担の軽減制度」において、社会福祉事業体が提供する訪問介護などの**定率負担額**や**施設の居住費**などを軽減することができる。

解答 **2・4・5**

市町村の主な役割

・被保険者の資格管理に関する事務
・要介護認定・要支援認定に関する事務
・保険給付に関する事務
・サービス提供事業者に関する事務
・地域支援事業及び保健福祉事業に関する事務
・市町村介護保険事業計画に関する事務等
・保険料に関する事務
・条例・規則等の制定、改正等に関する事務
・財政運営に関する事務

市町村の役割

問 題 14

介護保険における市町村の役割について正しいものはどれか。3つ選べ。

1 第三者行為求償事務を行う。

2 介護サービス情報の公表を行う。

3 特別徴収にかかる保険料の納期を条例で定める。

4 介護報酬の審査・支払に関する事務を行う。

5 介護認定審査会を設置する。

解 説

1 ○ 保険者である**市町村**等は、第三者行為による要介護等被保険者に対して実行した**保険給付を求償できる**。ただし、国民健康保険団体連合会に委託することもできる。

2 × 介護サービス情報の公表及び必要と認める場合の調査は、**都道府県知事**が行う。

3 × 第1号被保険者の保険料徴収は、年金から天引きされる**特別徴収**と、市町村が徴収する**普通徴収**に大別される。特別徴収は**年金保険者**が行い、市町村が条例で定めるものではない。一方、普通徴収の保険料の納期は**市町村**の条例により定められる。なお、年金年額が18万円未満の場合、普通徴収となる。

4 ○ 介護報酬の審査・支払に関する事務は**市町村**が行う事務であるが、**国民健康保険団体連合会**に委託することができる。

5 ○ **市町村**は、要介護等認定の二次判定等を行う機関として**介護認定審査会**を設置できる。

解答 **1・4・5**

ONE POINT

介護保険制度について

介護保険は、「地域保険」である。国が定めた介護保険法や関係政省令 (全国共通の基準) に基づき、地方公共団体にあたる市町村自身が行う事務を行い、必要に応じて市町村ごとに地域性を踏まえてルール設定 (条例で定める事項) をしていることを理解しよう。試験対策として、市町村の主な役割と条例で定めるべき事項を確実に理解することが得点アップの鍵になる。

1 介護支援分野

2 保健医療サービス分野

3 福祉サービス分野

保険者における介護保険の会計

問題 15

保険者における介護保険の会計について正しいものはどれか。3つ選べ。

1 市町村は、一般会計とは別に、介護保険特別会計を設ける。
2 特別会計を保険事業勘定と介護サービス事業勘定に区分する必要がある。
3 介護保険事業を運営するための事務費は、第1号被保険者の保険料で賄う。
4 市町村の負担分は、一般会計により賄われる。
5 介護保険の特別会計に関する経理は、都道府県に委託することができる。

解説

1 ○ 市町村は、介護保険事業の収支の均衡を保ちその運営を確保するために、一般会計と経理を区分して**特別会計（介護保険特別会計）**を設ける。

2 ○ 介護保険に関する特別会計は、**保険事業勘定**及び**介護サービス事業勘定**に区分しなければならない。保険事業勘定とは、市町村が保険者としての事業の収支を管理するものをいい、介護サービス事業勘定とは、市町村の直営である地域包括支援センターが実施する介護予防支援（予防ケアプラン作成）事業、居宅サービス事業、地域密着型サービス事業などにかかる収支を管理するものをいう。

3 × 介護保険事業にかかる事務費は、**市町村**の一般財源で賄われる。

4 ○ 公費における市町村の負担分は、**一般会計**により賄われる。

5 × 介護保険の会計は、市町村の特別会計で行われ、都道府県等に**委託することはできない**。

解答 **1・2・4**

運営基準が都道府県の条例に委任されているサービス

問題 16

事業や施設の人員・設備・運営に関する基準が都道府県の条例に委任されている介護保険サービスはどれか。3つ選べ。

1 基準該当居宅サービス
2 基準該当居宅介護支援
3 共生型居宅サービス
4 指定介護老人福祉施設
5 指定介護予防支援

解説

1 ○ 基準該当居宅サービスは、**都道府県**の条例に委任される。

2 × 基準該当居宅介護支援は、**市町村**の条例に委任される。

3 ○ 共生型居宅サービスは、**都道府県**の条例に委任される。共生型居宅サービスには、「共生型訪問介護」、「共生型通所介護」、「共生型短期入所生活介護」がある。

4 ○ 指定介護老人福祉施設は、**都道府県**の条例に委任される。

5 × 指定介護予防支援は、**市町村**の条例に委任される。

解答 **1・3・4**

基準の条例委任

都道府県の条例に委任されるサービス	市町村の条例に委任されるサービス
①基準該当居宅サービス	①基準該当居宅介護支援
②基準該当介護予防サービス	②基準該当介護予防支援
③指定居宅サービス	③指定地域密着型サービス
④指定介護老人福祉施設	④指定居宅介護支援
⑤介護老人保健施設	⑤指定地域密着型介護予防サービス
⑥介護医療院	⑥指定介護予防支援
⑦指定介護予防サービス	

注：上記のほか、共生型サービスにかかる基準が、都道府県または市町村の条例により定められている。

ONE POINT

条例について整理しよう!

都道府県や市町村などの地方公共団体において、議会の議決により制定される法規を「条例」という。従来、厚生労働省令で定められていたサービスの人員・設備・運営に関する基準が条例で制定できるようになった。条例制定に関する基準である、①従うべき基準、②標準とすべき基準、③参酌すべき基準の3つの類型を踏まえ委任されることを押さえること。特に市町村条例については、頻出問題であり、種類支給限度基準額の設定、区分支給限度基準額の上乗せ、介護認定審査会の委員の定数などが制定されること、加えて都道府県条例で定められることをしっかり覚えておこう。

1 介護支援分野

2 保健医療サービス分野

3 福祉サービス分野

市町村の条例で定めるもの

問題 17

介護保険法において市町村の条例で定めるものはどれか。 2つ選べ。

1 市町村特別給付
2 第1号被保険者の保険料の賦課期日
3 区分支給限度基準額の設定
4 地域包括支援センターの職員の員数
5 指定介護老人福祉施設にかかる入所定員の人数

解 説

1 ○ 市町村特別給付は、**市町村**が条例で定める事項である。市町村特別給付は、法定の介護給付・予防給付以外に、市町村が地域の実情を踏まえて条例により独自に定めることができる法定外の給付である。財源は、実施する市町村の**第1号被保険者**の保険料により賄われる。

2 × 保険料の賦課期日は、**介護保険法**において、当該年度の**初日**とされている。

3 × 区分支給限度基準額の設定は、**国**の行うべき各種基準等の設定に関する事務である。区分支給限度基準額の**上乗せ**が、市町村条例により定める事項である。

4 ○ 地域包括支援センターの職員の員数は、**市町村**条例で定める事項である。

5 × 指定介護老人福祉施設にかかる入所定員の人数は、**都道府県**の条例で定める。

解答 **1・4**

市町村が条例で定める事項

区分		条例で定める事項
審査会	1	介護認定審査会の委員の定数
保険料	2	「第1号」被保険者に対する保険料率の算定
	3	普通徴収にかかる保険料の納期
	4	保険料の減免、または徴収猶予
	5	その他保険料の賦課徴収等に関する事項
過料	6	過料に関する事項
支給限度基準額	7	区分支給限度基準額の「上乗せ」
	8	福祉用具購入費支給限度基準額の「上乗せ」
	9	住宅改修費支給限度基準額の「上乗せ」
	10	種類支給限度基準額の「設定」
給付や事業	11	市町村特別給付
	12	指定地域密着型介護老人福祉施設の入所定員
	13	地域包括支援センターの基準

医療保険者または年金保険者の責務または事務

問題 18

介護保険法に定める医療保険者または年金保険者の責務または事務について正しいものはどれか。2つ選べ。

1 医療保険者は、介護給付費・地域支援事業支援納付金を納付する。
2 年金保険者は、介護保険事業に要する費用の一部を補助する。
3 年金保険者は、第2号被保険者の保険料の普通徴収を行う。
4 医療保険者は、介護保険事業が健全かつ円滑に行われるように協力する。
5 年金保険者は、徴収した保険料を、社会保険診療報酬支払基金に納入する。

解説

1 ○ **医療保険者**は、第2号被保険者から介護保険料を医療保険本体の保険料と一体的に徴収し、社会保険診療報酬支払基金に**介護給付費・地域支援事業支援納付金**を納付する。支払基金は、その納付金をもって、**市町村**に交付する介護給付費・地域支援事業支援交付金に充てる。

2 × 介護保険事業に要する費用の一部を補助することができるのは、**国**と**都道府県**である。

3 × 第2号被保険者の保険料は、**医療保険者**が徴収する。普通徴収は、第1号被保険者であって、年額18万円未満の年金受給者について、市町村が納入通知書を送付して徴収する。第1号被保険者であって年額18万円以上の年金受給者について、年金保険者は生活保護受給者を含め、年金支給の際に年金から介護保険料を**特別徴収**によって徴収し、市町村に納入する。

4 ○ 介護保険法第6条において「**医療保険者**は、介護保険事業が健全かつ円滑に行われるように協力しなければならない」と、医療保険者の責務について規定されている。なお、年金保険者には、介護保険事業が健全かつ円滑に行われるように協力しなければならないという責務はない。

5 × 年金保険者は、年金支給の際に年金から介護保険料を特別徴収によって徴収し、**市町村**に納入する。

解答 1・4

介護保険の第1号被保険者

問題 19

介護保険の第1号被保険者について正しいものはどれか。3つ選べ。

1 生活保護の医療扶助による医療の給付を受けている65歳以上の者は、介護保険の被保険者とならない。

2 住民基本台帳法で住所があると認められる65歳以上の外国人は、我が国の介護保険の第1号被保険者となる。

3 第1号被保険者が適用除外施設に入所した場合、入所した日に、介護保険の被保険者資格を喪失する。

4 65歳以上の者が生活保護法に規定する更生施設に入所している場合は、第1号被保険者となる。

5 同一市町村内で住所を変更した場合、原則として14日以内に、市町村に届け出なければならない。

解説

1 ✕ 65歳以上の者は、生活保護の医療扶助による医療の給付を受けている場合も、介護保険の第1号被保険者となる。

2 ◯ 住民基本台帳法により特別永住者、在留期間が3か月以上の者（中長期在留者）には、**住所がある**と認められ、被保険者資格の要件を満たす。

3 ✕ 第1号被保険者が適用除外施設に入所（入院）した場合は、**入所（入院）した翌日**に、被保険者資格を喪失する。

4 ◯ 65歳以上の者が、生活保護法に規定する**更生施設**に入所している場合は、第1号被保険者となる。適用除外施設となるのは、生活保護法に規定する**救護施設**である。

適用除外施設

- ・障害者総合支援法上の**指定障害者支援施設**
- ・児童福祉法上の**医療型障害児入所施設**
- ・児童福祉法にいう**医療型児童発達支援を行う医療機関**
- ・独立行政法人国立重度知的障害者総合施設のぞみの園が設置する施設
- ・ハンセン病問題の解決の促進に関する法律上の国立ハンセン病療養所等
- ・生活保護法上の救護施設
- ・労働者災害補償保険法上の被災労働者の受ける介護の援護を図るために必要な事業にかかる施設
- ・障害者総合支援法上の指定障害福祉サービス事業者である病院

5 ◯ 住所地特例の適用を受けるに至った場合、同一市町村内で住所を変更した場合などは、保険者である市町村に、原則として**14日**以内に届け出る義務を負う。世帯主は、第1号被保険者に代わって届け出ることができる。

解答 **2・4・5**

介護保険の第2号被保険者

問 題 20

介護保険の第2号被保険者について正しいものはどれか。2つ選べ。

1 40歳以上65歳未満で、医療保険に加入している生活保護受給者は、第2号被保険者となる。

2 第2号被保険者が医療保険加入者でなくなった場合、原則として、その翌日から被保険者資格を喪失する。

3 40歳未満の医療保険加入者に扶養される配偶者が40歳以上65歳未満の場合は、その配偶者は介護保険の第2号被保険者となる。

4 第2号被保険者の資格を取得した場合には、市町村に届け出なければならない。

5 第2号被保険者の資格を取得した場合には、申請を行わなくても被保険者証が交付される。

解 説 ─ 頻出 ─

1 ○ 国民健康保険の場合は、生活保護受給者は被保険者となれないため、医療保険に加入していないことになり、介護保険の第2号被保険者とはならない。一方で、健康保険の場合は、生活保護受給者であっても被保険者となれるため、医療保険に加入していれば、介護保険の第2号被保険者となる。そのため、40歳以上65歳未満で、医療保険に加入している者は、生活保護受給者であっても、介護保険の第2号被保険者と**なる**。

2 × 第2号被保険者が、国民健康保険適用除外などにより医療保険加入者でなくなった場合は、**その日**から被保険者資格を喪失する。

被保険者資格の喪失時期

死亡したとき	
当該市町村の区域内に住所を有する40歳以上65歳未満の医療保険加入者または65歳以上の者が適用除外施設に入所（入院）したとき	翌日に喪失
当該市町村の区域内に住所がなくなったとき	
住所がなくなった日のうちにほかの市町村の区域内に住所をもつに至った場合	当日に喪失
第2号被保険者が医療保険加入者でなくなったとき	

3 ○ 40歳未満で健康保険組合に加入する医療保険被保険者に扶養される配偶者が40歳以上65歳未満の場合は、介護保険の第2号被保険者と**なる**。

4 × 第2号被保険者の資格を取得した場合には、市町村に**届け出る必要はない**。

5 × 第1号被保険者・第2号被保険者ともに、要介護・要支援認定の**申請**を行った人と、被保険者証交付を**申請**した人に対して、市町村は被保険者証を交付することとなっている。

解答 **1・3**

介護保険の被保険者とならないもの

問題 21

65歳以上の者であって、介護保険の被保険者とならないものとして正しいものはどれか。3つ選べ。

1 生活保護法に規定する更生施設の入所者

2 生活保護法に規定する救護施設の入所者

3 児童福祉法上の医療型障害児入所施設の入所者

4 障害者総合支援法の生活介護及び施設入所支援の支給決定を受けて、指定障害者支援施設に入所している精神障害者

5 障害者総合支援法の自立訓練及び施設入所支援の支給決定を受けて、指定障害者支援施設に入所している知的障害者

解説 頻出

1 × 生活保護法に規定する**更生施設**の入所者は、被保険者と**なる**。

2 ○ 生活保護法に規定する**救護施設**の入所者は、介護保険の適用除外施設の入所者となるため、被保険者と**ならない**。

3 ○ 児童福祉法上の**医療型障害児入所施設**の入所者は、介護保険の適用除外施設の入所者となるため、被保険者と**ならない**。

4 ○ 障害者総合支援法の**生活介護**及び施設入所支援の支給決定を受けて、指定障害者支援施設に入所している精神障害者は、介護保険の適用除外施設の入所者となるため、被保険者と**ならない**。

5 × 障害者総合支援法の**自立訓練**及び施設入所支援の支給決定を受けて、指定障害者支援施設に入所している知的障害者は、被保険者と**なる**。

解答 2・3・4

介護保険の適用除外施設の入所者・入院者

- 障害者総合支援法上の**生活介護**及び**施設入所支援**を受けて指定障害者支援施設に入所している身体障害者
- 身体障害者福祉法に基づく**措置**により障害者総合支援法上の障害者支援施設（生活介護を行うものに限る）に入所している身体障害者
- 児童福祉法上の医療型障害児入所施設の入所者
- 内閣総理大臣が指定する**児童福祉法**にいう医療型児童発達支援を行う医療機関の入院者
- 独立行政法人国立重度知的障害者総合施設**のぞみの園**が設置する施設の入所者
- ハンセン病問題の解決の促進に関する法律上の国立ハンセン病療養所等（同法上の療養を行う部分に限る）の入所者
- 生活保護法上の**救護施設**の入所者
- 労働者災害補償保険法上の**被災労働者の受ける介護**の援護を図るために必要な事業にかかる施設の入所者
- 知的障害者福祉法に基づく**措置**により障害者総合支援法上の障害者支援施設に入所している知的障害者
- 障害者総合支援法上の**生活介護**及び施設入所支援を受けて指定障害者支援施設に入所している知的障害者及び精神障害者
- 障害者総合支援法上の指定障害福祉サービス事業者である**病院**（同法上の療養介護を行うものに限る）の入院者

被保険者資格の取得

問題 22　

介護保険の被保険者資格の取得について正しいものはどれか。2つ選べ。

1　当該市町村の区域内に住所を有する医療保険加入者が40歳に達したとき、被保険者資格を取得する。

2　65歳以上の者が適用除外施設を退所または退院したときは、その翌日に被保険者資格を取得する。

3　医療保険未加入者が65歳に達したとき、誕生日の前日に被保険者資格を取得する。

4　外国人で65歳に達したときは自動的に処理が行われるため届出は必要なく、被保険者資格を取得できる。

5　第2号被保険者資格の取得の届出は、原則として本人が行わなければならない。

解説

1 ○ 当該市町村の区域内に住所を有する医療保険加入者が**40**歳に達したとき（**誕生日の前日**）、介護保険の第2号被保険者の資格を取得する。

2 × 当該市町村の区域内に住所を有する40歳以上65歳未満の医療保険加入者または65歳以上の者が適用除外施設を退所または退院したときは、その**当日**に被保険者資格を取得する。

3 ○ 医療保険未加入者が65歳に達したとき、**誕生日の前日**に被保険者資格を取得する。

4 × 外国人の場合、日本に長期にわたり居住する在日外国人や、3か月を超えて日本に在留する外国人等は、住民基本台帳法の適用を受け住民票が作成される。外国人で65歳に達したときは**届出する**ことによって被保険者資格を取得する。

5 × 第2号被保険者については、加入している医療保険者による把握が可能なため、原則として、**届出義務自体がない**。

解答　1・3

被保険者資格の取得時期

年齢到達の場合	・当該市町村の区域内に住所を有する医療保険加入者が40歳に達したとき（誕生日の前日）
住所移転の場合	・40歳以上65歳未満の医療保険加入者または65歳以上の者が当該市町村の区域内に住所を有するに至ったとき ・住民である40歳以上65歳未満の医療保険加入者、65歳以上の者が適用除外施設を退所したとき（施行法第11条第2項）
生活保護法の被保護者から医療保険加入になった場合	・当該市町村の区域内に住所を有する40歳以上65歳未満の者が医療保険加入者となったとき（生活保護法の保護停止による国民健康保険の適用除外の非該当など）
被保護者が65歳に到達した場合	・当該市町村の区域内に住所を有する者で医療保険に加入していない者が65歳に達したとき（誕生日の前日）

❶ 介護支援分野

❷ 保健医療サービス分野

❸ 福祉サービス分野

被保険者資格の喪失

問題 23

介護保険の被保険者資格の喪失について正しいものはどれか。2つ選べ。

1 海外に住所を移転する場合は、当該市町村に住所を有しなくなったその当日に被保険者資格を喪失する。

2 第2号被保険者が医療保険加入者でなくなった場合は、その当日に被保険者資格を喪失する。

3 居住する市町村から転出した場合は、その翌日から転出先の市町村の被保険者となる。

4 被保険者が適用除外施設に入所した場合、入所した日の翌日に被保険者資格を喪失する。

5 被保険者が死亡した場合は、死亡届が提出された日から被保険者資格を喪失する。

解説

1 ✕ 海外に住所を移転する場合は、当該市町村に住所を有しなくなった日の**翌日**に被保険者資格を喪失する。

2 ○ 第2号被保険者が医療保険加入者でなくなった場合は、その**当日**に被保険者資格を喪失する。第2号被保険者の資格要件は市町村の区域内に住所を有する40歳以上65歳未満の者で、医療保険に加入している者であるためである。

3 ✕ 居住する市町村の区域内に住所を有しなくなった日に他の市町村の区域内に住所を有するに至ったときは、その**当日**から居住していた市町村での被保険者資格を喪失し、転出先の市町村の被保険者となる。

4 ○ 適用除外施設（問題21の表（22頁）参照）に入所（入院）した場合、入所（入院）した日の**翌日**に被保険者資格を喪失する。

5 ✕ 介護保険の被保険者資格は、適用要件となる事実が発生したときに取得・または喪失する（事実発生主義・遡及適用）。つまり、死亡の場合、死亡届が提出された日からではなく、死亡した日に遡り、その**翌日**に被保険者資格を喪失する。

解答 **2・4**

資格喪失の時期

翌日から資格喪失	当該市町村の区域内に住所を有しなくなったとき
	死亡したとき
	適用除外施設に入所したとき
当日から資格喪失	当該市町村の区域内に住所を有しなくなった日に他の市町村の区域内に住所を有するに至ったとき
	第2号被保険者が医療保険加入者でなくなったとき

住所地特例

問題 24

介護保険制度における住所地特例の適用があるものはどれか。3つ選べ。

1 介護医療院
2 認知症対応型共同生活介護
3 軽費老人ホーム
4 地域密着型特定施設
5 有料老人ホーム

解説 頻出

1 ○ 介護医療院は**介護保険施設**に含まれるため、住所地特例の適用が**ある**。

2 × 認知症対応型共同生活介護（グループホーム）は、住所地特例の適用が**ない**。

3 ○ 軽費老人ホームは、**特定施設**に含まれるため、住所地特例の適用が**ある**。

4 × 地域密着型特定施設は、住所地特例の適用が**ない**。なお、地域密着型介護老人福祉施設も、住所地特例の適用が**ない**。

5 ○ 有料老人ホームは**特定施設**に含まれるため、住所地特例の適用が**ある**。

解答 1・3・5

住所地特例対象施設

①**介護保険施設**※
　介護老人福祉施設（特別養護老人ホーム）、介護老人保健施設、介護医療院
②**特定施設**（地域密着型特定施設を除く）
　有料老人ホーム（有料老人ホームに該当するサービス付き高齢者向け住宅を含む）、養護老人ホーム、軽費老人ホーム
③老人福祉法に規定する**養護老人ホーム**（措置による入所の場合）

※経過措置により介護保険施設に含まれていた介護療養型医療施設は、2024（令和6）年3月31日をもって廃止されることとなっている。

1 介護支援分野

2 保健医療サービス分野

3 福祉サービス分野

介護保険財政

問題 25

介護保険財政について正しいものはどれか。 3つ選べ。

1 介護給付及び予防給付に要する費用は、公費50％と保険料50％で構成される。

2 国は、介護給付及び予防給付に要する費用を負担する。

3 地域支援事業支援納付金は、社会保険診療報酬支払基金が、医療保険者から徴収した地域支援事業支援交付金をもって充てる。

4 第2号被保険者の保険料負担割合は、第1号被保険者と第2号被保険者の人口比に応じて定める。

5 第1号被保険者の保険料率は、全国一律である。

解説

1 ○ 介護給付及び予防給付に要する費用は、公費**50**％、介護保険の被保険者の保険料**50**％で構成される。

2 ○ **国**は、介護給付及び予防給付に要する費用（居宅給付費の場合20％、施設等給付費の場合15％）を負担する。

3 × 地域支援事業支援**交付金**は、社会保険診療報酬支払基金が、医療保険者から徴収した介護給付費・地域支援事業支援**納付金**をもって充てる。

4 ○ 第2号被保険者の保険料負担割合（第2号被保険者負担率）は、第1号被保険者と第2号被保険者の**人口比に応じて**国が定め、全国一律である。

5 × 第1号被保険者の保険料率は、各市町村が政令で定める基準に従い条例で定めるため、**市町村ごとに異なる**。

解答 **1・2・4**

介護保険の財政構造

		公費			保険料	
		国	都道府県	市町村	第1号	第2号
介護給付費	居宅給付費	25.0％[1]	12.5％	12.5％	23.0％[2]	27.0％[2]
	施設等給付費	20.0％[1]	17.5％	12.5％	23.0％[2]	27.0％[2]
地域支援事業	介護予防・日常生活支援総合事業	25.0％[1]	12.5％	12.5％	23.0％[2]	27.0％[2]
	包括的支援事業任意事業	38.5％	19.25％	19.25％	23.0％[2]	—

※1 調整交付金5％を含む。
※2 保険料の割合については、2024（令和6）年4月以降、変更の可能性がある。

介護保険財政

問題 26

介護保険財政について正しいものはどれか。 3つ選べ。

1 第1号被保険者の保険料を算定する賦課期日は、毎年1月1日とする。
2 地域支援事業の介護予防・日常生活支援総合事業の財源の負担割合は、介護給付費の施設等給付費の割合と同じである。
3 地域支援事業の包括的支援事業の財源構成には、第2号被保険者の保険料は含まれない。
4 第2号被保険者の保険料負担割合は、3年ごとに見直しをする。
5 低所得の第1号被保険者の保険料軽減に要する費用は、市町村の一般会計から特別会計に繰り入れられる。

解 説

1 × 第1号被保険者の保険料を算定する基準となる日（保険料の賦課期日）は、**当該年度の初日（4月1日）**である。

2 × 地域支援事業のうち、介護予防・日常生活支援総合事業（総合事業）の財源の負担割合は、介護給付費の**居宅給付費**の割合と同じで、国25％、都道府県と市町村12.5％ずつ、第1号被保険者の保険料23％、第2号被保険者の保険料27％※で構成される。

3 ○ 地域支援事業の**包括的支援事業の財源**の負担割合は、第2号被保険者も利用対象者となるが保険料負担はなく、国38.5％、都道府県と市町村19.25％ずつ、第1号被保険者の保険料23％※で構成される。任意事業の財源構成も同様である。

4 ○ 第2号被保険者の保険料負担割合（**第2号被保険者負担率**）は、国が政令で定め、3年ごとに見直しをする。

5 ○ 市町村は、市町村内の低所得の第1号被保険者（第1段階～第3段階）の保険料軽減に要する費用を、**一般会計**から**特別会計**に繰り入れる。国はその費用の2分の1を、都道府県は4分の1を負担する。

※保険料の割合については、2024（令和6）年4月以降、変更の可能性がある。

解答 3・4・5

ONE POINT

押さえるべきポイントを整理しよう!

①保険料率の算定は、高い頻度で出題される。「3年に1度」は必ず覚えよう。
②一般財政と特別会計の違いを整理しよう。
・一般財政（一般会計）：用途に特に制限はない、さまざまな事業を行うための会計
➡介護保険事業に係る事務経費は全額、各市町村の一般財政で賄われる。
・特別会計：一般会計とは別に、その事業の経理を明確にするために設けられた会計
➡介護保険事業に係る収入と支出の経理をより明確にわかりやすくすることができる。

① 介護支援分野

② 保健医療サービス分野

③ 福祉サービス分野

介護保険財政

問題 27

介護保険財政について正しいものはどれか。2つ選べ。

1 第1号被保険者の保険料率は、毎年算定する。

2 市町村は、低所得である第1号被保険者に対しては、保険料の全額を免除することができる。

3 市町村が介護保険料を徴収する権限は、2年行使しないと、時効により消滅する。

4 介護保険財政の安定化を図るため、都道府県に財政安定化基金を設置する。

5 市町村が通常の努力をしても、保険料収納率の悪化により、財政不足が生じた場合、財政安定化基金に請求し、その全額の交付を受けることができる。

解説 頻出

1 × 第1号被保険者の保険料率は、各市町村の給付水準(サービス供給見込量)等を踏まえ、3年を1期として策定する市町村介護保険事業計画に合わせて、3年に1度算定される。

2 × 市町村は、独自に、低所得である第1号被保険者に対し、保険料の減免を行うことができるが、**保険料の全額免除**や**収入にのみ着目した一律の減免**は行わない。

3 ○ 保険者である市町村の介護保険料の徴収権は、**2年**を経過したとき**時効**により消滅する。

4 ○ 介護保険財政の安定化を図るために、都道府県に**財政安定化基金**を設置する。基金の財源は、国の負担、都道府県の負担と市町村の第1号被保険者の保険料を財源とした拠出金で賄われる。

5 × 市町村介護保険事業計画の計画期間(3年間)を通じて、通常の努力をしてもなお、保険料収納率の悪化により、財政不足が生じた場合は、財政安定化基金から最終年度に、**不足額の2分の1の交付**を、残りの2分の1は**貸付**を受けることができる。

解答 **3・4**

介護保険の保険料

問題 28

介護保険の保険料について正しいものはどれか。 3つ選べ。

1 保険料の負担割合について、第1号保険料と第2号保険料はともに25％である。

2 第1号被保険者の保険料は、負担能力に応じた所得段階別定額保険料である。

3 第1号被保険者の普通徴収による介護保険料については、その被保険者の世帯主に連帯納付義務がある。

4 第1号被保険者の保険料について、年額18万円以上の遺族厚生年金受給者は、特別徴収の対象となる。

5 第1号被保険者の保険料について、普通徴収の納期は、政令で定める。

解説 頻出

1 × 保険料の負担割合は、第1号被保険者と第2号被保険者の1人あたりの平均的な保険料が同じ水準となるように、**3年ごと**に国の**政令**で定められる。2021（令和3）年度から2023（令和5）年度の負担割合は、第1号保険料が**23**％、第2号保険料が**27**％である※。

※保険料の割合については、2024（令和6）年4月以降、変更の可能性がある。

2 ○ 第1号被保険者の保険料の額は、政令で定める基準に従い、**市町村**が**条例**で定める保険料率に基づき算定される。個々の被保険者の保険料は、負担能力に応じた**所得段階別定額保険料**となっている。

3 ○ 第1号被保険者で、普通徴収の対象となる者の介護保険料については、**世帯主と配偶者**に連帯納付義務が生じる。

4 ○ 第1号被保険者の保険料については、第1号被保険者が年額18万円以上の公的な老齢年金（または退職年金）、遺族年金、障害年金を受給している場合には、年金保険者（厚生労働大臣、共済組合等）が年金を支給する際に**年金から天引き**する形で保険料を徴収し、市町村に納入する**特別徴収**の対象となる。

5 × 第1号被保険者の保険料の普通徴収の納期は、**市町村**が**条例**で定める。

解答 2・3・4

1 介護支援分野

2 保健医療サービス分野

3 福祉サービス分野

介護保険の保険料

問題 29

介護保険の保険料について正しいものはどれか。2つ選べ。

1 第1号被保険者は、保険料の徴収方法について特別徴収か普通徴収かを選ぶことができる。

2 第2号被保険者負担率は、市町村が条例で定める。

3 要介護認定を受けた被保険者に、認定前に保険料を滞納し、時効で徴収権が消滅した未納保険料がある場合、消滅した期間に応じ保険給付率が引き下げられる。

4 市町村は、国民健康保険に加入する第2号被保険者の保険料を徴収する。

5 第1号被保険者の保険料にかかる特別徴収は、国民健康保険団体連合会が行う。

解説

1 × 第1号被保険者の保険料の徴収方法は**特別徴収**が原則で、無年金者や年額18万円未満の低年金者については、市町村による**普通徴収**が行われる。

特別徴収	年額18万円以上の公的な**老齢年金**（または退職年金）、**遺族年金**、**障害年金**を受給している第1号被保険者が対象となる。
普通徴収	公的な**老齢年金**（または退職年金）、**遺族年金**、障害年金の額が年額18万円に満たない第1号被保険者、無年金者が対象となる。

2 × 第2号被保険者負担率（特別会計における第2号被保険者の負担割合）は、**国**が**政令**で定め、**3**年ごとに見直しをする。

3 ○ 要介護認定を受けた被保険者に、認定前に保険料を滞納し、時効で徴収権が消滅した未納保険料がある場合、消滅した期間に応じ保険給付率は**7**割に引き下げられる（3割負担対象者は**6**割になる）。

4 ○ 国民健康保険に加入する第2号被保険者の保険料は、国民健康保険の保険者のうち、**市町村、国民健康保険組合**が医療保険料の一部として徴収する。

5 × 第1号被保険者の保険料にかかる特別徴収は、**年金保険者**が第1号被保険者のうち年額18万円以上の年金受給者について、年金支給の際に年金から介護保険料を**天引き**し、市町村に納入する方法である。

解答 **3・4**

① 介護支援分野

② 保健医療サービス分野

③ 福祉サービス分野

介護保険の保険料

問題 30 ☑☑☑

介護保険の保険料について正しいものはどれか。 3つ選べ。

1 普通徴収による第1号被保険者の保険料について、被保険者の配偶者は連帯して納付する義務を負う。

2 市町村が第1号被保険者に対して納入通知書を送付し、直接保険料を徴収する方法を特別徴収という。

3 健康保険に加入している第2号被保険者の保険料について、事業主負担はない。

4 介護保険料の督促は、時効の更新の効力を生ずる。

5 介護保険の調整交付金は、国が市町村に交付する。

解・説 頻出 ─────────────────────────

1 ○ **生計の同一性**等の観点から、**普通徴収**による第1号被保険者の保険料については、その世帯主及び配偶者に**連帯納付義務**がある。

2 × 市町村が第1号被保険者に対して納入通知書を送付し、直接保険料を徴収する方法を**普通徴収**という。

3 × 健康保険に加入している第2号被保険者の保険料については、事業主負担が**ある**。なお、国民健康保険に加入している第2号被保険者の保険料については、事業主負担は**ない**。

4 ○ 介護保険法第200条第2項に「保険料その他この法律の規定による徴収金の督促は、時効の**更新**の効力を生ずる」とある。滞納保険料について督促されると、無条件で時効の更新の効力を有し、督促状が届いた翌日から起算して**2**年で時効となる。

5 ○ 調整交付金は、**国**が市町村に対して交付するものである。すべての市町村に一律ではなく、各市町村の第1号被保険者の年齢階級別の分布状況、第1号被保険者の所得の分布状況等を考慮して交付される。

調整交付金の概要

> **調整交付金の役割**：国は調整交付金の割合を調整して交付することにより、市町村間の財政力の格差（実質的には、第1号保険料の格差）を是正する。普通調整交付金と特別調整交付金がある。
>
> ◎普通調整交付金は、給付対象となる可能性の高い後期高齢者の加入割合の違いと第1号被保険者の所得（保険料負担能力）の格差
>
> ◎特別調整交付金は、災害時の保険料免除など、保険者の責によらない事由

解答 **1・4・5**

介護保険の保険料

問題 31

介護保険の保険料について正しいものはどれか。2つ選べ。

1 第2号被保険者の保険料については、医療保険の種類にかかわらず、事業主負担がある。

2 第2号被保険者の保険料は、各医療保険者から社会保障審議会に納付される。

3 国民健康保険に加入する第2号被保険者の保険料は、国が徴収する。

4 第1号被保険者の保険料について、市町村は条例により、特別の理由がある者に対し、減免することができる。

5 生活保護の実施機関は、被保護者の保険料を、その被保護者に代わり、直接市町村に支払うことができる。

解説

1 × 第2号被保険者の保険料については、**国民健康保険**の場合には事業主負担は**ない**。

2 × 第2号被保険者の保険料は、各医療保険者から**社会保険診療報酬支払基金**に、介護給付費・地域支援事業支援納付金として納付され、**市町村**に介護給付費交付金及び地域支援事業支援交付金として交付される。

3 × 国民健康保険に加入する第2号被保険者の保険料は、国ではなく、保険者のうち、**市町村**、**国民健康保険組合**が医療保険料の一部として徴収する。

4 ○ 市町村は条例により、特別の理由がある者に対し、第1号被保険者の介護保険料の**減免**、または**徴収猶予**をすることができる。

保険料が減免される例

> ・震災・風水害・火災等で住宅等の財産が著しく損害を受けたこと
> ・主たる生計維持者の死亡、心身の重大な障害や長期入院で収入が著しく減少したこと
> ・事業の休廃止や著しい損失、失業等で収入が著しく減少したこと
> ・干ばつ、冷害等による農作物の不作や不漁等で収入が著しく減少したこと

5 ○ 生活保護の実施機関は、保護の目的を達成するために必要があるときは、保護の方法の特例として、被保護者に代わり、直接市町村に介護保険料を支払うことが**できる**。

解答 **4・5**

保険料滞納者への措置

問題 32 ✓ ✓ ✓

第1号被保険者のうち、特別の事情があると認められない保険料滞納者への措置として正しいものはどれか。2つ選べ。

1　1年以上滞納した場合、保険給付の支払の一時差止が行われる。
2　1年以上滞納した場合、保険給付の支払方法の償還払い化が行われる。
3　1年6か月以上滞納した場合、訪問看護等の医療系サービスの医療保険制度への移行が行われる。
4　2年以上滞納した場合、高額介護サービス費の支給が行われなくなる。
5　2年以上滞納した場合、被保険者資格を喪失する。

解説

1 ×　1年以上滞納した場合、保険給付の**支払方法の変更**（現物給付の**償還払い化**）が行われる。保険給付の**支払の一時差止**が行われるのは、1年6か月以上滞納した場合である。

2 ○　1年以上滞納した場合、保険給付の**支払方法の変更**（現物給付の**償還払い化**）が行われる。

3 ×　1年6か月以上滞納した場合、保険給付の**支払の一時差止**が行われる。保険料の滞納によって、訪問看護等の医療系サービスの医療保険制度への移行が行われることは**ない**。

4 ○　2年以上滞納した場合、保険給付の**減額**が行われるとともに、高額介護（予防）サービス費、高額医療合算介護（予防）サービス費、特定入所者介護（予防）サービス費、特例特定入所者介護（予防）サービス費の支給が**行われなくなる**。

5 ×　保険料の滞納によって、被保険者資格を喪失することは**ない**。

解答 **2・4**

ONE POINT

保険料の滞納処分について確認しよう！

介護保険は強制加入のため、介護保険料を滞納している場合は、段階的に措置を講ずることになる。

滞納期間	措置
1年以上	①保険給付の支払方法の変更（償還払い化）
1年6か月以上	②保険給付の支払の一時差止。なお滞納している保険料を納付しない場合、一時差止した保険給付から滞納保険料額を控除
2年以上	③時効（2年）により保険料を徴収する権利が消滅している場合には、保険給付を減額する（9割または8割→7割給付へ、7割→6割給付へ）

介護保険の調整交付金

問題 33 ☑☑☑

介護保険の調整交付金について正しいものはどれか。2つ選べ。

1 市町村ごとの第2号被保険者の所得の分布状況を考慮して交付される。

2 調整交付金は市町村の財政力に応じて交付される。

3 調整交付金による財政格差の調整には、災害による保険料減免は含まれない。

4 調整交付金の総額は、介護給付費及び予防給付費の総額の5％に相当する額とする。

5 特別調整交付金は、第1号被保険者総数に占める後期高齢者の加入割合などにより、市町村ごとに算定される。

解説 頻出

1 × 調整交付金の交付については、第2号被保険者の所得の分布状況ではなく、**第1号被保険者**の所得の分布状況等を考慮して交付される（介護保険法第122条第1項）。

2 ○ 調整交付金は、①市町村における第1号被保険者の年齢段階別の分布状況、②第1号被保険者の所得の分布状況、③災害時における保険料の減免等、保険者の責によらない事由を考慮して算定され、市町村の**財政力の強弱に応じて傾斜的に交付される**。

3 × 災害時における保険料減免については、**特別調整交付金**によって賄われる。

4 ○ 調整交付金の総額は、介護給付費及び予防給付費の総額の**5**％に相当する額となっている。

5 × 選択肢は、普通調整交付金の説明である。特別調整交付金は、災害時における保険料の減免等、保険者の責によらない事由の場合に、**厚生労働省令**で定めるところにより交付される。

解答 **2・4**

ONE POINT

介護保険の調整交付金についてのまとめ

調整交付金は、次の点を考慮して算定される。

①第1号被保険者の年齢段階別の分布状況（要介護状態となるリスクの高い75歳以上の後期高齢者の加入割合）の違い

②第1号被保険者の所得（保険料負担能力）の格差

③災害時の保険料減免等の特殊事情といった保険者の責によらない理由

（①、②を普通調整交付金、③を特別調整交付金という）

第2号被保険者の保険料が財源に含まれるもの

問題 34

介護保険の第2号被保険者の保険料が財源に含まれるものとして正しいものはどれか。2つ選べ。

1 地域支援事業の包括的支援事業に要する費用
2 地域支援事業の任意事業に要する費用
3 市町村特別給付に要する費用
4 居宅給付費
5 施設等給付費

解説

1 × 地域支援事業の包括的支援事業に要する費用は、介護保険の第1号被保険者の保険料が財源に**含まれる**が、第2号被保険者の保険料は財源に**含まれない**。

2 × 地域支援事業の任意事業に要する費用は、介護保険の第1号被保険者の保険料が財源に**含まれる**が、第2号被保険者の保険料は財源に**含まれない**。

3 × 市町村特別給付に要する費用は、介護保険の第2号被保険者の保険料は財源に**含まれない**。市町村特別給付に要する費用は、その市町村の**第1号被保険者の保険料**により賄われる。

4 ○ 居宅給付費は、介護保険の第2号被保険者の保険料が財源に**含まれる**。

5 ○ 施設等給付費は、介護保険の第2号被保険者の保険料が財源に**含まれる**。

解答 **4・5**

第2号被保険者の保険料が財源に含まれるもの／含まれないもの

居宅給付費	含まれる
施設等給付費	含まれる
地域支援事業の「介護予防・日常生活支援総合事業」	含まれる
地域支援事業の「包括的支援事業」	含まれない
地域支援事業の「任意事業」	含まれない
市町村特別給付	含まれない
財政安定化基金	含まれない

財政安定化基金

問題 35

財政安定化基金について正しいものはどれか。2つ選べ。

1 財源の負担割合は、国2分の1、都道府県4分の1、市町村4分の1である。
2 財政安定化基金の財源には、第1号被保険者の保険料と第2号被保険者の保険料が均等に充当される。
3 貸付金の償還期限は、次期市町村介護保険事業計画期間の最終年度の末日である。
4 都道府県に設置される。
5 保険料未納による収入不足が見込まれる場合に、不足額の3分の1に相当する交付金を交付する。

 解説 頻出

1 × 財政安定化基金の財源は、国・都道府県・市町村が**3分の1**ずつ負担する。都道府県は、財政安定化基金に充てるため、市町村から財政安定化基金拠出金を徴収するものとされ、市町村は、財政安定化基金拠出金を納付する義務を負う。

2 × 財政安定化基金の財源には、第1号被保険者の保険料は充当されるが、第2号被保険者の保険料は充当されない。

3 ○ 貸付を受けた額を、貸付を受けた期の**次の期**の市町村介護保険事業計画期間の**最終年度の末日**までに返済しなければならない。なお、貸付金については、償還期限までの間は**無利子**とされている。

4 ○ 市町村の介護保険財政の安定化を図るため、**都道府県**に財政安定化基金が設置される。

5 × 市町村は、通常の努力を行ってもなお生じる保険料未納により、保険料収納額が不足した場合、財政安定化基金から不足額の**2分の1**に相当する交付金の交付を受けることができる。この場合、残りの不足額分については**貸付**を受けることができる。

解答 **3・4**

財政安定化基金の事業内容と概念図

①通常の努力を行ってもなお生じる保険料未納により、介護保険財政の収入不足が生じた場合に、不足額の**2分の1**を基準として交付金を交付する（残りの不足額分については**貸付**）。
②見込みを上回る給付費の増大等のための介護保険財政に不足（収支不均衡）が生じた場合に、必要な資金を貸し付ける。

	保険料収納不足分		給付費増分
収　入	交　付	貸　付	貸　付
支　出			

社会保険診療報酬支払基金

問題 36

社会保険診療報酬支払基金について正しいものはどれか。2つ選べ。

1 介護保険財政の収入不足が生じた市町村に不足額を交付する。
2 医療保険者から介護給付費・地域支援事業支援納付金を徴収する。
3 第三者行為求償事務を行う。
4 介護保険サービスに関する苦情への対応を行う。
5 市町村に対し介護給付費交付金を交付する。

解説

1 × 介護保険財政の収入不足が生じた市町村に不足額を交付するのは、都道府県に設置される**財政安定化基金**の業務である。

2 ○ 社会保険診療報酬支払基金は、社会保険診療報酬支払基金法第15条に規定する業務のほか、介護保険法第1条に規定する目的を達成するため、医療保険者から納付金（介護給付費・地域支援事業支援納付金）を**徴収する**こととされている（介護保険法第160条第1項第1号）。

3 × 第三者行為求償事務は**市町村**の業務であり、**市町村**から委託を受けて**国民健康保険団体連合会**が行う（介護保険法第176条第2項第1号）。

4 × 介護保険サービスに関する苦情への対応を行うのは、**国民健康保険団体連合会**である。サービスの質の向上に関する調査並びに事業者に対する指導及び助言を含む苦情処理業務も含まれる（介護保険法第176条第1項第3号）。

5 ○ 市町村に対し、**介護給付費交付金**を交付する（介護保険法第160条第1項第2号）。

解答 **2・5**

社会保険診療報酬支払基金の業務

① 医療保険者から**介護給付費・地域支援事業支援納付金**を徴収すること
② 市町村に対し**介護給付費交付金**を交付すること
③ 市町村に対し**地域支援事業支援交付金**を交付すること
④ ①～③の業務に附帯する業務を行うこと

※ 「市町村から委託を受けて行う、被保険者、介護サービス事業者その他の関係者が被保険者にかかる情報を共有・活用することを促進する事業に関する業務及びそれに附帯する業務を行うこと」が追加される予定である（2023（令和5）年5月19日から4年以内において政令で定める日施行）。

要介護認定

問題 37

要介護認定について正しいものはどれか。 ３つ選べ。

1 介護保険の被保険者証が未交付の第２号被保険者は、原則として、医療保険の被保険者証等を提示して申請する。

2 被保険者に主治の医師がいない場合、被保険者は市町村が指定する医師による診断を受けなければならない。

3 要介護認定を受けようとする被保険者は、申請書に主治医意見書を添付して申請する。

4 審査及び判定の基準は、都道府県が定める。

5 要介護者のうち第１号被保険者については、要介護状態の原因を問わない。

解説 頻出

1 ○ 要介護認定を受けようとする被保険者は、申請書に**被保険者証**を添付して市町村に申請するが、介護保険の被保険者証の交付を受けていない**第２号被保険者**は、原則として、**医療保険の被保険者証**等を提示して申請する。

2 ○ 被保険者に主治の医師がいない場合、被保険者は**市町村が指定する医師**または**その市町村の職員である医師**による診断を受けなければならない。

3 × 申請を受けた市町村が主治医に主治医意見書の作成依頼をするため、被保険者が申請時に添付する必要は**ない**。

4 × 審査及び判定は、認定基準省令や推計告示など、**国が定めた全国一律の認定基準**に従って実施される。

5 ○ 要介護状態または要支援状態の原因が問われるのは、**第２号被保険者**の場合である。**第２号被保険者**については、特定疾病（問題40の解説（41頁）参照）の場合に限り、認定を受けることができる。**第１号被保険者**については、原因は問われない。

解答 1・2・5

要介護状態・要支援状態の定義

要介護状態	身体上または精神上の障害があるために、入浴、排泄、食事等の日常生活における基本的な動作の全部または一部について、厚生労働省令で定める期間（６か月）にわたり継続して、常時介護を要すると見込まれる状態
要支援状態	身体上もしくは精神上の障害があるために入浴、排泄、食事等の日常生活における基本的な動作の全部もしくは一部について厚生労働省令で定める期間（６か月）にわたり継続して常時介護を要する状態の軽減もしくは悪化の防止に特に資する支援を要すると見込まれ、または身体上もしくは精神上の障害があるために厚生労働省令で定める期間（６か月）にわたり継続して日常生活を営むのに支障があると見込まれる状態

要介護認定

問 題 38

要介護認定について正しいものはどれか。 3つ選べ。

1 一次判定は、市町村が定める客観的な基準に基づき、コンピュータで行われる。

2 介護保険料を滞納している者は、認定の申請を行うことはできない。

3 市町村は、都道府県が指定する指定市町村事務受託法人に、新規認定の認定調査を委託することができる。

4 市町村は、要介護認定を受けた被保険者が要介護者に該当しなくなったと認めるときは、有効期間満了前であっても、認定を取り消すことができる。

5 要介護認定の申請を行った被保険者が、要支援者に該当すると認められる場合、要支援認定の申請がなされたものとみなして、要支援認定をすることができる。

解 説

1 × 一次判定は、**厚生労働大臣**が定める全国共通の客観的な基準に基づき、コンピュータで行われる。

2 × 介護保険料を**滞納**している者であっても、介護保険の被保険者の**資格は喪失するものではない**ため、要介護認定等を申請し、認定を受けることは**可能**である。

3 ○ **新規認定の認定調査**は、市町村職員が行うことを原則とするが、都道府県が指定する**指定市町村事務受託法人に限り**、委託することが**可能**である。なお、指定市町村事務受託法人は、更新認定及び区分変更認定にかかる認定調査を委託する委託先でもある。

4 ○ 市町村は、要介護認定を受けた被保険者が要介護者に該当しなくなったと認めるときなどには、有効期間満了前であっても、要介護認定を取り消すことが**できる**。

5 ○ みなし認定とは、**要介護認定**の申請を行った被保険者が、認定調査の結果、**要支援者**に該当すると認められる場合、市町村は、**要支援認定**の申請がなされたものとみなして、**要支援認定**をすることができるというものである。また、逆に**要支援認定**の申請を行った被保険者が**要介護者**に該当すると認められる場合にも、**要介護認定**をすることができる。

解答 **3・4・5**

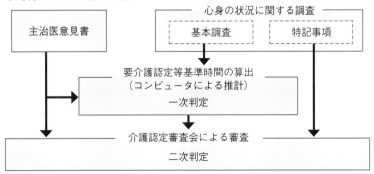

市町村における判定の流れ

要介護認定

問題 39

要介護認定について正しいものはどれか。３つ選べ。

1 被保険者は、地域包括支援センターに申請に関する手続きを代わって行わせることができる。

2 更新認定の効力は、更新前の認定の有効期間満了日の翌日から生じる。

3 更新認定の申請ができるのは、原則として、有効期間満了の日の30日前からである。

4 被保険者が正当な理由なく調査または診断命令に従わない場合は、市町村は申請を却下することができる。

5 災害などやむを得ない理由で、更新認定の申請ができなかった場合は、その理由がなくなった日から３か月以内に限り、更新認定の申請をすることができる。

解説

1 ○ 被保険者は、**地域包括支援センター**、**指定居宅介護支援事業者**などに、申請に関する手続きを代わって行わせることが**できる**。

2 ○ 新規認定の効力は**申請日**にさかのぼるが、更新認定の効力は、更新前の認定の有効期間満了日の**翌日**から生じる。

3 × 更新認定の申請ができるのは、原則として、有効期間満了の日の **60** 日前からである。

4 ○ 被保険者が、正当な理由なしに、認定に必要な調査に応じないとき、または診断命令に従わないときは、市町村は申請を**却下することができる**とされている。

5 × 災害などやむを得ない理由で、更新認定の申請ができなかった場合は、その理由がなくなった日から **1** か月以内に限り、更新認定の申請をすることができる。

解答 **1・2・4**

特定疾病

問題 40

介護保険における特定疾病として正しいものはどれか。3つ選べ。

1 骨粗鬆症
2 脊柱管狭窄症
3 慢性閉塞性肺疾患
4 糖尿病性網膜症
5 潰瘍性大腸炎

解説 頻出

　介護保険では、40歳以上65歳未満の第2号被保険者が要介護（要支援）認定を受けるためには、要介護（要支援）状態の原因である身体上または精神上の障害が加齢に伴って生ずる心身の変化に起因する疾病であって政令で定めるもの（**特定疾病**）によって生じたものであることが要件とされている。

介護保険における特定疾病

①がん（医師が一般に認められている医学的知見に基づき回復の見込みがない状態に至ったと判断したものに限る）
②関節リウマチ
③筋萎縮性側索硬化症（ALS）
④後縦靱帯骨化症
⑤骨折を伴う骨粗鬆症
⑥初老期における認知症（アルツハイマー病、血管性認知症、レビー小体型認知症など）
⑦進行性核上性麻痺、大脳皮質基底核変性症及びパーキンソン病
⑧脊髄小脳変性症
⑨脊柱管狭窄症
⑩早老症（ウェルナー症候群など）
⑪多系統萎縮症
⑫糖尿病性神経障害、糖尿病性腎症及び糖尿病性網膜症
⑬脳血管疾患（脳出血、脳梗塞など）
⑭閉塞性動脈硬化症
⑮慢性閉塞性肺疾患（COPD）
⑯両側の膝関節または股関節に著しい変形を伴う変形性関節症

1 × 特定疾病は、第2号被保険者の要介護認定等の要件であり、**政令で定める16の病態名**で、病名としての骨粗鬆症では、特定疾病と**ならない**。**骨折を伴う骨粗鬆症**として（主治医意見書に記載されて）初めて特定疾病となる。単なる病名ではないので注意したい。

2 ○ 脊柱管狭窄症は、介護保険における**特定疾病である**。

3 ○ 慢性閉塞性肺疾患は、介護保険における**特定疾病である**。

4 ○ 糖尿病性網膜症は、介護保険における**特定疾病である**。

5 × 潰瘍性大腸炎は、介護保険における**特定疾病ではない**。

解答 **2・3・4**

要介護認定の申請代行

問題 41

要介護認定の申請代行について正しいものはどれか。3つ選べ。

1 指定地域密着型特定施設入居者生活介護事業者は、代行できない。
2 日常生活自立支援事業における生活支援員は、代行できる。
3 民生委員は、代行できる。
4 地域密着型介護老人福祉施設は、代行できる。
5 指定居宅介護支援事業者は、代行できない。

解説

1 ○ 指定地域密着型特定施設入居者生活介護事業者は、要介護認定の申請を代行することが**できない**。

2 × 日常生活自立支援事業における生活支援員は、要介護認定の申請を代行することが**できない**。生活支援員には代理権はないため、すべて本人が行う際の援助のみであり、申請については本人に代わって行うことは**できない**（手続きの援助のみ**できる**）。

3 ○ 民生委員は、要介護認定の申請を代行することが**できる**。

4 ○ 地域密着型介護老人福祉施設は、要介護認定の申請を代行することが**できる**。なお、指定居宅サービス事業者で代行できるものはない。

5 × 指定居宅介護支援事業者は、要介護認定の申請を代行することが**できる**。

解答 **1・3・4**

申請代行（または代理）が行える者

申請代行が行える者	要　　件
・成年後見人 ・家族、親族等（代理申請） ・地域包括支援センター ・民生委員 ・社会保険労務士	―
・指定居宅介護支援事業者 ・地域密着型介護老人福祉施設 ・介護保険施設	事業の人員・設備・運営に関する基準で定めている、要介護認定申請にかかる援助義務に違反したことのないこと（介護保険法施行規則第35条第3項）。

要介護認定の認定調査

問 題 42

要介護認定における認定調査について正しいものはどれか。３つ選べ。

1 新規認定調査は、市町村職員のみ実施することができる。

2 市町村は、被保険者が遠隔地に住んでいる場合には、その被保険者が居住する市町村に調査を嘱託することができる。

3 更新認定調査は、介護支援専門員に委託することができる。

4 更新認定調査は、市町村職員である福祉事務所のケースワーカーは実施することができない。

5 指定市町村事務受託法人は、区分変更認定にかかる認定調査を市町村の委託を受けて行うことができる。

解 説 頻出

1 ✕ 新規認定調査を行うことができるのは、**市町村職員**と市町村から委託を受けた都道府県の指定した**指定市町村事務受託法人**に限られる。なお、認定調査を行うことができるのは、以下のとおりである。

認定調査の実施主体

新規認定調査	更新認定調査
①市町村職員 ②指定市町村事務受託法人（委託）	①市町村職員 ②指定市町村事務受託法人（委託） ③指定居宅介護支援事業者（委託）※ ④地域密着型介護老人福祉施設（委託）※ ⑤介護保険施設（委託）※ ⑥地域包括支援センター（委託）※ ⑦介護支援専門員（委託）※

※事業者・施設については、事業の人員・設備・運営に関する基準で定めている、利益の収受・供与の禁止に違反したことのないこと、また、介護支援専門員については、公正かつ誠実な業務遂行その他の介護支援専門員の義務（介護保険法第69条の34第1項、第2項）に違反したことのないこと（介護保険法施行規則第40条第5項）。

2 ○ 選択肢のとおりである。住所地特例などで被保険者が他市町村に居住している場合もある。そのような場合には、他市町村への認定調査の嘱託が**可能**である。

3 ○ 選択肢1の表のとおり、更新認定調査は、介護支援専門員に委託することが**できる**。

4 ✕ **市町村職員**である福祉事務所のケースワーカーは、新規認定調査及び更新認定調査を実施することが**できる**。また**市町村職員**には、市町村保健センターの保健師なども含まれる。

5 ○ 指定市町村事務受託法人は、**新規認定**、**更新認定**、**区分変更認定**にかかる**認定調査**を市町村の委託を受けて行うことが**できる**。

解答 **2・3・5**

認定調査票の基本調査項目

問題 43 ☑ ☑ ☑

要介護認定における認定調査票の基本調査項目として正しいものはどれか。3つ選べ。

1 身体機能・起居動作に関連する項目
2 特別な医療に関連する項目
3 地域の社会資源の活用に関連する項目
4 サービスの利用状況に関連する項目
5 生活機能に関連する項目

解説 頻出

1 ○ 身体機能・起居動作に関連する項目は、認定調査票の基本調査項目に**含まれる**。

2 ○ 特別な医療は、認定調査票の基本調査項目に**含まれる**。

3 × 地域の社会資源の活用に関連する項目は、認定調査票の基本調査項目に**含まれない**。

4 × サービスの利用状況に関連する項目は、認定調査票の基本調査項目に**含まれない**。

5 ○ 生活機能に関連する項目は、認定調査票の基本調査項目に**含まれる**。

解答 **1・2・5**

認定調査票の基本調査項目

基本調査項目	個別調査項目
①身体機能・起居動作に関連する項目	麻痺等の有無 ／ 拘縮の有無 ／ 寝返り ／ 起き上がり ／ 座位保持 ／ 両足での立位 ／ 歩行 ／ 立ち上がり ／ 片足での立位 ／ 洗身 ／ つめ切り ／ 視力 ／ 聴力
②生活機能に関連する項目	移乗 ／ 移動 ／ えん下 ／ 食事摂取 ／ 排尿 ／ 排便 ／ 口腔清潔 ／ 洗顔 ／ 整髪 ／ 上衣の着脱 ／ ズボン等の着脱 ／ 外出頻度
③認知機能に関連する項目	意思の伝達 ／ 毎日の日課を理解 ／ 生年月日を言う ／ 短期記憶 ／ 自分の名前を言う ／ 今の季節を理解 ／ 場所の理解 ／ 徘徊 ／ 外出して戻れない
④精神・行動障害に関連する項目	被害的 ／ 作話 ／ 感情が不安定 ／ 昼夜逆転 ／ 同じ話をする ／ 大声を出す ／ 介護に抵抗 ／ 落ち着きなし ／ 一人で出たがる ／ 収集癖 ／ 物や衣類を壊す ／ ひどい物忘れ ／ 独り言・独り笑い ／ 自分勝手に行動する ／ 話がまとまらない
⑤社会生活への適応に関連する項目	薬の内服 ／ 金銭の管理 ／ 日常の意思決定 ／ 集団への不適応 ／ 買い物 ／ 簡単な調理
⑥特別な医療に関連する項目	過去14日間に受けた特別な医療
⑦日常生活自立度に関連する項目	障害高齢者の日常生活自立度（寝たきり度） ／ 認知症高齢者の日常生活自立度

主治医意見書の項目

問題 44

要介護認定における主治医意見書の項目として正しいものはどれか。3つ選べ。

1　サービス利用による生活機能の維持・改善の見通し
2　パーキンソン病患者におけるホーエン・ヤールの臨床的重症度分類
3　特定疾病の経過及び投薬内容を含む治療内容
4　その他の精神・神経症状
5　肺炎球菌ワクチンの予防接種の有無

解説

1 ○ サービス利用による生活機能の維持・改善の見通しは、主治医意見書の「生活機能とサービスに関する意見」に**含まれる**。

2 × パーキンソン病患者におけるホーエン・ヤールの臨床的重症度分類は、主治医意見書の項目に**含まれない**。

3 ○ 生活機能低下の直接の原因となっている傷病または特定疾病の経過及び投薬内容を含む治療内容は、主治医意見書の「傷病に関する意見」に**含まれる**。

4 ○ その他の精神・神経症状は、主治医意見書の「心身の状態に関する意見」に**含まれる**。

5 × 肺炎球菌ワクチンの予防接種の有無の項目は、主治医意見書の項目に**含まれない**。

解答 **1・3・4**

主治医意見書の項目

事項	主な内容
基本情報	申請者氏名等 ／ 介護サービス計画作成等に利用されることの同意について ／ 医師・医療機関名等 ／ 最終診察日 ／ 意見書作成回数 ／ 他科受診の有無
①傷病に関する意見	診断名 ／ 症状としての安定性 ／ 生活機能低下の直接の原因となっている傷病または特定疾病の経過及び投薬内容を含む治療内容
②特別な医療（過去14日間以内に受けた医療）	処置内容 ／ 特別な対応 ／ 失禁への対応
③心身の状態に関する意見	日常生活の自立度等（障害高齢者の日常生活自立度（寝たきり度）、認知症高齢者の日常生活自立度） ／ 認知症の中核症状 ／ 認知症の行動・心理症状（BPSD） ／ その他の精神・神経症状、専門医受診の有無 ／ 身体の状態
④生活機能とサービスに関する意見	移動 ／ 栄養・食生活 ／ 現在あるかまたは今後発生の可能性の高い状態とその対処方針 ／ サービス利用による生活機能の維持・改善の見通し ／ 医学的管理の必要性 ／ サービス提供時における医学的観点からの留意事項 ／ 感染症の有無
⑤特記すべき事項	

1 介護支援分野

2 保健医療サービス分野

3 福祉サービス分野

主治医意見書の項目

問題 45

要介護認定にかかる主治医意見書における「認知症の中核症状」の項目として正しいものはどれか。2つ選べ。

1 短期記憶
2 幻視・幻聴
3 介護への抵抗
4 火の不始末
5 日常の意思決定を行うための認知能力

解説

1 ○ 短期記憶は、主治医意見書における「認知症の中核症状」の項目に**含まれる**。

2 × 幻視・幻聴は、BPSD（認知症の行動・心理症状）であり、主治医意見書における「認知症の中核症状」の項目に**含まれない**。

3 × 介護への抵抗は、BPSD（認知症の行動・心理症状）であり、主治医意見書における「認知症の中核症状」の項目に**含まれない**。

4 × 火の不始末は、BPSD（認知症の行動・心理症状）であり、主治医意見書における「認知症の中核症状」の項目に**含まれない**。

5 ○ 日常の意思決定を行うための認知能力は、主治医意見書における「認知症の中核症状」の項目に**含まれる**。

解答 **1・5**

主治医意見書における「3. 心身の状態に関する意見」のうち、認知症の中核症状とBPSDの項目

認知症の中核症状	短期記憶 日常の意思決定を行うための認知能力 自分の意思の伝達能力
認知症の行動・心理症状 （BPSD）	幻視・幻聴、妄想、昼夜逆転、暴言、暴行 介護への抵抗、徘徊、火の不始末 不潔行為、異食行動、性的問題行動、その他

1 介護支援分野

2 保健医療サービス分野

3 福祉サービス分野

要介護認定等基準時間

問題 46

要介護認定等基準時間について正しいものはどれか。2つ選べ。

1 要介護認定等基準時間の算定には、「1分間タイムスタディ・データ」による樹形モデルを用いる。

2 要介護認定等基準時間は、実際に家庭で行われる介護時間をもとにする。

3 要介護認定等基準時間には、「褥瘡の処置」は含まれない。

4 要介護認定等基準時間は、1日あたりの時間として推計される。

5 要介護認定等基準時間の推計方法は、市町村の条例で定める。

解説 頻出

1 ○ 一次判定は、「1分間タイムスタディ・データ（1分間タイムスタディという調査法により得られた当該調査の対象者のデータの平均値による要介護認定等基準時間の推計値）」による**樹形モデル**を用いる。

2 × 要介護認定等基準時間は、実際に家庭等で行われる介護時間そのものではなく、あくまでも介護の必要性を判断するための尺度として、**要介護認定調査の結果から得られた時間**をもとにする。

3 × 要介護認定等基準時間には、特別な医療として、「褥瘡の処置」が**含まれる**。

4 ○ 要介護認定等基準時間は、当該被保険者に対して、介護者等により行われる下記の表の5分野の行為に要する**1日あたりの時間**として推計されることになっている。

5 × 要介護認定等基準時間の具体的な推計方法は、**厚生労働大臣が定める告示**により示されている。

解答 1・4

ONE POINT

要介護認定等基準時間の算定方法について整理しよう!

要介護認定等基準時間は、認定調査票の基本調査項目を次の5つの行為に区分し、それぞれの行為に要する時間を合計することにより推計する。これにより、一次判定の結果が示される。

①直接生活介助（食事・排泄・移動・清潔保持）	入浴、排泄、食事等の介護
②間接生活介助	洗濯、掃除等の家事援助等
③認知症の行動・心理症状関連行為	徘徊に対する探索、不潔な行為に対する後始末等
④機能訓練関連行為	歩行訓練、日常生活訓練等の機能訓練
⑤医療関連行為、特別な医療	輸液の管理、褥瘡の処置等の診療の補助等

なお、要介護認定等基準時間は、実際に家庭等で行われる介護時間そのものではなく、あくまでも介護の必要性を判断するための尺度として、一定の方法により推計された客観的な基準である。

介護認定審査会

問題 47

介護認定審査会について正しいものはどれか。2つ選べ。

1 合議体を構成する委員の互選によって会長1人を選任する。

2 必要があると認めるときは、審査対象者の家族や主治医の意見を聴くことができる。

3 合議体の委員の定数は、都道府県の条例で定められる。

4 審査及び判定の結果を申請者に通知する。

5 原則として、市町村代表が委員として参加することが義務づけられる。

解説 頻出

1 ○ 合議体を構成する**委員の互選**によって会長1人を選任する。また、合議体の議事は出席した委員の過半数で決め、可否同数の場合は、会長が決する。

2 ○ 介護認定審査会は、要介護認定の審査及び判定をするにあたって必要があると認めるときは、**被保険者**や**その家族**、**主治医**等の関係者の意見を聴くことが**できる**。

3 × 合議体の委員の定数は、5人を標準として**市町村**が定める。更新認定の場合や委員の確保が著しく困難な場合は、**市町村**の判断により定数を削減できる。ただし、3人を下回ってはならない。

4 × 介護認定審査会が行った審査及び判定の結果は、保険者である**市町村**に通知する。

5 × 委員は、要介護者等の**保健、医療または福祉に関する学識経験を有する者**のうちから、**市町村長**が任命する。市町村代表が委員として参加するのは、**介護保険審査会**である。

解答 **1・2**

介護認定審査会の概要

役割	要介護認定等にかかる**審査・判定**を行う機関。一次判定の結果や主治医意見書等をもとに二次判定を行い、最終的な結果を**市町村**に通知する
設置	**市町村**（複数の市町村による共同設置、都道府県や他市町村への**審査・判定**業務の委託、広域連合・一部事務組合への設置も可）
委員	保健・医療・福祉に関する学識経験者。**市町村長**が任命。再任可能
合議体の定数	5人を標準に市町村が定める（更新認定の場合、委員の確保が著しく困難な場合、3人以上でも可）
任期	2年（ただし、市町村条例により2年を超え3年以下の期間とすることができる）

要介護認定等の有効期間

問題 48

要介護認定、要支援認定の有効期間について正しいものはどれか。2つ選べ。

1　新規申請の場合は、原則として3か月間である。
2　区分変更申請の場合は、原則として6か月間である。
3　区分変更申請の場合は、最長24か月間とすることができる。
4　更新申請の場合は、原則として6か月間である。
5　更新申請において、要介護度・要支援度が変わらない場合は、最長48か月間とすることができる。

解説

1 ✕ 新規申請の場合は、原則として6か月間であるが、市町村が特に必要と認める場合には、3か月間から12か月間までの範囲内で定めることができる。

2 ◯ 区分変更申請の場合は、原則として6か月間であるが、市町村が特に必要と認める場合には、3か月間から12か月間までの範囲内で定めることができる。

3 ✕ 区分変更申請の場合は、最長12か月間とすることができる。

4 ✕ 更新申請の場合は、原則として12か月間であるが、市町村が特に必要と認める場合には、原則として3か月間から36か月間までの範囲内で定めることができる。なお、2021（令和3）年度より、直前の要介護度・要支援度と同じ要介護度・要支援度である場合、最長48か月間とすることができるようになった。

5 ◯ 更新申請において、要介護度・要支援度が変わらない場合は、最長48か月間とすることができる。

解答 **2・5**

要介護認定、要支援認定の有効期間

申請区分等	原則の 認定有効期間	設定可能な 認定有効期間の範囲
新規申請・区分変更申請	6か月	3～12か月
更新申請	12か月	3～36か月※

※直前の要介護度・要支援度と同じ要介護度・要支援度である場合、更新申請は、最長48か月間とすることが可能となった。

要介護認定の広域的実施

問題 49

要介護認定の広域的実施について正しいものはどれか。3つ選べ。

1 要介護認定の広域的実施の目的には、近隣市町村での公平な判定があげられる。

2 複数の市町村で介護認定審査会を共同設置した場合、都道府県は市町村間の調整や助言等の必要な援助を行うことができる。

3 複数の市町村で介護認定審査会を共同設置した場合、共同で行われるのは認定調査業務である。

4 都道府県に介護認定審査会を設置した場合においても、認定調査・認定自体は市町村が行う。

5 広域連合・一部事務組合が介護認定審査会を設置した場合、認定調査や認定自体については、都道府県の事務とすることができる。

解説

1 ○ 要介護認定の広域的実施の目的には、①**介護認定審査会委員の確保**、②**近隣市町村での公平な判定**、③**認定事務の効率化**があげられる。

2 ○ 複数の市町村で介護認定審査会を共同設置した場合、共同で行われるのは**審査・判定業務**であり、認定調査や認定自体は**各市町村**で行うこととなる。**都道府県**は市町村間の調整や助言等の必要な援助を行うことができる。

3 × 複数の市町村で介護認定審査会を共同設置した場合、共同で行われるのは**審査・判定業務**であり、認定調査・認定自体は**各市町村**で行うこととなる。

4 ○ 都道府県に介護認定審査会を設置した場合においても、認定調査・認定自体は**市町村**が行う。都道府県に委託されるのは、**審査・判定業務**のみである。

5 × 広域連合・一部事務組合が介護認定審査会を設置した場合は、認定調査や認定自体についても、**広域連合・一部事務組合**の事務とすることができる。都道府県の事務とすることはできない。

解答 1・2・4

保険給付

問題 50

介護保険の保険給付について正しいものはどれか。 2つ選べ。

1 刑事施設、労役場等に拘禁された者について、その期間にかかる介護給付等は行われる。

2 被保険者が、正当な理由なしに保険給付に関する文書の提出を拒んだ場合、保険給付が制限されることがある。

3 障害者総合支援法による同行援護を利用している障害者が、要介護認定を受けた場合には、同行援護は利用できなくなる。

4 給付事由が第三者行為によって生じた場合に、保険給付を受けるべき者が第三者からその事由について損害賠償を受けたときは、市町村は、損害額の限度で保険給付を行う責任を免れる。

5 被保険者が保険料を滞納している場合であっても、保険給付は制限されない。

解説 頻出

1 × 刑事施設、労役場等に拘禁された者については、その期間にかかる介護給付等は**行われない**。なお、刑事施設、労役場等に拘禁されている者であっても、被保険者要件に該当している者は被保険者となる。

保険給付の制限等が行われる例

① **刑事施設、労役場**等に**拘禁**された者（その期間中）
② **故意の犯罪**や**重大な過失**、または正当な理由なしにサービス利用等に関する**指示に従わない**ことにより、被保険者が要介護状態等に陥ったり、状態を悪化させたりした場合
③ 被保険者が、正当な理由なしに、保険給付に関する**文書の提出**を拒んだり、市町村職員による**質問**等に応じなかったりした場合

2 ○ 選択肢1の解説のとおり、被保険者が正当な理由なしに保険給付に関する文書の提出を拒んだり、市町村職員による質問等に応じなかったりした場合、市町村は、介護給付等の全部または一部を行わないことができる。

3 × 障害者総合支援法の自立支援給付と介護保険の給付が重複するような場合は、**介護保険**が優先される。ただし、介護保険サービスには相当するものがない**障害者施策固有**のサービス（同行援護・行動援護等）は、利用することが**できる**。

4 ○ 選択肢のとおりである。なお、市町村が先に保険給付を行った場合には、その給付の価額の限度で、被保険者が第三者に対して有する**損害賠償請求権**を取得する。

5 × 第1号被保険者である要介護被保険者等が保険料を滞納している場合、保険給付の全部または一部の支払いの一時差し止めなどの措置が行われる場合がある。

解答 **2・4**

保険給付

問題 51

介護保険の保険給付について正しいものはどれか。3つ選べ。

1 市町村は、福祉用具購入費支給限度基準額の上乗せをすることができない。

2 特定施設入居者生活介護には、利用期間を定めて行うものを除き、区分支給限度基準額は適用されない。

3 居宅介護住宅改修費は、介護支援専門員が必要と認める場合に、償還払いで支給される。

4 市町村特別給付とは、要介護者または要支援者に対し、市町村が独自に定める給付をいう。

5 市町村特別給付として、市町村が実施できるサービスの種類は、市町村の条例で定める。

解説

1 × 福祉用具購入費支給限度基準額については、市町村が**条例**で定めるところにより、厚生労働大臣が定める支給限度基準額を**上回る**額を当該市町村における支給限度基準額とすることができる。

2 ○ 特定施設入居者生活介護には、利用期間を定めて行うものを除き、区分支給限度基準額は**適用されない**。

3 × 居宅介護住宅改修費は、**市町村**が必要と認め、以下の種類の住宅改修を行ったときに、償還払いで支給される。

住宅改修の種類

① 手すりの取り付け
② 段差の解消
③ 滑りの防止及び移動の円滑化等のための床または通路面の材料の変更
④ 引き戸等への扉の取り替え
⑤ 洋式便器等への便器の取り替え
⑥ その他①～⑤の住宅改修に付帯して必要となる住宅改修

4 ○ 市町村特別給付とは、**要介護者**または**要支援者**に対し、市町村が**条例**で独自に定めることができる保険給付である。具体的には、寝具乾燥サービス、配食サービス、移送サービスなどが行われる。

5 ○ 市町村特別給付は、市町村が**条例**で独自に定めることができる保険給付であり、具体的な内容については、**条例**に盛り込まれる。

解答 **2・4・5**

保険給付

問題 52

介護保険の保険給付について正しいものはどれか。2つ選べ。

1 保険給付を受ける権利の消滅時効は、2年である。

2 償還払い方式の場合の消滅時効の起算日は、利用者が介護サービスの費用を支払った日である。

3 保険料滞納者への徴収金を徴収する権利の消滅時効は、5年である。

4 法定代理受領方式による介護給付費の請求権の消滅時効は、2年である。

5 介護保険料等の督促があった場合にも、時効の更新の効力が生じることはない。

解 説

1 ○ 保険給付を受ける権利の消滅時効は、2年である。

2 × 償還払い方式の場合の消滅時効の起算日は、利用者が介護サービスの費用を支払った日の**翌日**である。

3 × 保険料滞納者への徴収金を徴収する権利の消滅時効は、**2年**である。

4 ○ 法定代理受領方式による介護給付費の請求権は、サービス提供月の翌々々月の1日から起算して2年で消滅する。

5 × 介護保険料等の督促があった場合には、時効の更新の効力が**生じる**。

解答 1・4

ONE POINT

期間について整理しよう!

介護保険法において、事業者の指定の更新や介護支援専門員の資格の更新など、次のようにさまざまな期間が設けられている。

- 2年——保険料滞納者への徴収金を徴収する権利の消滅時効 / 被保険者が保険給付を受ける権利の消滅時効 / サービス事業者・施設が介護報酬を受ける権利の消滅時効 / サービス事業者の記録の保存 / 市町村が過払いした場合の返還請求権の消滅時効（不正請求によるもの） / 介護認定審査会の委員の任期（ただし、市町村条例により3年以下の期間とすることが可能）など
- 3年——市町村介護保険事業計画・都道府県介護保険事業支援計画の見直し / 第1号被保険者の保険料率の見直し / 介護保険審査会の委員の任期など
- 5年——介護支援専門員証の有効期間 / 市町村が過払いした場合の返還請求権の消滅時効（不正請求でないもの）など
- 6年——居宅サービス事業者、地域密着型サービス事業者の指定有効期間など

1 介護支援分野

2 保健医療サービス分野

3 福祉サービス分野

特定入所者介護サービス費

問題 53

特定入所者介護サービス費について正しいものはどれか。3つ選べ。

1 特定入所者介護サービス費の対象となるサービスには、特定施設入居者生活介護が含まれる。

2 特定入所者介護サービス費は、市町村特別給付の1つである。

3 特定入所者介護サービス費の支給対象者には、生活保護受給者も含まれる。

4 特定入所者介護サービス費は、現物給付で支給される。

5 負担限度額は、所得の状況その他の事情を勘案して設定される。

解説

1 × 特定入所者介護サービス費は、低所得者（特定入所者）を対象に、**介護保険施設**、**地域密着型介護老人福祉施設入所者生活介護**、**短期入所生活介護**及び**短期入所療養介護**を利用した場合の食費・居住費（滞在費）の負担軽減を図るものである。

2 × 特定入所者介護サービス費は、**介護給付**の1つである。

3 ○ 特定入所者介護サービス費の支給対象者には、低所得者（特定入所者）として、**生活保護受給者**も含まれる。

4 ○ 特定入所者介護サービス費は、法定代理受領方式により**現物給付**で支給される。

5 ○ 負担限度額は、**所得の状況その他の事情**を勘案して、段階別に設定されている。

解答 **3・4・5**

ONE POINT

「特定」と「特例」について整理しよう!

特定入所者介護サービス費の「特定」とは、低所得の要介護者（特定入所者）を指す言葉であり、特定介護サービスを利用した場合に、食費・居住費（滞在費）の負担限度額を超える費用が特定入所者介護サービス費として現物給付される。要支援者に対しては、特定入所者介護予防サービス費がある。一方、「特例」は、要介護認定の申請日前に緊急その他やむを得ない理由でサービスを受けた場合、離島などで相当サービスを受けた場合、緊急その他やむを得ない理由で被保険者証を提示しないでサービスを受けた場合等に、特例○○介護サービス費として償還払いされる。「特定」と「特例」、少々紛らわしい言葉なので、整理しておこう。

縦書き左欄：
1 介護支援分野
2 保健医療サービス分野
3 福祉サービス分野

保険給付

問題 54

介護保険の保険給付について正しいものはどれか。3つ選べ。

1 指定居宅サービスを受けようとする被保険者は、被保険者証を居宅介護支援事業者に提示すれば、特に指定居宅サービス事業者に提示する必要はない。
2 第1号被保険者に対し生活保護から介護扶助が行われた場合は、保険給付は行われない。
3 居宅サービスに従事する医師が診断書に虚偽の記載をすることにより、不正受給が生じた場合は、市町村は当該医師にも徴収金の納付を命じることができる。
4 被保険者が、緊急その他やむを得ない理由により、被保険者証を提示しないでサービスを受けても、特例居宅介護サービス費の支給対象となり得る。
5 特例居宅介護サービス費は、市町村が必要があると認めた場合に、償還払いで支給される。

解説

1 × 指定居宅サービスを受けようとする被保険者は、その都度、被保険者証を**指定居宅サービス事業者**に提示してサービスを受ける。ただし、緊急その他やむを得ない理由により被保険者証を提示しないでサービスを受けた場合で、市町村が必要があると認めたときは、特例居宅介護サービス費が償還払いで支給されることになっている。

2 × 生活保護法では、**補足性の原理**（他法他施策で補える部分は他法他施策が優先される）がはたらくため、**介護保険**の給付が優先される。利用者負担に相当する部分については、**介護扶助**により給付される。

3 ○ 医師が診断書に虚偽の記載を行ったことにより、不正受給が発生した場合においては、市町村は当該医師にも徴収金の納付を命じることができる。

4 ○ 緊急その他やむを得ない理由により、被保険者証を提示しないでサービスを受けたときにも、**特例居宅介護サービス費の支給対象になる**場合がある。特例サービス費は、①認定申請日前に緊急その他やむを得ない理由によりサービスを受けた場合、②基準該当サービスを受けた場合、③離島などで相当サービスを受けた場合、④その他政令で定める場合（緊急その他やむを得ない理由により、被保険者証を提示しないでサービスを受けた場合など）で、市町村が必要があると認めたときに、被保険者に支給（償還払い）される。

5 ○ 選択肢4の解説のとおり、特例サービス費は、①**市町村**が必要があると認めた場合で、②支給は**償還払い**が基本となる。特例居宅介護サービス費は特例サービス費の一種である。

解答 3・4・5

保険給付

問題 55

介護保険の保険給付について正しいものはどれか。3つ選べ。

1 居宅介護福祉用具購入費の支給は、介護保険法において現物給付化されている。
2 訪問介護や通所介護などを利用した際の居宅介護サービス費の支給は、居宅サービス計画を利用者が自分で作成した場合（セルフプラン）、現物給付化されない。
3 居宅要介護被保険者は、指定居宅サービスを受ける都度、被保険者証を指定居宅サービス事業者に提示しなければならない。
4 特例施設介護サービス費は、市町村が必要があると認めた場合に、償還払いで支給される。
5 高額医療合算介護サービス費は、償還払いで支給される。

解説

1 × 居宅介護福祉用具購入費は、介護保険法において現物給付化されておらず、**償還払い**で支給される。
2 × 利用者が自分で居宅サービス計画を作成した場合でも、あらかじめ計画を市町村に届け出ているときは、訪問介護や通所介護などについての居宅介護サービス費は**現物給付**で支給される。
3 ○ 指定居宅サービスを利用する際は、その都度、指定居宅サービス事業者に対して、**被保険者証**及び**負担割合証**を提示しなければならない。
4 ○ 特例施設介護サービス費は、認定申請日前に緊急その他やむを得ない理由によりサービスを受けた場合などで、**市町村**が必要があると認めた場合、**償還払い**で支給される。
5 ○ 高額医療合算介護サービス費は、**償還払い**で支給される。

解答 3・4・5

介護給付の種類と支給方法

現物給付方式 （利用者負担分のみを事業者・施設に支払い）	償還払い方式 （利用者が全額を事業者・施設に支払い、後で保険者から支給を受ける）
居宅介護サービス費 地域密着型介護サービス費 居宅介護サービス計画費 施設介護サービス費 特定入所者介護サービス費	特例居宅介護サービス費 特例地域密着型介護サービス費 居宅介護福祉用具購入費 居宅介護住宅改修費 特例居宅介護サービス計画費 特例施設介護サービス費 高額介護サービス費 高額医療合算介護サービス費 特例特定入所者介護サービス費

左端縦書き：
❶ 介護支援分野
❷ 保健医療サービス分野
❸ 福祉サービス分野

予防給付に含まれるサービス

問題 56

介護保険の予防給付に含まれるサービスとして正しいものはどれか。3つ選べ。

1 介護予防認知症対応型共同生活介護

2 介護予防通所介護

3 介護予防訪問介護

4 介護予防訪問入浴介護

5 介護予防通所リハビリテーション

解説

1 ○ 介護予防認知症対応型共同生活介護は、予防給付となる地域密着型介護予防サービスに**含まれる**。ただし、要支援1は対象外で、要支援2の場合に限られる。

2 × 2014（平成26）年の介護保険法の改正により、介護予防訪問介護と介護予防通所介護は予防給付から**地域支援事業**に移行している。

3 × 選択肢2の解説のとおりである。

4 ○ 介護予防訪問入浴介護は、予防給付となる介護予防サービスに**含まれる**。

5 ○ 介護予防通所リハビリテーションは、予防給付となる介護予防サービスに**含まれる**。

解答 **1・4・5**

予防給付を行うサービス

都道府県知事が指定・監督を行うサービス		市町村長が指定・監督を行うサービス
◎**介護予防サービス** 【訪問サービス】 ○介護予防訪問入浴介護 ○介護予防訪問看護 ○介護予防訪問リハビリテーション ○介護予防居宅療養管理指導 ○介護予防特定施設入居者生活介護 ○特定介護予防福祉用具販売	【通所サービス】 ○介護予防通所リハビリテーション 【短期入所サービス】 ○介護予防短期入所生活介護（ショートステイ） ○介護予防短期入所療養介護 ○介護予防福祉用具貸与	◎**地域密着型介護予防サービス** ○介護予防認知症対応型通所介護 ○介護予防小規模多機能型居宅介護 ○介護予防認知症対応型共同生活介護（グループホーム） ◎**介護予防支援**

1 介護支援分野

2 保健医療サービス分野

3 福祉サービス分野

介護報酬

問題 57

介護報酬について正しいものはどれか。 3つ選べ。

1 定期巡回・随時対応型訪問介護看護の介護報酬については、厚生労働大臣が定める範囲内において、市町村が独自に定めることができる。

2 市町村がサービス事業者に介護報酬を過払いした場合、その返還請求権の消滅時効は3年である。

3 厚生労働大臣は、介護報酬の算定基準の設定について、あらかじめ介護保険審査会の意見を聴かなければならない。

4 市町村から委託を受けた国民健康保険団体連合会が、介護報酬の審査・支払を行う。

5 サービス事業者の介護報酬請求権の消滅時効の起算日は、サービスを提供した月の翌々々月の1日である。

解説

1 ○ 定期巡回・随時対応型訪問介護看護の介護報酬については、厚生労働大臣が定める範囲内において、**市町村**が独自に定めることができる。

2 × 市町村がサービス事業者に介護報酬を過払いした場合の返還請求権は、公法上の債権と考えられるため、消滅時効は地方自治法第236条に基づき**5年**とされている。ただし、過払いの原因がサービス事業者からの不正請求の場合、返還請求権は徴収金としての性格を帯びることから、その消滅時効は介護保険法に規定される消滅時効の**2年**となる。

消滅時効の時期

被保険者が市町村に対して償還払いの形で介護給付費等を請求する権利	2年
法定代理受領方式によりサービス提供事業者が市町村に被保険者へのサービス提供に要した費用を請求する場合（居宅サービス費等の介護給付費の請求）	2年
市町村が介護報酬を過払いした場合の返還請求権（公法上の債権と考えられるため）	5年
ただし、上記の請求が不正請求である場合	2年

3 × 厚生労働大臣は、介護報酬の算定基準の設定にあたって、あらかじめ**社会保障審議会**の意見を聴かなければならないとされている。

4 ○ 介護報酬の審査・支払は、**国民健康保険団体連合会**が市町村から**委託**を受けて行う。

5 ○ サービス事業者等からの請求は、サービス提供月ごとに**翌月10日**までに行うが、審査を経るため、支払いを受けるのはサービス提供月の**翌々月末**までとなる。したがって、**介護報酬請求権の消滅時効の起算日**は、権利を行使することができるとき、つまり**翌々々月の1日**となる。

解答 **1・4・5**

区分支給限度基準額が適用されるサービス

問題 58

区分支給限度基準額が適用されるサービスとして正しいものはどれか。
3つ選べ。

1 夜間対応型訪問介護
2 訪問リハビリテーション
3 介護医療院サービス
4 特定福祉用具販売
5 地域密着型通所介護

解説 頻出

1 ○ 夜間対応型訪問介護は、区分支給限度基準額が**適用される**。

2 ○ 訪問リハビリテーションは、区分支給限度基準額が**適用される**。

3 × 介護医療院サービスは、区分支給限度基準額が**適用されない**。

4 × 特定福祉用具販売は、区分支給限度基準額が**適用されない**。

5 ○ 地域密着型通所介護は、区分支給限度基準額が**適用される**。

解答 **1・2・5**

区分支給限度基準額が適用されないサービス

① （介護予防）居宅療養管理指導
②特定施設入居者生活介護（利用期間を定めて行うものを除く）
③介護予防特定施設入居者生活介護
④ （介護予防）認知症対応型共同生活介護（利用期間を定めて行うものを除く）
⑤居宅介護支援・介護予防支援
⑥地域密着型特定施設入居者生活介護（利用期間を定めて行うものを除く）
⑦地域密着型介護老人福祉施設入所者生活介護
⑧施設サービス（介護老人福祉施設、介護老人保健施設、介護医療院）
⑨特定福祉用具販売※　⑩住宅改修※

※区分支給限度基準額とは別に、⑨には福祉用具購入費支給限度基準額が、⑩には住宅改修費支給限度基準額が
　設定されている。

ONE POINT

「区分支給限度基準額」が適用されるサービスについて整理しよう!

区分支給限度基準額は、適用されるサービスについてよく問われる。まず、大きな枠組みとして、
適用されるサービスは「居宅サービス・介護予防サービス・地域密着型サービス・地域密着型介護
予防サービス」であること、適用されないサービスは「居宅介護支援・介護予防支援」「施設サー
ビス」であることを押さえよう。そのうえで、「居宅サービス・介護予防サービス・地域密着型サー
ビス・地域密着型介護予防サービス」のなかでも適用されないサービスがあるので、しっかり押さ
えておこう。特に「居宅療養管理指導」が適用されないサービスであることは頻出である。

1 介護支援分野

2 保健医療サービス分野

3 福祉サービス分野

支給限度基準額

問題 59

支給限度基準額について正しいものはどれか。3つ選べ。

1 地域支援事業の利用料は、区分支給限度基準額の適用を受ける。

2 同一住宅に複数の要介護者が居住する場合、要介護者ごとに住宅改修費の支給限度額の管理が行われる。

3 転居した場合には、改めて支給限度基準額まで居宅介護住宅改修費の支給を受けることはできない。

4 保険料の滞納によって、区分支給限度基準額の減額が行われることはない。

5 市町村は、区分支給限度基準額の範囲内で、サービスごとの種類支給限度基準額を定めることができる。

解説 頻出

1 × 例えば予防給付を受けると同時に、地域支援事業のサービスを利用した場合、地域支援事業の利用料は、区分支給限度基準額の適用を**受けない**。

2 ○ 同一住宅に複数の要介護者が居住する場合、住宅改修費の支給限度額の管理は、**要介護者ごと**に行われる。複数の要介護者にかかる住宅改修が行われる場合は、工事内容が重複しないように申請する必要がある。

3 × 転居した場合には、改めて支給限度基準額まで居宅介護住宅改修費の支給を**受けることができる**。

4 ○ 保険料の滞納によって、区分支給限度基準額の減額が行われることは**ない**。

5 ○ 市町村は**条例**により、区分支給限度基準額の範囲内で、個別の種類のサービスの支給限度基準額（**種類支給限度基準額**）を定めることができる。

解答 **2・4・5**

ONE POINT

支給限度基準額の種類について整理しよう!

介護保険制度では、在宅に関する給付について、支給限度基準額が設けられている。支給限度基準額には、厚生労働大臣（国）が定めるものと、市町村が条例で定めるものがある。試験でも問われているので、整理して覚えておこう。

厚生労働大臣（国）が定めるもの	市町村が条例で定めるもの
・区分支給限度基準額 ・福祉用具購入費支給限度基準額 ・住宅改修費支給限度基準額	・種類支給限度基準額

支給限度基準額

問題 60

支給限度基準額について正しいものはどれか。3つ選べ。

1 区分支給限度基準額の範囲内であっても、種類支給限度基準額を超えた場合、超えた額は利用者が負担する。
2 区分支給限度基準額を超えてサービスを利用した場合、その超えた額は利用者が負担する。
3 居宅療養管理指導には、区分支給限度基準額が適用される。
4 地域密着型介護老人福祉施設入所者生活介護には、区分支給限度基準額は適用されない。
5 地域密着型サービスには、居宅介護サービス費等種類支給限度基準額は適用されない。

解説 頻出

1 ○ 種類支給限度基準額の設定されたサービスを利用し、種類支給限度基準額を超えた場合、総額が区分支給限度基準額の範囲内であっても、種類支給限度基準額を超えた額は**利用者**が負担する。

2 ○ 区分支給限度基準額を超えてサービスを利用した場合、区分支給限度基準額を超えた額は**利用者**が負担する。

3 × 居宅療養管理指導は、区分支給限度基準額が**適用されない**サービスである。

4 ○ 地域密着型介護老人福祉施設入所者生活介護には、区分支給限度基準額は**適用されない**。

5 × 居宅介護サービス費等種類支給限度基準額は、区分支給限度基準額が適用されるものであって、厚生労働大臣が定める地域密着型サービスについて**適用される**。種類支給限度基準額は、地域のサービス基盤の整備状況等に応じて、市町村が条例で定める。

解答 **1・2・4**

ONE POINT

支給限度基準額について整理しよう!

①支給限度基準額の上乗せ
➡区分支給限度基準額、福祉用具購入費支給限度基準額及び住宅改修費支給限度基準額については、市町村が条例で定めることにより、厚生労働大臣が定める支給限度基準額を上回る額を設定できる。その財源は、基本的に第1号被保険者の保険料で賄われる。
②支給限度基準額が設定されないサービスは、他の代替サービスがないものである。
③種類支給限度基準額は、通所介護など、サービスの種類ごとについて、そのサービスの利用限度額を定めたものである。地域のサービス供給量に限りがある場合、他の利用者にサービスが行きわたらないおそれがあるため、サービスの種類によって1人の利用者が利用できる量を制限し、より多くの人が利用できるようにするためにある。種類支給限度基準額は、介護保険被保険者証に記載される。

① 介護支援分野

② 保健医療サービス分野

③ 福祉サービス分野

利用者負担

問題 61

介護保険の利用者負担について正しいものはどれか。2つ選べ。

1 利用者負担割合は、原則としてサービス費用の定率1割となっている。

2 施設サービスの食費は、保険給付の対象とならない。

3 都道府県は、災害により負担能力の減退が認められる等、特別の理由があり、利用者負担の支払いが一時的に困難と認められる被保険者について、定率負担を減額または免除することができる。

4 住宅改修費支給限度基準額を超える費用は、3割負担である。

5 地域支援事業の第1号訪問事業については、利用料を請求できない。

解説

1 ○ 利用者の負担割合は、原則としてサービス費用の定率1割となっている。ただし、所得に応じ、2割または3割の負担割合もあるため、市町村から要介護・要支援認定者全員に対して、利用者負担が何割なのかを示す証明書（介護保険負担割合証）が交付されている。

	負担割合
年金収入等　340万円以上[※1]	3割
年金収入等　280万円以上[※2]	2割
年金収入等　280万円未満	1割

※1「合計所得金額（給与収入や事業収入等から給与所得控除や必要経費を控除した額）220万円以上」かつ「年金収入＋その他合計所得金額340万円以上（単身世帯の場合。夫婦世帯の場合463万円以上）」

※2「合計所得金額160万円以上」かつ「年金収入＋その他合計所得金額280万円以上（単身世帯の場合。夫婦世帯の場合346万円以上）」

2 ○ 施設サービスの食費、居住費、日常生活費は保険給付の**対象外**であり、全額**利用者負担**である。

3 × 選択肢の記述は、都道府県ではなく、**市町村**が実施する減免の内容である。対象となるのは、要介護被保険者等やその属する世帯の主たる生計維持者が震災・風水害・火災等で住宅等の財産が著しく損害を受けたこと、主たる生計維持者の収入が干ばつ、冷害等による農作物の不作や不漁等で著しく減少したことなどの理由で1割（または2割、3割）負担が困難と認められる場合である。

4 × 住宅改修費支給限度基準額を超える費用は、**全額利用者負担**である。住宅改修費支給限度基準額は、居宅サービス等の区分支給限度基準額とは別に、住宅改修に関して設定されるものであり、同一住宅で20万円とされている。支給限度基準額の範囲内であれば、実際の改修額の9割（所得に応じて8割または7割）が**償還払い**で支給される。なお、転居した場合などには**再度給付を受けることができる**。

5 × 地域支援事業の第1号訪問事業については、市町村が設定する利用料を**請求できる**。

解答 **1・2**

利用者負担

問題 62 ✓ ✓ ✓

介護保険の利用者負担について正しいものはどれか。3つ選べ。

1 特定入所者介護サービス費の支給は、施設入所者全員が対象となる。
2 第1号被保険者である生活保護の被保護者は、高額介護サービス費の対象となる。
3 市町村民税が課税されている利用者であっても、介護保険施設にかかる食費・居住費の負担軽減を受けられる場合がある。
4 居宅介護支援にかかる利用者負担についても、低所得者の減免がある。
5 利用者の選定により通常の事業の実施地域以外の地域で居宅サービスを受けた場合、その交通費は保険給付の対象とならない。

解説 頻出

1 × **特定入所者介護サービス費**とは、低所得者の入所または短期に入所するサービスの食費・居住費（滞在費）の負担を軽減するための補足給付のことであり、**所得**と**資産**の状況に応じて段階別に設けられた負担限度額を超える費用が介護保険から給付される。一定程度の所得のある者等は**対象とならない**。

支給要件

> ・生活保護受給者等と市町村民税世帯非課税（世帯全員が市町村民税非課税者）であること
> ・配偶者（世帯が分離している場合も含む）の市町村民税が非課税であること
> ・本人及び配偶者の預貯金等の金額の合計額が一定額以下であること

2 ○ 第1号被保険者である生活保護の被保護者の定率負担分は**介護扶助**で賄われるが、負担上限額を超えた場合に**高額介護サービス費**が支給される。

3 ○ 世帯（世帯分離している配偶者を含む）に市町村民税課税者がいる場合であっても、高齢夫婦等の世帯で、世帯員が**介護保険施設**または**地域密着型介護老人福祉施設**に入所し、**食費・居住費（滞在費）**を負担した結果、他の世帯員の生計が困難になる場合等には、特例減額措置がとられ、**特定入所者介護サービス費**が支給される。

4 × 居宅介護支援については、**全額が保険給付**となるため利用者負担は**ない**。

5 ○ 保険給付の対象にはならず、利用者の**全額自己負担**となる。利用者の選定により通常の事業の実施地域以外の地域で居宅サービスを行う場合には、利用者から交通費の支払いを受けることができる。なお、あらかじめ、利用者またはその家族に対してサービスの内容と費用について**説明**を行い、利用者の**同意**を得なければならない。

解答 2・3・5

高額介護サービス費の支給

問題 63

高額介護サービス費の支給について正しいものはどれか。 3つ選べ。

1 居宅要支援被保険者は、高額介護予防サービス費の対象となる。

2 高額介護サービス費は、現物給付で支給される。

3 低所得世帯の場合は、利用者負担額の上限が軽減される。

4 施設サービス利用にかかる食費、居住費、日常生活費は、対象となる。

5 高額介護サービス費は、世帯単位で算定する。

解説 頻出

1 ○ 居宅要支援被保険者は、高額介護予防サービス費の**対象となる**。

2 × 高額介護サービス費は、利用者負担の合計額が一定額（一般世帯（住民税課税世帯）の場合は月額 4 万 4400 円）を超えた場合に、その超えた部分について、**償還払い**の形で支給される。その支給要件・支給額等は、利用者負担が家計に与える影響を考慮し、政令で決められている。

3 ○ 低所得世帯の場合は、利用者負担額の上限が**軽減**（世帯全体で月額 2 万 4600 円等）**される**。なお、現役並みの所得（本人課税所得が 145 万円（年収約 383 万円（単身者の場合））以上）がある第 1 号被保険者がいる世帯の場合は、その所得に応じて一般世帯と同額以上の上限（月額 4 万 4400 円、9 万 3000 円、14 万 100 円）が設定されている。

4 × 施設サービス利用にかかる食費、居住費、日常生活費は、**対象とならない**。また、福祉用具購入費及び住宅改修費にかかる利用者負担分も、対象とならない。

5 ○ 高額介護サービス費は、**同一世帯**の自己負担額を合算して算定する。

解答 1・3・5

高額介護（介護予防）サービス費の対象となる利用者負担

> ・居宅サービス（特定福祉用具販売を除く）
> ・介護予防サービス
> ・施設サービス
> ・地域密着型サービス
> ・地域密着型介護予防サービス

※上記のサービスを受けた場合の定率 1 割（2 割または 3 割）
　の利用者負担が対象となる。

高額医療・高額介護合算制度

問題 64 ✓ ✓ ✓

高額医療・高額介護合算制度について正しいものはどれか。2つ選べ。

1 高額医療・高額介護合算制度は、利用者負担が一定額を超えた額を医療保険と介護保険で按分して支給するしくみである。
2 高額医療合算介護サービス費は、月単位で算定する。
3 特定福祉用具の購入にかかる利用者負担は、高額医療合算介護サービス費の対象とならない。
4 高額医療合算介護サービス費は、個人単位で算定する。
5 高額医療合算介護サービス費の支給は、市町村特別給付の1つである。

解説

1 ○ **高額医療・高額介護合算制度**は、医療保険各制度の世帯内に介護保険からのサービスを受ける者がいる場合であって、1年間の介護保険における利用者負担と医療保険の患者負担の合計額が政令で定める一定額を超えるときは、被保険者からの申請に基づき、その超えた額を医療保険と介護保険それぞれの自己負担額の比率に応じて按分して、各保険の保険者が支給することになっている。このとき、介護保険の保険者が支給する給付を、**高額医療合算介護サービス費**という。

2 × 高額医療合算介護サービス費は、**年**単位で算定する。

3 ○ 高額医療合算介護サービス費の対象は、**(特例)居宅介護サービス費**、**(特例)地域密着型介護サービス費**、**(特例)施設介護サービス費**である。居宅介護福祉用具購入費、居宅介護住宅改修費などは対象とならない。**高額介護サービス費**についても同様である。

4 × 高額医療合算介護サービス費は、**世帯（医療保険各制度の高額療養費算定対象世帯）**を単位として算定する。

5 × 高額医療合算介護サービス費の支給は、介護保険法に位置づけられた**介護給付**の1つである。市町村特別給付は、**市町村条例**で定められた給付である。

解答 **1・3**

65

社会福祉法人による利用者負担額軽減制度

問題 65

社会福祉法人による利用者負担額軽減制度について正しいものはどれか。2つ選べ。

1 介護福祉施設サービスは対象とならない。
2 特定入所者介護サービス費支給後の利用者負担額については、適用されない。
3 食費は対象となる。
4 居住費は対象とならない。
5 看護小規模多機能型居宅介護は対象となる。

解説

1 × 介護福祉施設サービスは、社会福祉法人による利用者負担額軽減制度の**対象となる**。

2 × 社会福祉法人による利用者負担額軽減制度において、特定入所者介護サービス費の支給対象となる利用者負担については、**特定入所者介護サービス費が支給されている場合**に限り、同制度が**適用される**。

3 ○ 食費は、社会福祉法人による利用者負担額軽減制度の**対象となる**。

4 × 居住費は、社会福祉法人による利用者負担額軽減制度の**対象となる**。

5 ○ 看護小規模多機能型居宅介護は、社会福祉法人による利用者負担額軽減制度の**対象となる**。

解答 **3・5**

社会福祉法人による利用者負担額軽減制度の概要

対象となるサービス	①短期入所生活介護、認知症対応型通所介護、小規模多機能型居宅介護 ②訪問介護、通所介護、介護福祉施設サービス、夜間対応型訪問介護、地域密着型通所介護、地域密着型介護老人福祉施設入所者生活介護、定期巡回・随時対応型訪問介護看護、看護小規模多機能型居宅介護 ③第1号訪問事業のうち介護予防訪問介護に相当する事業、第1号通所事業のうち介護予防通所介護に相当する事業 ※①については、予防サービスも含む。③についても、元は①の予防サービスと考えれば覚えやすい。
対象となる利用者負担	介護サービス費用の負担（定率負担）、食費、居住費（滞在費）、宿泊費 ※短期入所生活介護、地域密着型介護老人福祉施設入所者生活介護、介護福祉施設サービス、介護予防短期入所生活介護にかかる食費及び居住費（滞在費）については、**特定入所者介護サービス費**または**特定入所者介護予防サービス費**が支給されている場合に限る。

介護保険と他制度との関係

問題 66

介護保険と他制度との関係について正しいものはどれか。3つ選べ。

1 要介護者が、労働者災害補償保険法における介護給付を受けることができる場合、当該給付よりも介護保険給付が優先される。

2 特別養護老人ホームにおいて、やむを得ない事由により介護保険からのサービスを受けられない場合、老人福祉法に基づく市町村の措置によるサービス提供が行われることがある。

3 要介護認定を受けている第1号被保険者が訪問看護を利用する場合は、原則として、医療保険から給付を受ける。

4 障害者総合支援法による行動援護を利用している障害者は、要介護認定を受けた後も、引き続き行動援護を利用できる。

5 医療扶助の受給者であって医療保険に加入していない者は、介護保険の第2号被保険者とはならない。

解説

1 ✕ 介護保険法による給付と他法による給付が重複する場合、多くは**介護保険の給付**が優先されるが、以下の給付を受けられる場合は**介護保険の給付**に優先する。

> ・労働災害に対する補償の給付（労働者災害補償保険法、船員保険法、労働基準法　等）
> ・公務災害に対する補償の給付（国家公務員災害補償法、地方公務員災害補償法　等）
> ・国家補償的な給付（戦傷病者特別援護法、原子爆弾被爆者に対する援護に関する法律　等）

2 ◯ かつては、老人福祉法に基づく措置により提供されてきたサービスの多く（訪問介護、通所介護、特別養護老人ホームのサービスなど）が、介護保険制度から給付されることとなったが、やむを得ない事由により介護保険からのサービスを受けられない場合には、例外的に老人福祉法に基づく**市町村の措置**によるサービスが行われる。

3 ✕ 医療保険と介護保険の両方から給付が可能な場合、原則として、**介護保険**からの給付が優先される。要介護者であっても医療保険による訪問看護の対象となる場合もあるが、例外的な措置となっている。

4 ◯ 介護保険給付に重複しない**障害者施策固有のサービス**については、障害者総合支援法その他の障害者福祉制度から提供される。行動援護は、介護保険給付に重複しない障害者施策固有のサービスであり、要介護認定を受けても、障害者総合支援法によるサービスを受けることができる。

5 ◯ 医療扶助の受給の有無にかかわらず、医療保険に加入していない者は、介護保険の第2号被保険者とは**ならない**。

解答 **2・4・5**

介護支援専門員

問題 67 ☑☑☑

介護支援専門員について正しいものはどれか。3つ選べ。

1 介護支援専門員は、都道府県知事に登録を申請し、有効期間が5年間の介護支援専門員証の交付を受けることができる。

2 厚生労働省令で定める一定の実務経験を有する者であって、介護支援専門員実務研修受講試験に合格し、実務研修の課程を修了したものは、介護支援専門員証の交付を受けていなくても、介護支援専門員として実務に就くことができる。

3 介護支援専門員は、その業務を行うにあたり、関係者から請求があったときは、介護支援専門員証を提示しなければならない。

4 介護支援専門員の定義では、特定介護予防・日常生活支援総合事業に関する市町村等との連絡・調整を行うことは規定されていない。

5 介護支援専門員は、その名義を他人に介護支援専門員の業務のため使用させてはならない。

解説

1 ○ 試験に合格し、実務研修を修了した介護支援専門員は、**都道府県知事に登録を申請し、登録の後**、介護支援専門員証の交付を受ける。介護支援専門員証には、5年の有効期間が設けられ、更新研修を受講することで、登録を更新することができる。

2 × 厚生労働省令で定める一定の実務経験を有する者であって、介護支援専門員実務研修受講試験に合格し、実務研修課程を修了したうえで、介護支援専門員として、**都道府県知事の登録**を受ける必要がある。介護支援専門員資格登録簿に登録され、**介護支援専門員証が交付**されないと実務に就くことができない。

3 ○ 介護支援専門員は、その業務を行うにあたり、関係者から請求があったときは、介護支援専門員証を**提示**しなければならない。

4 × 介護支援専門員は、介護保険の給付対象サービスだけでなく、特定介護予防・日常生活支援総合事業のうち、**介護予防ケアマネジメント**を除く、**介護予防・生活支援サービス事業**の利用についても、**市町村等との連絡・調整**を行うことが規定されている。

5 ○ 介護支援専門員は、その名義を他人に介護支援専門員の業務のため**使用させてはならない**。その他、公正かつ誠実な業務遂行義務や秘密保持義務など、介護保険法に介護支援専門員の義務が規定されている（問題70の表（71頁）参照）。

解答 1・3・5

介護支援専門員

問題 68

介護支援専門員について正しいものはどれか。 2つ選べ。

1 介護支援専門員は、都道府県知事が認定する公的資格である。

2 介護支援専門員が死亡した場合、所属していた事業所または施設が、死亡した日から14日以内に、登録する都道府県知事に届け出なければならない。

3 都道府県知事への登録申請の10年前に、居宅サービスについて不正な行為をした者は、登録を受けることができない。

4 介護支援専門員がその信用を傷つけるような行為を行った場合、都道府県知事は、その資格をはく奪し、無効とすることができる。

5 居宅介護支援の利用者のために、サービス担当者会議を主宰する。

解説

1 ○ 介護支援専門員は、要介護者等が自立した日常生活を営むのに必要な援助に関する専門的知識や技術を有する者に与えられる、都道府県知事の認定する**公的資格**である。

2 × 介護支援専門員の登録をしている者が死亡した場合、その**相続人**が、**その事実を知った日から30日**以内に、その旨を登録する都道府県知事または住所地を管轄する都道府県知事に届け出なければならない。

3 × 介護支援専門員の登録申請前**5年以内**に、居宅サービス等に関して不正、または著しく不当な行為をした者は登録できないが、**10年前**であれば登録はできる。

4 × その信用を傷つけるような行為をした介護支援専門員について、都道府県知事は登録を取り消せるが、資格を**はく奪**する、あるいは**喪失**させることはできない。

5 ○ 居宅介護支援の利用者である要介護者、介護保険施設の入所者のために、**サービス担当者会議**を**主宰**するのは、介護支援専門員の役割である。

解答 **1・5**

介護支援専門員

問 題 69

介護支援専門員について正しいものはどれか。3つ選べ。

1 介護支援専門員証を携行する必要はない。

2 転勤などで登録している都道府県とは異なる都道府県で業務に従事しようとする場合、登録先都道府県知事を経由して、移転先都道府県知事に、登録の移転を申請できる。

3 有効期間を経過し、介護支援専門員証が失効した場合は、再研修を受講しなければならない。

4 登録を消除された場合は、介護支援専門員証を都道府県知事に返納しなければならないと規定されているが、違反しても罰則はない。

5 介護支援専門員が不正の手段により都道府県知事の登録を受けたとき、都道府県知事は登録を消除しなければならない。

解 説

1 × 介護支援専門員は、**介護支援専門員証**を**携行**し、利用者宅への初回訪問時や利用者またはその家族から求めがあった場合、介護支援専門員証を**提示**しなければならない。

2 ○ 登録している事業所や施設の所在する都道府県から、他の都道府県に移転する場合は、**移転前の登録先都道府県知事を経由**して、移転先都道府県知事に、登録の移転を申請できる。

3 ○ 介護支援専門員証の有効期間経過で失効している場合（交付から**5**年を経過している場合）に、新たに介護支援専門員証の交付を受けるには、更新研修ではなく、**再研修**を受講しなければならない。

4 × 都道府県知事から、介護支援専門員としての業務禁止処分を受けた場合や、介護支援専門員の登録が消除された場合、介護支援専門員証が効力を失った場合は、介護支援専門員証を都道府県知事に提出あるいは返納しなければならず、返納等を行わなかった場合は、**10万円以下の過料**が処せられる。

5 ○ 不正の手段により、介護支援専門員の登録を受けた者について、都道府県知事は、登録を**消除しなければならない。**

解答 **2・3・5**

介護支援専門員の義務

問 題 70

介護保険法に定める介護支援専門員の義務として正しいものはどれか。3つ選べ。

1 医療連携促進義務
2 公正かつ誠実な業務遂行義務
3 基準遵守義務
4 要介護者等の尊厳保持義務
5 秘密保持義務

解 説

1 × 医療との連携については、介護保険法第2条第2項に規定があるが（8頁参照）、介護支援専門員の義務とはされていない。

2 ○ 介護支援専門員は、介護保険法第69条の34第1項により、担当する要介護者等の人格を尊重し、常にその要介護者等の立場に立って、要介護者等に提供されるサービスが特定の種類または特定の事業者・施設に不当に偏ることのないよう、**公正**かつ**誠実**にその業務を行わなければならない。

3 ○ 介護支援専門員は、介護保険法第69条の34第2項により、指定居宅介護支援等の事業の人員及び運営に関する基準第12条に規定する**指定居宅介護支援の基本取扱方針**に従って、その業務を行わなければならない。

4 × 要介護者等の尊厳の保持は、介護保険法第1条（目的）に規定があるが（7頁参照）、介護支援専門員の義務とはされていない。

5 ○ 介護保険法第69条の37により、介護支援専門員または介護支援専門員であった者は、**正当な理由**なしに、その業務に関して知り得た人（関係者）の**秘密**を漏らしてはならない。

解答 **2・3・5**

介護支援専門員の義務

> ・公正かつ誠実な業務遂行義務
> ・基準遵守義務
> ・資質向上努力義務
> ・介護支援専門員証の不正使用の禁止
> ・名義貸しの禁止
> ・信用失墜行為の禁止
> ・秘密保持義務

1 介護支援分野

2 保健医療サービス分野

3 福祉サービス分野

介護支援専門員の機能・役割

問題 71

介護支援専門員の機能・役割について正しいものはどれか。 3つ選べ。

1 モニタリングの結果を、少なくとも1か月に1回記録しなければならない。

2 利用者と家族の間では、個人情報などの秘密保持は気にする必要はない。

3 チームメンバーが支援目標を共有し、役割分担をしながら動いていけるように配慮する。

4 指定居宅介護支援の提供の開始に際し、あらかじめ、複数の指定居宅サービス事業者等の紹介を求めることができることを利用者に説明しなければならない。

5 さまざまな社会資源を活用して利用者の支援を考えることは必要であるが、社会資源の開発までは介護支援専門員の役割ではない。

解説

1 ○ 介護支援専門員は、少なくとも1か月に1回、利用者の居宅を訪問、面接し、居宅サービス計画の実施状況の把握（**モニタリング**）の結果を、少なくとも1か月に1回記録しなければならない。

2 × 利用者本人と家族の間の調整では、双方の意思疎通が十分に図れている場合は問題ないが、双方の関係が悪ければ、利用者と家族の間であっても**知られたくない情報がある**ことに留意する必要がある。その場合、それぞれの思いを理解しつつ、なぜそのように思うのかを、それぞれと話し合い、必要に応じて意思疎通が図れるように手助けをしていくことが必要となる。

3 ○ 介護支援専門員は**利用者の生活全体**を視野に入れ、利用者がもつさまざまなニーズに対して、それらの充足に役立つさまざまな社会資源を集め、チームとして機能するように調整を図ることが求められている。このとき、チームメンバーが、①**支援目標を共有**し、②**役割分担**をしながら動いていけるように配慮することが大切になる。

4 ○ 介護支援専門員は、指定居宅介護支援の提供の開始に際し、あらかじめ、**複数の指定居宅サービス事業者等の紹介を求めることができる**ことを利用者に説明しなければならない。

5 × 利用者のニーズを充たすサービスが介護保険制度にない場合、介護支援専門員は介護保険制度以外のさまざまな社会資源のなかから、利用者に結びつけられそうなものを探すことが必要になってくる。また、そうした社会資源が地域にない場合、社会資源を**開発**していくことも求められる。このような場合、介護支援専門員だけで行わず、地域包括支援センターに相談し、**地域ケア会議**を開催して、そのニーズが充足されていない状態について話し合うことが有効である。

解答 **1・3・4**

サービス提供事業者の指定

問題 72

介護保険法が規定するサービス提供事業者の指定について正しいものはどれか。2つ選べ。

1 指定には有効期間が設けられ、その期間は6年である。
2 保険薬局は、特段の指定申請を行わなくても居宅療養管理指導を提供できる。
3 基準該当サービス事業者は、都道府県知事が指定する。
4 介護医療院が短期入所療養介護を提供するには、都道府県知事に申請して指定を受けなければならない。
5 看護小規模多機能型居宅介護事業者は、都道府県知事から訪問看護の指定を、市町村長から小規模多機能型居宅介護の指定を、それぞれ受けなければならない。

解説 頻出

1 ○ 指定の有効期間は6年で、引き続き事業を行う事業者は、指定の更新を受けなければ、指定の効力を失う。

2 ○ 保険薬局は、健康保険法により指定を受けているため、当然に提供し得る一定の居宅サービスについては、特段の申請を行わなくても指定があったものとみなされる。保険薬局における「提供し得るサービス」は、**居宅療養管理指導**に限られる。

3 × 保険者たる市町村が、当該事業者のサービスが一定の水準を満たしていると認めた場合には、「基準該当サービス」として、被保険者に対し特例居宅介護サービス費等が支給（償還払い）される場合があるが、こうしたサービスを提供する者を、「**基準該当サービス事業者**」と呼ぶ。居宅サービス事業者のように指定を受けるわけではない。

4 × 介護老人保健施設と介護医療院は、介護保険法で開設許可を受けた場合は、短期入所療養介護と通所リハビリテーションの指定を受けたものとみなされるため、**特段の申請は不要**となる。

5 × 看護小規模多機能型居宅介護は、地域密着型サービスであるため、**市町村長**の指定を受ける必要があるが、**都道府県知事**の指定を受ける必要はない。

解答 **1・2**

サービス提供事業者

問題 73

介護保険法が規定するサービス提供事業者について正しいものはどれか。2つ選べ。

1 市町村長は、すべての地域密着型サービスについて、サービス提供の見込量を確保するため、期間を定めて、公募指定することができる。

2 指定更新は、事業者と指定権者の双方から特段の申し出がない限り、申請手続きを行わなくても自動的に履行される。

3 人員・設備・運営に関する基準は全国一律である。

4 障害者総合支援法に基づく指定障害福祉サービス事業者が、介護保険法の居宅サービス事業者としての指定を受けると、共生型サービスを提供できる。

5 指定介護老人福祉施設は、廃止の届出ではなく、1か月以上の予告期間を設けて指定の辞退ができることとなっている。

解説

1 × 公募指定は、地域密着型サービスのうち、**定期巡回・随時対応型訪問介護看護**、**小規模多機能型居宅介護**、**看護小規模多機能型居宅介護**についてのみ、認められている。

2 × 指定の有効期間は6年であり、事業者からの**更新申請**が必要となる。更新を受けなければ、6年の期間が経過すると、その効力を失う。

3 × 介護保険サービス提供事業者の人員・設備・運営に関する基準は、**都道府県**または**市町村**が制定する**条例**に委任されている。そのため、全国一律とはなっていない。

4 ○ **共生型サービス**は、2017（平成29）年の制度改正に伴い、介護保険と障害福祉の両制度に創設された。これは、訪問介護、通所介護、短期入所生活介護などについて、高齢者と障害児・者が同一の事業所でサービスを受けやすくすることをねらいとするものである。

5 ○ 介護保険法第91条に規定されている。入所施設である点で、1か月以上の**予告期間**を設けて、指定の辞退ができることとされている。

解答 **4・5**

指定居宅サービス事業者

問題 74 ✓ ✓ ✓

指定居宅サービス事業者について正しいものはどれか。3つ選べ。

1 申請者が法人でなければ、都道府県知事は指定をしてはならない。
2 介護専用型特定施設入居者生活介護にかかる指定申請について、都道府県知事が指定をしないことができる。
3 病院、診療所、薬局については、健康保険法による指定等を受けた場合には、一定の居宅サービスにつき、指定居宅サービス事業者の指定があったものとみなされる。
4 障害児通所支援事業者または障害福祉サービス事業者から、介護保険法の居宅サービスにかかる指定の申請があった場合には、指定できる。
5 指定は、事業者ごとに行う。

解説

1 × 申請者が「都道府県の条例」で定める者でないときは、都道府県知事は指定をしてはならないが、①病院・診療所が**居宅療養管理指導**、**訪問看護**、**訪問リハビリテーション**、**通所リハビリテーション**、**短期入所療養介護**を行う場合、②薬局が**居宅療養管理指導**を行う場合は、**非法人**（個人等）でも**可**とされている。

2 ○ 介護専用型特定施設入居者生活介護にかかる指定申請について、関係するサービス（介護専用型特定施設入居者生活介護及び地域密着型特定施設入居者生活介護）の供給量が都道府県介護保険事業支援計画において定めるサービス供給目標にすでに達しているか、または申請を認め指定することで上回るおそれがあると認めるときなど、都道府県介護保険事業支援計画の達成に支障を生ずるおそれがあるときは、**都道府県知事が指定をしないことができる**。

3 ○ 病院、診療所、薬局については、健康保険法による**保険医療機関**、**保険薬局**の指定等を受けた場合には、別段の申出がない限り、これらの施設が当然に提供し得る一定の居宅サービス（病院、診療所については居宅療養管理指導・訪問看護・訪問リハビリテーション・通所リハビリテーション・短期入所療養介護、薬局については居宅療養管理指導のみ）につき、指定居宅サービス事業者の指定があったものと**みなされる**。

4 ○ 2017（平成29）年改正により、児童福祉法に基づく**指定障害児通所支援事業者**または障害者総合支援法に基づく**指定障害福祉サービス事業者**から、介護保険法の居宅サービス（訪問介護、通所介護、短期入所生活介護）にかかる指定の申請があった場合には、都道府県知事は、都道府県の条例で別途定める一定の人員・設備・運営基準を満たしているときは、**指定居宅サービス事業者の指定**ができるようになった。

5 × 指定居宅サービス事業者の指定は、事業者ごとではなく、**事業所ごと**に行われ、事業所番号が付番される。

解答 **2・3・4**

❶ 介護支援分野

❷ 保健医療サービス分野

❸ 福祉サービス分野

介護保険サービス事業所

問題 75

介護保険サービス事業所について正しいものはどれか。2つ選べ。

1 訪問看護事業所には、サービス提供責任者を配置しなければならない。

2 夜間対応型訪問介護におけるオペレーターには、特段の資格要件は設けられていない。

3 介護予防支援事業所の管理者は、主任介護支援専門員でなければならない。

4 通所介護事業所の管理者は、通所介護計画を作成する。

5 訪問介護事業所の管理者は、管理業務に支障がない場合、同一敷地内にあるほかの事業所の職務を兼務できる。

解説

1 × サービス提供責任者を配置しなければならないのは、**訪問介護事業所**である。訪問看護事業所ではない。訪問介護事業所のサービス提供責任者は、利用者40人またはその端数を増すごとに1人以上の配置義務がある。

2 × 夜間対応型訪問介護は、夜間帯のサービス提供であるためオペレーターの位置づけは重要であり、**医師**、**看護師**、**准看護師**、**保健師**、**介護福祉士**、**社会福祉士**、**介護支援専門員**の資格を有する者でなければならない。

3 × 介護予防支援事業所の**管理者**に、主任介護支援専門員であるとの要件はない。

4 ○ 通所介護事業所の管理者は、**通所介護計画**を作成しなければならない。すでに居宅サービス計画が作成されている場合は、**居宅サービス計画の内容に沿って**作成しなければならない。

5 ○ 訪問介護事業所の管理者は、**常勤専従**が原則であるが、選択肢のように管理業務に支障がない場合、同一敷地内にあるほかの事業所、施設等の職務を**兼務**できる。

解答 **4・5**

事業者及び施設

問題 76

事業者及び施設について正しいものはどれか。 3つ選べ。

1　介護老人保健施設は、介護保険施設としての許可を受けた場合、通所リハビリテーションにつき、指定居宅サービス事業者の指定があったものとみなす。

2　共生型サービスの指定の対象は、介護保険法の居宅サービスに限られる。

3　指定居宅介護支援事業者は、利用者に対する指定居宅介護支援の提供により事故が発生した場合には、速やかに国民健康保険団体連合会及び利用者の家族へ連絡する。

4　都道府県知事が特定施設入居者生活介護の指定を行うときは、関係市町村長の意見を求めなければならない。

5　2024（令和6）年4月1日より、指定居宅介護支援事業者は、指定介護予防支援事業者の指定を受けることができることとなった。

解説

1 ○　介護老人保健施設と介護医療院は、介護保険施設としての許可を受けた場合、別段の申出がない限り、**短期入所療養介護**、**通所リハビリテーション**につき、指定居宅サービス事業者の指定があったものとみなす、指定居宅サービス事業者の指定の特例がある。

2 ×　**地域密着型サービス**、**介護予防サービス**、**地域密着型介護予防サービス**についても、同様の共生型サービス事業者の指定の特例が設けられている。これは、高齢者と障害児・者が同一の事業所でサービスを受けやすくすることをねらいとするものである。

3 ×　指定居宅介護支援事業者は、利用者に対する指定居宅介護支援の提供により事故が発生した場合には、速やかに**市町村**及び**利用者の家族**等へ連絡を行う。

4 ○　都道府県知事が特定施設入居者生活介護の指定を行うときは、**関係市町村長**に対し、**市町村介護保険事業計画**との調整を図る見地からの意見を求めなければならない。

5 ○　2024（令和6）年4月1日より、**地域包括支援センターの設置者**に加えて、**指定居宅介護支援事業者**も、指定介護予防支援事業者の指定を受けることができることとなった。

解答 1・4・5

① 介護支援分野

② 保健医療サービス分野

③ 福祉サービス分野

介護保険施設

問題 77

介護保険施設について正しいものはどれか。3つ選べ。

1 日本赤十字社は、介護老人保健施設を開設できる。

2 介護医療院は、市町村長の許可があれば開設できる。

3 特定施設入居者生活介護は、介護保険法上は介護保険施設として位置づけられる。

4 介護老人保健施設は、都道府県知事から開設の許可を受けたものである。

5 定員29人以下の介護老人福祉施設は、地域密着型サービスに位置づけられる。

解説

1 ○ 介護老人保健施設は、選択肢にある**日本赤十字社**以外に、**地方公共団体、医療法人、社会福祉法人**その他厚生労働大臣が定める者も開設することができる。

厚生労働大臣が定める介護老人保健施設を開設できる者

①国	⑥健康保険組合
②独立行政法人地域医療機能推進機構	⑦共済組合
③地方独立行政法人	⑧日本私立学校振興・共済事業団
④日本赤十字社	⑨国民健康保険組合
⑤厚生（医療）農業協同組合連合会	⑩病院の開設者　　　　など

2 × 介護医療院は、**都道府県知事**の許可があれば開設できる。

3 × 特定施設入居者生活介護は、介護保険法上は**居宅サービス**として位置づけられている。介護保険法上の介護保険施設は、**介護老人福祉施設、介護老人保健施設、介護医療院**の3つである。なお、介護療養型医療施設は、介護保険施設に含まれていたが、2024（令和6）年3月末日に廃止されることとなっている。

4 ○ 選択肢のとおりである。介護老人保健施設を開設しようとする者は、**都道府県知事の許可**を受けなければならない。

5 ○ 定員29人以下の介護老人福祉施設は、地域密着型介護老人福祉施設入所者生活介護として、**地域密着型サービス**に位置づけられる。

解答 **1・4・5**

介護保険施設

問題 78

介護保険施設について正しいものはどれか。 3つ選べ。

1 介護保険施設の新規入所者は、原則として、要介護3以上である。

2 介護老人保健施設に関する広告については、制限が設けられている。

3 介護老人福祉施設は、「終の棲家」に位置づけられ、看取りまでを提供するため、入所者の在宅復帰を検討することは求められていない。

4 介護医療院には、介護支援専門員を置かなければならない。

5 介護保険施設は、あらかじめ協力病院を定めておかなければならない。

解説 頻出

1 × 新規入所が原則として要介護3以上とされている介護保険施設は、**介護老人福祉施設のみ**である。

2 ○ 選択肢のとおりである。介護老人保健施設は、その名称、電話番号及び所在の場所を表示する事項、勤務する医師及び看護師の氏名などを除いて広告してはならないとされている。

3 × 介護老人福祉施設は、その基本方針として、「可能な限り、**居宅における生活への復帰を念頭に置いて**」介護等を行うとされている。また、介護老人福祉施設は、入所者が居宅において日常生活を営むことができるかどうかについて定期的に検討しなければならない。

4 ○ 介護医療院には、**介護支援専門員**を1人以上（入所者の数が100またはその端数を増すごとに1人を標準）置かなければならない。介護支援専門員は、**施設サービス計画の作成**に関する業務を担当する。

5 ○ 介護保険施設は、あらかじめ、**協力病院**を定めておかなければならない。また、**協力歯科医療機関**を定めておくよう努めなければならない。

解答 **2・4・5**

1 介護支援分野

2 保健医療サービス分野

3 福祉サービス分野

指定介護老人福祉施設

問題 79

指定介護老人福祉施設について正しいものはどれか。 3つ選べ。

1 都道府県知事は、指定介護老人福祉施設の指定をしようとするときは、関係市町村長の意見を求めなければならない。

2 施設サービス計画の作成にあたっては、当該地域の住民による自発的な活動によるサービス等の利用は位置づける必要はない。

3 計画担当介護支援専門員は、解決すべき課題の把握にあたっては、入所者及びその家族に面接して行わなければならない。

4 施設サービス計画原案の作成にあたっては、入所者の家族の希望は勘案しなくてよい。

5 施設サービス計画原案の作成は、計画担当介護支援専門員が行う。

解説

1 ○ 都道府県知事は、指定介護老人福祉施設の指定をしようとするときは、関係市町村の市町村介護保険事業計画との調整を図る見地から、**関係市町村長の意見**を求めなければならない。なお、都道府県知事は、都道府県老人福祉計画の達成に支障を生ずるおそれがあるときは、老人福祉法に基づく特別養護老人ホームの設置を**認可しないことができる**ものとされている。

2 × 施設サービス計画の作成にあたっては、入所者の希望や課題分析の結果に基づき、介護給付等対象サービス以外の、**当該地域の住民による**入所者の話し相手、会食などの**自発的な活動によるサービス**等も含めて施設サービス計画に位置づけることにより、総合的な計画となるよう努めなければならない。

3 ○ 選択肢のとおりである。このため、計画担当介護支援専門員は、面接技法等の研鑽に努めることが重要である。なお、家族への面接については、幅広く課題を把握する観点から、**テレビ電話等の通信機器等の活用**により行われるものを含むものとする。

4 × 施設サービス計画原案は、入所者の希望及び入所者についてのアセスメントの結果による専門的見地（医師の治療方針）に基づき、**入所者の家族の希望**を勘案したうえで、実現可能なものとする必要がある。

5 ○ 計画担当介護支援専門員は、入所者の希望及び入所者についてのアセスメントの結果に基づき、入所者の家族の希望を勘案して、入所者及びその家族の生活に対する意向、総合的な援助の方針、生活全般の解決すべき課題などサービスを提供するうえでの留意事項等を記載した施設サービス計画の原案を作成しなければならない。

解答 1・3・5

共生型居宅サービス事業者の指定

問題 80

共生型居宅サービス事業者の指定について正しいものはどれか。3つ選べ。

1 指定障害福祉サービス事業者は、通所リハビリテーションの提供について、共生型居宅サービス事業者の指定を受けることができる。

2 指定障害福祉サービス事業者は、訪問看護の提供について、共生型居宅サービス事業者の指定を受けることができる。

3 指定障害福祉サービスにおける生活介護は、共生型居宅サービス事業者の指定を受けることができる。

4 指定障害福祉サービスにおける放課後等デイサービスは、共生型居宅サービス事業者の指定を受けることができる。

5 指定障害福祉サービス事業者は、短期入所生活介護の提供について、共生型居宅サービス事業者の指定を受けることができる。

解説

1 × 指定障害福祉サービス事業者が居宅サービスで申請できるのは、**訪問介護**、**通所介護**、**短期入所生活介護**にかかる指定申請が対象である。通所リハビリテーションは**含まれない**。なお、共生型居宅サービス事業者の指定は、**都道府県知事**が行う。

2 × 指定障害福祉サービス事業者が居宅サービスで申請できるのは、**訪問介護**、**通所介護**、**短期入所生活介護**にかかる指定申請が対象である。訪問看護は**含まれない**。

3 ○ 指定障害福祉サービスにおける生活介護は、居宅サービスの**通所介護**にあたり、指定申請の**対象となる**。

4 ○ 指定障害福祉サービスにおける放課後等デイサービスは、居宅サービスの**通所介護**にあたり、指定申請の**対象となる**。

5 ○ 指定障害福祉サービス事業者が居宅サービスで申請できるのは、**訪問介護**、**通所介護**、**短期入所生活介護**にかかる指定申請が対象である。

解答 **3・4・5**

共生型サービスの対象となるサービス

	介護保険サービス	障害福祉サービス等
ホームヘルプサービス	訪問介護	居宅介護 重度訪問介護
デイサービス	通所介護 （地域密着型を含む）	生活介護（主として重症心身障害者を通わせる事業所を除く） 自立訓練（機能訓練・生活訓練） 児童発達支援（主として重症心身障害児を通わせる事業所を除く） 放課後等デイサービス（主として重症心身障害児を通わせる事業所を除く）
ショートステイ	短期入所生活介護 （予防を含む）	短期入所

介護サービス情報の公表制度

問題 81

介護サービス情報の公表制度について正しいものはどれか。2つ選べ。

1 指定調査機関の指定は、市町村長が行う。
2 権利擁護等のために講じている措置は、介護サービス情報に含まれる。
3 介護サービス情報には、1年間の収支報告が含まれる。
4 介護サービス情報には、第三者による評価の実施状況が含まれる。
5 任意報告情報は、市町村長が定める。

解説 頻出

1 × 指定調査機関の指定は、**都道府県知事**が行う。

2 ○ 選択肢のとおりである。権利擁護等のために講じている措置は、介護サービス情報に含まれる**運営情報**の1つである。

3 × 介護サービス情報に収支報告は**含まれない**。

4 ○ 選択肢のとおりである。**第三者による評価の実施状況**は、介護サービス情報に含まれる**基本情報**の1つである。

5 × 任意報告情報は、**都道府県知事**が定める。任意報告情報とは、介護サービスの質及び介護サービスに従事する従業者に関する情報（介護サービス情報に該当するものを除く）であり、利用者が適切かつ円滑に介護サービスを利用する機会の確保に資すると判断した情報がある場合に、その情報及び具体的内容について、都道府県の実情に応じて適宜定める。

解答 2・4

公表が義務づけられている介護サービス情報の主な内容

❶介護サービスの提供開始時	・法人等の名称、所在地、連絡先等 ・事業所等の名称、所在地、連絡先等 ・事業所等の介護サービス従業者に関する事項 ・事業所の運営方針、苦情対応窓口の状況、第三者による評価の実施状況等 ・利用料等に関する事項 ・その他都道府県知事が必要と認める事項
❷都道府県の報告計画策定時	上記❶に加え下記の事項 ・利用者等の権利擁護等のために講じている措置 ・介護サービスの質の確保のために講じている措置 ・相談・苦情等の対応のために講じている措置 ・介護サービスの内容の評価・改善等のために講じている措置 ・適切な事業運営確保のために講じている措置 ・安全管理及び衛生管理のために講じている措置 ・情報管理・個人情報保護等のために講じている措置 ・その他都道府県知事が必要と認める事項

介護サービス情報の公表制度

介護サービス情報の公表制度について正しいものはどれか。 3つ選べ。

1 都道府県知事は、調査事務をあらかじめ指定を受けた指定調査機関に行わせること
　ができる。

2 指定調査機関の調査員は、調査員養成研修の課程を修了し、都道府県知事が作成す
　る調査員名簿に登録される必要がある。

3 地域密着型サービス事業者は、介護サービス情報を市町村長に報告しなければなら
　ない。

4 都道府県知事は、指定情報公表センターを指定し、介護サービス情報の情報公表事
　務のすべてまたは一部を行わせることができる。

5 指定情報公表センターは、情報公表事務にかかる手数料は徴収できない。

解 説

1 ○ 都道府県知事は、調査事務をあらかじめ指定を受けた**指定調査機関**に行わせることができ
る。

2 ○ 指定調査機関の調査員は、専門的知識及び技術の修得を目的とする研修 (**調査員養成研修**)
を受講し、都道府県知事が作成する**名簿に登録**される必要がある。

3 × 介護サービス情報の公表制度は、**都道府県知事**が実施する。小規模多機能型居宅介護など
の地域密着型サービスは、指定権者は**市町村長**であるが、介護サービス情報は**都道府県知
事**に報告しなければならない。

4 ○ 都道府県知事は**指定情報公表センター**を指定し、介護サービス情報の報告の受理及び公表
などの情報公表事務のすべてまたは一部を行わせることができる。

5 × 指定情報公表センターは、介護サービス事業者から情報公表事務にかかる手数料を**徴収**で
きる。

解答 **1・2・4**

居宅介護支援にかかる介護サービス情報の公表項目

問題 83 ✓ ✓ ✓

介護サービス情報の公表制度における居宅介護支援にかかる公表項目として正しいものはどれか。3つ選べ。

1 要介護認定等の申請にかかる援助の取組状況
2 地域との連携、交流等の取組状況
3 認知症の利用者に対する介護サービスの質の確保のための取組状況
4 相談、苦情等の対応のための取組状況
5 ターミナルケアの質の確保のための取組状況

解説

1 ○ 要介護認定等の申請にかかる援助の取組状況については、介護サービス情報の公表制度において居宅介護支援にかかる公表項目に**含まれる**。

2 × 地域との連携、交流等の取組状況については、介護サービス情報の公表制度において居宅介護支援にかかる公表項目に**含まれない**。

3 ○ 認知症にかかる取組の情報公表の推進として、介護サービス事業者の認知症対応力の向上と利用者の介護サービス選択に資する観点から、2021（令和3）年度より、すべての介護サービス事業者（居宅療養管理指導を除く）を対象に、研修の受講状況等、認知症にかかる事業者の取組状況について公表することが義務づけられた。

4 ○ 相談、苦情等の対応のための取組状況については、介護サービス情報の公表制度において居宅介護支援にかかる公表項目に**含まれる**。

5 × ターミナルケアの質の確保のための取組状況については、介護サービス情報の公表制度において居宅介護支援にかかる公表項目に**含まれない**。

解答 **1・3・4**

1 介護支援分野
2 保健医療サービス分野
3 福祉サービス分野

介護予防・日常生活支援総合事業

問題 84

介護予防・日常生活支援総合事業について正しいものはどれか。3つ選べ。

1 生活支援体制整備事業を含む。
2 地域支援事業の1つである。
3 要支援者は、介護予防・生活支援サービス事業の対象となる。
4 要介護の第1号被保険者は、一般介護予防事業の対象となる。
5 介護方法の指導など要介護被保険者を現に介護する者の支援のための事業は、介護予防・生活支援サービス事業に含まれる。

解説 頻出

1 × 生活支援体制整備事業は、**包括的支援事業（社会保障充実分）**に含まれる。

2 ○ 介護予防・日常生活支援総合事業は、地域支援事業の必須事業に位置づけられている。地域支援事業は、①**介護予防・日常生活支援総合事業**、②**包括的支援事業**、③**任意事業**からなる。

3 ○ 介護予防・日常生活支援総合事業には、①**介護予防・生活支援サービス事業**と②**一般介護予防事業**がある。介護予防・生活支援サービス事業の対象者は、居宅要支援被保険者等である。居宅要支援被保険者等とは、①**要支援認定（要支援1・2）を受けた者**、②**基本チェックリストに該当する第1号被保険者**（事業対象者）、③補助（助成）により実施されるサービスについては要介護認定による介護給付にかかる居宅サービス等を受ける前から継続的に利用する要介護者（**継続利用要介護者**）が含まれる。

4 ○ 一般介護予防事業は、**第1号被保険者のすべての者及びその支援のための活動にかかわる者**が対象となるため、要介護の第1号被保険者は対象となる。

5 × 選択肢の事業は、**任意事業の家族介護支援事業**のことであるので、介護予防・生活支援サービス事業には含まれない。介護予防・生活支援サービス事業には、①**訪問型サービス（第1号訪問事業）**、②**通所型サービス（第1号通所事業）**、③**その他生活支援サービス（第1号生活支援事業）**、④**介護予防ケアマネジメント（第1号介護予防支援事業）**がある。

解答 **2・3・4**

介護予防・日常生活支援総合事業の事業構成

介護予防・生活支援サービス事業	一般介護予防事業
①訪問型サービス（第1号訪問事業）	①介護予防把握事業
②通所型サービス（第1号通所事業）	②介護予防普及啓発事業
③その他生活支援サービス（第1号生活支援事業）	③地域介護予防活動支援事業
④介護予防ケアマネジメント（第1号介護予防支援事業）	④一般介護予防事業評価事業
	⑤地域リハビリテーション活動支援事業

① 介護支援分野
② 保健医療サービス分野
③ 福祉サービス分野

一般介護予防事業の種類

問題 85

一般介護予防事業の種類として正しいものはどれか。 3つ選べ。

1 介護予防把握事業
2 家族介護支援事業
3 地域介護予防活動支援事業
4 認知症総合支援事業
5 地域リハビリテーション活動支援事業

1 介護支援分野

解説

　一般介護予防事業は、地域支援事業のなかの**介護予防・日常生活支援総合事業**の事業である。一般介護予防事業の種類は、以下の5つである。

一般介護予防事業の種類

> ①介護予防把握事業
> ②介護予防普及啓発事業
> ③地域介護予防活動支援事業
> ④一般介護予防事業評価事業
> ⑤地域リハビリテーション活動支援事業

1 ○ 介護予防把握事業は、**一般介護予防事業**の1つである。

2 × 家族介護支援事業は、地域支援事業のなかの**任意事業**の1つである。

3 ○ 地域介護予防活動支援事業は、**一般介護予防事業**の1つである。

4 × 認知症総合支援事業は、地域支援事業のなかの**包括的支援事業（社会保障充実分）**の1つである。

5 ○ 地域リハビリテーション活動支援事業は、**一般介護予防事業**の1つである。

解答 1・3・5

包括的支援事業

問題 86 ✓✓✓

包括的支援事業について正しいものはどれか。3つ選べ。

1 包括的支援事業には、地域包括支援センターの運営と社会保障充実分がある。
2 権利擁護業務は、必須事業である。
3 包括的支援事業の実施主体は市町村であり、適切、公正、中立かつ効率的に実施することができる社会福祉法人以外には委託することができない。
4 介護予防普及啓発事業は、包括的支援事業に含まれる。
5 総合相談支援業務は、包括的支援事業に含まれる。

解説 頻出

1 ○ 包括的支援事業は、高齢者が住み慣れた地域で安心してその人らしく生活を継続していくことができるようにするため、地域のケアマネジメントを総合的に行うもので、包括的支援事業（**地域包括支援センターの運営**）と包括的支援事業（**社会保障充実分**）がある。

2 ○ 包括的支援事業は、市町村の**必須事業**である。したがって、包括的支援事業に含まれる権利擁護業務は**必須事業**である。権利擁護業務の事業内容には、**成年後見制度の活用促進、老人福祉施設等への措置の支援、高齢者虐待への対応、困難事例への対応、消費者被害の防止**が含まれる。

3 × 包括的支援事業は、適切、公正、中立かつ効率的に実施することができると認められる法人であって、社会福祉法人、特定非営利活動法人、その他市町村が適当と認める法人などに委託することが**できる**。

4 × 介護予防普及啓発事業は、地域支援事業の**介護予防・日常生活支援総合事業**に含まれる。地域支援事業は、①介護予防・日常生活支援総合事業、②包括的支援事業、③任意事業からなる。

5 ○ 総合相談支援業務は、地域支援事業の**包括的支援事業**に含まれる。

解答 **1・2・5**

包括的支援事業の事業構成と委託先

事業構成	委託先
包括的支援事業（地域包括支援センターの運営）	地域包括支援センターに限る。また、委託する際は**一括して**行わなければならない。
①第1号介護予防支援事業（要支援者を除く） ②総合相談支援業務 ③権利擁護業務 ④包括的・継続的ケアマネジメント支援業務	・①の一部については、地域包括支援センターより指定居宅介護支援事業所に委託することができる。 ・②の一部については、地域包括支援センターより指定居宅介護支援事業者等に委託することができる。
包括的支援事業（社会保障充実分）	
①在宅医療・介護連携推進事業 ②生活支援体制整備事業 ③認知症総合支援事業	地域包括支援センター以外に委託することも可能。
④地域ケア会議推進事業	地域包括支援センターに限る。

地域支援事業の任意事業

問題 87

地域支援事業における任意事業として正しいものはどれか。 3つ選べ。

1 生活支援体制整備事業
2 介護給付等費用適正化事業
3 認知症総合支援事業
4 地域自立生活支援事業
5 家族介護支援事業

解説

1 × 生活支援体制整備事業は、地域支援事業における**包括的支援事業（社会保障充実分）**に含まれる。高齢者の社会参加等を促進する。

2 ○ 介護給付等費用適正化事業は、地域支援事業における**任意事業**に含まれる。利用者に適切なサービスを提供できる環境の整備を図るとともに、介護給付等に要する費用の適正化のための事業を実施する。

3 × 認知症総合支援事業は、地域支援事業における**包括的支援事業（社会保障充実分）**に含まれる。認知症本人の意思が尊重され、できる限り住み慣れた地域で自分らしく暮らし続けることができる地域の構築を目指す。

4 ○ 地域自立生活支援事業は、地域支援事業における**任意事業**の**その他の事業**に含まれる。成年後見制度利用支援事業や認知症サポーター等養成事業とともに、介護保険事業の運営の安定化及び被保険者の地域における自立した日常生活の支援のために必要な事業として位置づけられる。

5 ○ 家族介護支援事業は、地域支援事業における**任意事業**に含まれる。介護教室の開催や家族介護継続支援事業とともに、介護方法の指導その他の要介護被保険者を現に介護する者の支援のために必要な事業として位置づけられる。

解答 **2・4・5**

任意事業の事業構成

介護給付等費用適正化事業
家族介護支援事業
その他の事業
①成年後見制度利用支援事業 ②福祉用具・住宅改修支援事業 ③認知症対応型共同生活介護事業所の家賃等助成事業 ④認知症サポーター等養成事業 ⑤重度のALS患者の入院におけるコミュニケーション支援事業 ⑥地域自立生活支援事業

地域支援事業

問題 88

地域支援事業について正しいものはどれか。3つ選べ。

1 要支援認定を受けた第2号被保険者は、介護予防・生活支援サービス事業を利用することができる。

2 基本チェックリストにより、介護予防・生活支援サービス事業の対象者に該当した第2号被保険者は、介護予防・生活支援サービス事業を利用することができる。

3 第2号被保険者の保険料は、地域支援事業のうちの包括的支援事業の財源には充当されない。

4 介護予防・日常生活支援総合事業の介護予防ケアマネジメントでは、サービス担当者会議やモニタリングが省略される場合がある。

5 住所地特例対象施設に入所または入居している住所地特例適用被保険者に対する地域支援事業の実施については、保険者である市町村がすべて行う。

1 介護支援分野

2 保健医療サービス分野

3 福祉サービス分野

解説

1 ○ 介護予防・生活支援サービス事業の対象者は、居宅要支援被保険者等である。居宅要支援被保険者等とは、①**要支援認定（要支援1・2）を受けた者**、②**基本チェックリストに該当する第1号被保険者**（事業対象者）、③補助（助成）により実施されるサービスについては要介護認定による介護給付にかかる居宅サービス等を受ける前から継続的に利用する要介護者（**継続利用要介護者**）が含まれる。

2 × 介護予防・生活支援サービス事業の対象者のうち、基本チェックリストによって事業対象者となるのは第1号被保険者である。第2号被保険者は対象とならない。

3 ○ 第2号被保険者の保険料は、地域支援事業のうちの**介護予防・日常生活支援総合事業**の財源には充当されるが、**包括的支援事業**と**任意事業**の財源には充当されない。なお、第1号被保険者の保険料は、地域支援事業のすべての事業の財源に充当される。

4 ○ 介護予防・日常生活支援総合事業の介護予防ケアマネジメントの類型には、**介護予防支援**と同様のケアマネジメントを行う「ケアマネジメントA」、**サービス担当者会議**や**モニタリング**を省略した「ケアマネジメントB」、基本的に**サービス利用開始**時のみ行う「ケアマネジメントC」がある。

5 × 住所地特例対象施設に入所または入居している住所地特例適用被保険者に対する地域支援事業の実施については、**その施設が所在する市町村**が行う。ただし、**任意事業**については、**入所または入居する前の市町村（保険者である市町村）**も行うことができる。

解答 **1・3・4**

地域支援事業

問題 89

地域支援事業について正しいものはどれか。 ３つ選べ。

1 包括的支援事業の権利擁護業務には、老人福祉施設等への措置の支援は含まない。
2 認知症総合支援事業は、地域包括支援センター以外に委託できる。
3 介護予防・日常生活支援総合事業には、配食や見守りも含まれる。
4 生活支援コーディネーター（地域支え合い推進員）は、在宅医療・介護連携推進事業において配置される。
5 市町村は、地域支援事業の利用者に対して利用料を請求することができる。

解説

1 × 包括的支援事業の権利擁護業務には、老人福祉施設等への措置の支援は**含まれる**。このほかの事業内容には、成年後見制度の活用促進、高齢者虐待への対応、困難事例への対応、消費者被害の防止がある。

2 ○ 包括的支援事業（社会保障充実分）のうち、**在宅医療・介護連携推進事業**、**生活支援体制整備事業**、**認知症総合支援事業**については、実施主体は市町村であるが、市町村が適当と認める者に事業を委託することができる。ただし、包括的支援事業（社会保障充実分）のうち、**地域ケア会議推進事業**については、地域包括支援センターまたは市町村が直接実施しなければならない。

3 ○ 配食や見守りは、介護予防・日常生活支援総合事業における**その他生活支援サービス（第１号生活支援事業）**として実施される。具体的には、「栄養改善を目的とした**配食**や一人暮らし高齢者に対する見守りとともに行う**配食**等」、「定期的な安否確認及び緊急時の対応、住民ボランティア等が行う訪問による**見守り**」などがある。

4 × 生活支援コーディネーター（地域支え合い推進員）は、包括的支援事業（社会保障充実分）の**生活支援体制整備事業**において配置される。生活支援コーディネーター（地域支え合い推進員）は、市町村区域（第１層）及び中学校区域等の日常生活圏域（第２層）に配置され、①**資源開発**、②**ネットワーク構築**、③**ニーズと取り組みのマッチング**を踏まえ、多様な主体による多様な取り組みの**コーディネート業務**を実施することにより、地域における一体的な生活支援等サービスの提供体制の整備を推進する。

5 ○ 市町村及び地域支援事業の実施について市町村から委託を受けた者または第１号事業（介護予防・生活支援サービス事業）の指定事業者は、地域支援事業の利用者に対し、介護予防把握事業にかかる費用を除いて、利用料を請求することが**できる**。

解答 **2・3・5**

介護保険事業計画

問題 90

介護保険事業計画について正しいものはどれか。 3つ選べ。

1 市町村は、都道府県の基本指針に即して、市町村介護保険事業計画を策定する。

2 市町村は、市町村介護保険事業計画の策定・変更にあたっては、あらかじめ、都道府県の意見を聴かなければならない。

3 都道府県介護保険事業支援計画で定める事項として、認知症対応型共同生活介護にかかる必要利用定員総数がある。

4 市町村は、介護保険等関連情報を分析したうえで、その分析の結果を勘案して、市町村介護保険事業計画を作成するよう努めるものとする。

5 市町村介護保険事業計画は、市町村老人福祉計画と一体のものとして作成されなければならない。

解説 頻出

1 × 市町村は、都道府県ではなく、**国**の基本指針に即して、**3年を1期**とする市町村介護保険事業計画を策定する。

2 ○ 市町村介護保険事業計画の策定・変更にあたっては、市町村はあらかじめ、①被保険者の意見を反映させるために必要な措置を講ずるとともに、②定めるべき事項の一部について、**都道府県**の意見を聴かなければならない。

3 × 認知症対応型共同生活介護、地域密着型特定施設入居者生活介護及び地域密着型介護老人福祉施設入所者生活介護にかかる必要利用定員総数その他の介護給付等対象サービスの種類ごとの量の見込みは、**市町村介護保険事業計画**で定めるべき事項である。

4 ○ 市町村は、**介護保険等関連情報**を分析したうえで、その分析の結果を勘案して、市町村介護保険事業計画を作成するよう**努める**ものとする。

5 ○ 市町村介護保険事業計画は、**市町村老人福祉計画**と**一体のもの**として作成されなければならない。

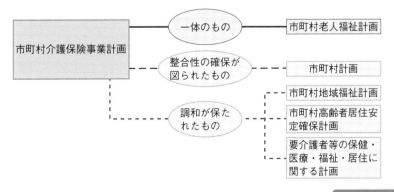

解答 **2・4・5**

市町村介護保険事業計画に定めるべき事項

問題 91

介護保険法上、市町村介護保険事業計画に定めるべき事項として正しいものはどれか。3つ選べ。

1 介護給付等に要する費用の適正化に関し、市町村が取り組むべき施策とその目標に関する事項
2 介護サービス情報の公表に関する事項
3 介護給付等対象サービスの種類ごとの量の見込み
4 介護保険施設の種類ごとの必要入所定員総数
5 地域支援事業の量の見込み

 解説 頻出

1 ○ 市町村介護保険事業計画に**定めるべき事項**に、介護給付等に要する費用の適正化に関し、市町村が取り組むべき施策とその目標に関する事項がある。

2 × 介護サービス情報の公表に関する事項は、**都道府県介護保険事業支援計画に定めるよう努める事項**である。

3 ○ 市町村介護保険事業計画に**定めるべき事項**に、介護給付等対象サービスの種類ごとの量の見込みがある。

4 × 介護保険施設の種類ごとの必要入所定員総数は、**都道府県介護保険事業支援計画に定めるべき事項**である。

5 ○ 市町村介護保険事業計画に**定めるべき事項**に、各年度における地域支援事業の量の見込みがある。

解答 1・3・5

市町村介護保険事業計画・都道府県介護保険事業支援計画に定めるべき事項

市町村介護保険事業計画	①市町村が定める区域（日常生活圏域）における各年度の認知症対応型共同生活介護、地域密着型特定施設入居者生活介護及び地域密着型介護老人福祉施設入所者生活介護にかかる必要利用定員総数その他の介護給付等対象サービスの種類ごとの量の見込み ②各年度における地域支援事業の量の見込み ③被保険者の自立した日常生活支援、介護予防、要介護状態等の軽減等、介護給付等に要する費用の適正化に関し、市町村が取り組むべき施策（以下「自立支援等施策」）とその目標に関する事項
都道府県介護保険事業支援計画	①当該都道府県が定める区域（老人福祉圏域）ごとの各年度の介護専用型特定施設入居者生活介護、地域密着型特定施設入居者生活介護及び地域密着型介護老人福祉施設入所者生活介護にかかる必要利用定員総数の見込み ②介護保険施設の種類ごとの必要入所定員総数その他の介護給付等対象サービスの量の見込み ③市町村による自立支援等施策への支援に関し、都道府県が取り組むべき施策とその目標に関する事項

国民健康保険団体連合会が行う業務

問題 92

介護保険法で定める国民健康保険団体連合会が行う業務として正しいものはどれか。３つ選べ。

1 介護給付費等審査委員会を設置する。
2 指定居宅サービス事業者の指定を取り消す。
3 第１号被保険者の保険料の特別徴収事務を行う。
4 第三者行為に関する求償事務を行う。
5 介護保険施設を運営することができる。

解説

1 ○ 国民健康保険団体連合会（国保連）には、介護給付費請求書及び介護予防・日常生活支援総合事業費請求書の審査を行うため、**介護給付費等審査委員会**が設置されている（介護保険法第 179 条）。

2 × 国保連には、サービス事業者及び介護保険施設の指定権限はないため、**指定の取消し**のほか、強制権限を伴う**立入検査**を行うこともできない。

3 × 特別徴収とは、第１号被保険者が年額 18 万円以上の公的な老齢年金、遺族年金、障害年金を受給している場合に、**年金保険者**が介護保険料を**年金から天引き**するしくみをいう。第１号被保険者の保険料の特別徴収事務は、**年金保険者**が行う。

4 ○ 交通事故などの第三者行為により要介護状態等になった被保険者に対して保険給付を行ったときには、市町村は、その給付の価額の限度で、被保険者が第三者に対して有する損害賠償請求権を取得する。**国保連**は、この損害賠償請求権にかかる**損害賠償金の徴収・収納の事務**（第三者行為求償事務）を、市町村の委託により行う。

5 ○ 国保連は、指定を受けて、**居宅サービス事業、地域密着型サービス事業、居宅介護支援事業、介護予防サービス事業、地域密着型介護予防サービス事業、介護保険施設**を運営することができる。

解答 1・4・5

1 介護支援分野

2 保健医療サービス分野

3 福祉サービス分野

国民健康保険団体連合会が行う業務

問題 93

介護保険法で定める国民健康保険団体連合会が行う業務として正しいものはどれか。3つ選べ。

1 居宅介護サービス費の請求に関する審査及び支払
2 市町村に対する介護給付費交付金の交付
3 サービス事業者に対する強制権限を伴う立入検査
4 指定居宅介護支援事業の運営
5 サービスに関する苦情処理

解説 頻出

1 ○ 国民健康保険団体連合会（国保連）は、市町村から委託を受けて、居宅介護サービス費等の請求に関する**審査及び支払**を行う。

2 × 市町村に対する介護給付費交付金の交付は、**社会保険診療報酬支払基金**の業務である。社会保険診療報酬支払基金には、医療保険者が徴収した**第2号被保険者の介護保険料**が、納付金として納付される。納付金から、介護給付及び予防給付に要する費用の額に第2号被保険者負担率を乗じた額を、介護給付費交付金として市町村に交付する。

3 × 居宅介護サービス費の支給に関して必要がある場合における強制権限を伴う立入検査や、指定基準を満たさなくなった場合における指定の取消等は、**都道府県知事**（または**市町村長**）が行う。

4 ○ 国保連は、**介護サービスの提供事業**の運営ができる。すなわち、指定居宅サービス事業、指定地域密着型サービス事業、指定居宅介護支援事業、指定介護予防サービス事業、指定地域密着型介護予防サービス事業の運営ならびに介護保険施設の運営ができる。

5 ○ 国保連は、**サービスに関する苦情処理業務**を行う。サービス事業者にかかる指定基準違反には至らない程度の事項に関する苦情を取り扱う。

解答 **1・4・5**

左側縦書き：
1 介護支援分野
2 保健医療サービス分野
3 福祉サービス分野

審査請求

問題 94

介護保険法における審査請求について正しいものはどれか。2つ選べ。

1 介護保険審査会は市町村に設置される。
2 財政安定化基金拠出金に関する処分は対象となる。
3 被保険者証の交付の請求に関する処分は対象となる。
4 介護給付費・地域支援事業支援納付金に関する処分は対象となる。
5 審査請求の対象となる処分の取消しを求める訴えは、原則として、当該処分についての審査請求に対する裁決を経た後でなければ、裁判所に対して提起することができない。

解説 頻出

1 × 介護保険審査会は**都道府県**に設置される。保険者たる市町村が被保険者に対して行う行政処分が比較的大量であることと中立性・公平性を確保する必要性があることなどから、専門の第三者機関として設置されている。

2 × 介護保険法において審査請求をすることが認められている事項は次のとおりである。

審査請求の対象となる事項

> ①**保険給付**に関する処分（**被保険者証の交付の請求**に関する処分及び**要介護認定または要支援認定**に関する処分を含む）
> ②保険料その他介護保険法の規定による**徴収金**に関する処分（ただし、**財政安定化基金拠出金、介護給付費・地域支援事業支援納付金**及びその納付金を医療保険者が滞納した場合の延滞金に関する処分を除く）

3 ○ 選択肢2の解説を参照。

4 × 選択肢2の解説を参照。

5 ○ 選択肢のとおりである。審査請求の対象となる処分の取消しを求める訴えは、原則として、当該処分についての審査請求に対する裁決を**経た後**でなければ、裁判所に対して提起することができない。ただし、審査請求があった日から**3**か月を経過しても裁決がないとき等、一定の事由に該当する場合には、裁決を経ないで、処分の取消しの訴えを提起することが認められている。

解答 **3・5**

介護保険審査会

問題 95

介護保険審査会について正しいものはどれか。3つ選べ。

1 公益代表委員が介護保険審査会の会長になる。
2 公益代表委員の定数は、都道府県の条例で定められる。
3 委員は、市町村長が任命する。
4 専門調査員の要件は、保健・医療・福祉の学識経験者である。
5 介護保険審査会の合議体の構成メンバーに専門調査員も含まれる。

解説

1 ○ 選択肢のとおり、介護保険審査会の構成メンバーのうち、**公益代表委員**が会長となる。

介護保険審査会の委員

被保険者代表委員	3人
市町村代表委員	3人
公益代表委員	3人以上で政令で定める基準に従い条例で定める員数
会長（**公益代表委員**のうちから委員が選挙）	1人

2 ○ 介護保険審査会は、各**都道府県**に設置される。公益代表委員の定数は、3人以上であって政令で定める基準に従い**条例**で定める員数とされている。ゆえに、**都道府県の条例**により公益代表委員の定数が規定される。

3 × 介護保険審査会の委員は、**都道府県知事**が任命する。

4 ○ **保健・医療・福祉の学識経験者**を専門調査員として設置する。

5 × 合議体の構成メンバーとして定められているのは、**介護保険審査会の委員**のみである。

解答 **1・2・4**

ONE POINT

介護保険における不服申し立て（審査請求）

通常、行政処分の不服申し立ては、行政不服審査法に基づき行政庁（市町村等）自らが処理を行うが、介護保険では、
①市町村が被保険者に対して行う行政処分が比較的大量であること
②一般行政における許認可等の行政処分とは異なった保険給付、保険料の賦課徴収等といった保険事業に関する処分であること
から、専門の第三者機関である介護保険審査会にて不服申し立て（審査請求）を受理し、審理・裁決を行うこととしている。

介護保険審査会における審査請求

問題 96

介護保険審査会における審査請求について正しいものはどれか。2つ選べ。

1 保険給付に関する処分は、審査請求の対象である。
2 要介護認定等に関する処分の審査請求事件については、会長を含む公益代表委員、被保険者代表委員、市町村代表委員で構成される合議体において取り扱う。
3 介護報酬の審査・支払いについて不服がある介護サービス事業者は、審査請求が認められる。
4 要介護認定等に関する処分を除く審査請求事件については、専門調査員からなる合議体において取り扱う。
5 保険料の滞納処分について不服がある被保険者は、審査請求が認められる。

解説

1 ○ 介護保険法において審査請求をすることが認められている事項には、**保険給付に関する処分**（被保険者証の交付の請求に関する処分及び要介護認定または要支援認定に関する処分を含む）がある（問題94の表（95頁）参照）。

2 ✕ 要介護認定等に関する処分の審査請求事件については、**公益代表委員**からなる合議体において取り扱う。

介護保険審査会の合議体

要介護認定等に関する処分を除く審査請求	・被保険者代表委員3人 ・市町村代表委員3人 ・会長1人＋公益代表委員2人
要介護認定等に関する処分の審査請求	・公益代表委員のうちから、介護保険審査会が指名

3 ✕ 介護保険審査会への審査請求は、被保険者等に認められるものであり、介護報酬の審査・支払いについては、介護サービス事業者には審査請求は認められない。

4 ✕ 要介護認定等に関する処分を除く審査請求事件については、**会長を含む公益代表委員**、**被保険者代表委員**、**市町村代表委員**で構成される合議体において取り扱う。

5 ○ 介護保険法において審査請求をすることが認められている事項には、**保険料その他介護保険法の規定による徴収金に関する処分**（ただし、財政安定化基金拠出金、介護給付費・地域支援事業支援納付金及びその納付金を医療保険者が滞納した場合の延滞金に関する処分を除く）がある（問題94の表（95頁）参照）。

解答 **1・5**

1 介護支援分野

2 保健医療サービス分野

3 福祉サービス分野

居宅におけるケアマネジメントの過程

問題 97

居宅におけるケアマネジメントの過程について正しいものはどれか。 2つ選べ。

1 初回サービス担当者会議は、利用者を除く関係事業者で開催する。

2 インテーク面接では、援助機関や援助者ができること及び提供できるサービスについて具体的に説明する。

3 アセスメントでは、居宅サービス計画を作成した後の利用者の状況を確認する。

4 モニタリングは、居宅サービス計画を作成し、実施した後に行う。

5 居宅サービス計画の目標は、介護支援専門員の判断で設定する援助目標である。

解説 頻出

1 × 初回、更新、変更に伴うサービス担当者会議は、**利用者及びその家族**の同席を基本とする。

2 〇 インテーク面接では、どのような援助ができるかについて、**具体的に説明**する必要がある。

3 × 選択肢は、**モニタリング**についての記述である。アセスメントは、「課題分析」と呼ばれ、居宅サービス計画作成の**前**に行う。

4 〇 ケアマネジメントの過程は、相談・利用申し込みの受付から始まり、その後、面接（インテーク）、アセスメント、居宅サービス計画原案の作成（プランニング）、サービス担当者会議を経て、計画が実施される。モニタリングは、実際に計画を**実施した後の実施状況**を確認するものである。

5 × 居宅サービス計画の目標は、あくまでも**利用者**の目標である。支援する側の援助目標ではない。

解答 **2・4**

居宅介護支援のプロセス

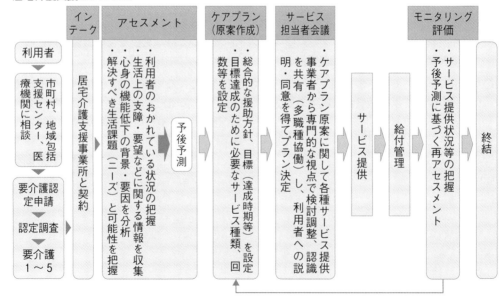

ケアマネジメント

問題 98

ケアマネジメントについて適切なものはどれか。 3つ選べ。

1　利用者の尊厳が保持される介護サービス計画の作成が求められる。
2　介護保険制度では、限りのある社会資源及び財源の効果的かつ効率的な活用のために、ケアマネジメントが採用された。
3　施設におけるケアマネジメントの意義には、地域とのかかわりが広がり、地域包括ケアシステムの実現の一助となることも含まれる。
4　利用者の失った機能を中心にアセスメントし、介護サービス計画に反映させていく。
5　援助者側の安心のため、毎日何らかの介護サービスを提供するようなマネジメントを行う。

解説

1 ○ **尊厳の保持**は、介護保険法第1条（7頁参照）に規定された法律を貫く理念である。ゆえに、ケアマネジメントの実践では、常に求められるものである。

2 ○ 介護保険制度におけるケアマネジメントの必要性を整理すると、限りのある**社会資源（サービス事業者や専門職の数）及び財源の効果的かつ効率的な活用**のためといえる。

3 ○ 施設におけるケアマネジメントの意義には、QOL（生活の質）が担保され、多職種が協働して専門性が発揮され、**地域とのかかわり**が広がり、一人ひとりの「その人らしい人生」が展開され、**地域包括ケアシステムの実現の一助**となることがある。

4 × 利用者のもつ意欲や能力等の**強み（ストレングス）**も、アセスメントする必要がある。この強みに焦点をあて、利用者自身が身体的・心理的・社会的な力を主体的に獲得していけるようはたらきかける手法が**エンパワメント**であり、介護支援専門員としてケアマネジメントを行う際の重要な視点となる。

5 × サービスの提供は、**利用者の選択**に基づいて行われる。援助者側の安心のために毎日サービスを提供するなど、必要以上にサービスを提供することは望ましくない。

解答 **1・2・3**

介護支援専門員の基本倫理・理念

自立支援	利用者が主体的に自分らしく、身体的にも精神的にも自立した日常生活を送れるように支援すること
ストレングス	その人の長所や意欲・能力といった強みのこと
エンパワメント	本来もっているはずの力（ストレングス）を引き出せるように支援すること
権利擁護	自己の権利を表明することが困難な利用者が、自分の意思を主張し権利を行使することができるよう支援したり、利用者の代弁をすること
主体性の尊重	利用者自身が望む生活を送れるように支援すること

ケアマネジメント

問題 99 ✓ ✓ ✓

ケアマネジメントについて適切なものはどれか。3つ選べ。

1 利用者の長所や強みといったストレングスに関する情報を得て支援していく。

2 安心の提供のため、要介護者等から要望のあったサービスは、すべて介護サービス計画に盛り込む。

3 守秘義務もあるため、利用者の友人を支援の担い手として介護サービス計画に位置づけることは避ける。

4 高齢者の支援では、在宅から施設、施設から在宅、入院から退院など、生活の継続性を支える視点が重要となる。

5 介護サービス計画に記載する目標は、期間を定める。

解説

1 ○ ケアマネジメントの理念の1つである自立支援を考えた場合、利用者がもつ**強み（ストレングス）**の把握と活用は重要である。

2 × 要介護者等の意見を尊重して支援することが原則ではあるが、介護保険法第2条第3項では、適切なサービスが、**総合的**かつ**効率的**に提供されるよう配慮して行われなければならないと規定されており（8頁参照）、不必要なサービスは行わない。また、要望をすべて介護サービス計画に盛り込むことが、必ずしも安心の提供につながるわけではない。

3 × 介護サービス計画の作成にあたっては、**インフォーマルサポート**も位置づける。利用者にとって友人の存在は大きい場合もあり、必要に応じて支援の担い手として勘案する。

4 ○ 過去・現在・未来という時間経過を連続したものとして支援することに加え、今まで有してきた価値観や文化を継承できることが求められる。このように、高齢者の**生活の継続性**を支援することが重要である。

5 ○ 介護サービス計画には**目標**を掲げ、いつまでに実現させるかの**期間**を設定し、支援を組み立てる。

解答 1・4・5

1 介護支援分野

② 保健医療サービス分野

③ 福祉サービス分野

課題分析標準項目

問題 100 ✓✓✓

介護サービス計画作成のための課題分析標準項目として正しいものはどれか。3つ選べ。

1 認定情報
2 改善／維持の可能性
3 整理・物品の管理
4 その他留意すべき事項・状況
5 現在利用している支援や社会資源の状況

解説

課題分析標準項目は、以下の表のとおり、基本情報に関する9項目、課題分析（アセスメント）に関する14項目からなる。2023（令和5）年10月16日に改正された。

1 ○ **認定情報**は、課題分析標準項目の**基本情報**に関する項目に**含まれる**。

2 × 改善／維持の可能性は、課題分析標準項目ではなく、アセスメントのまとめである課題整理総括表の項目に含まれる。

3 × 整理・物品の管理は、課題整理総括表の項目に含まれる。

4 ○ **その他留意すべき事項・状況**は、課題分析標準項目の**課題分析（アセスメント）**に関する項目に**含まれる**。

5 ○ **現在利用している支援や社会資源の状況**は、課題分析標準項目の**基本情報**に関する項目に**含まれる**。

解答 **1・4・5**

課題分析標準項目（平成11年11月12日　老企第29号）

	基本情報に関する項目		課題分析（アセスメント）に関する項目
1	基本情報（受付、利用者等基本情報）	10	健康状態
2	これまでの生活と現在の状況	11	ADL
3	利用者の社会保障制度の利用情報	12	IADL
4	現在利用している支援や社会資源の状況	13	認知機能や判断能力
5	日常生活自立度（障害）	14	コミュニケーションにおける理解と表出の状況
6	日常生活自立度（認知症）	15	生活リズム
7	主訴・意向	16	排泄の状況
8	認定情報	17	清潔の保持に関する状況
9	今回のアセスメントの理由	18	口腔内の状況
		19	食事摂取の状況
		20	社会との関わり
		21	家族等の状況
		22	居住環境
		23	その他留意すべき事項・状況

施設サービス計画

問題 101

指定介護老人福祉施設における施設サービス計画について正しいものはどれか。2つ選べ。

1 アセスメントは、入所者及びその家族に面接して行う必要がある。
2 地域住民による自発的な活動によるサービス等の利用を含めるよう努めなければならない。
3 原案の内容については、入所者の同意は必要がない。
4 作成した計画は、入所者の家族にも必ず交付しなければならない。
5 月に1回はモニタリングを行わなければならない。

解説 頻出

1 ○ 施設サービス計画の作成にあたって行われるアセスメントは、**入所者及びその家族**に**面接**して行わなければならない。

2 ○ 施設サービス計画の作成にあたっては、入所者の日常生活全般を支援する観点から、**地域住民による自発的な活動によるサービス等の利用**も含めて施設サービス計画上に位置づけるよう努めなければならない。

3 × 施設サービス計画原案の内容について入所者またはその家族に対して説明し、**文書**により**入所者**の同意を得なければならない。

4 × 施設サービス計画を作成した際には、遅滞なく**入所者**に交付しなければならないが、家族に必ず交付する必要はない。

5 × 施設サービス計画作成後のモニタリングは**定期的に**入所者と面接して行うとされ、月に1回という規定はない。

解答 **1・2**

居宅介護支援の運営基準の具体的取扱方針

問題 102

指定居宅介護支援等の事業の人員及び運営に関する基準第 13 条の具体的取扱方針のうち、介護支援専門員にかかるものとして正しいものはどれか。 3 つ選べ。

1 モニタリングは、 3 か月に 1 回、利用者の居宅を訪問し、利用者と面接して行わなければならない。

2 サービス担当者会議の開催により、利用者の状況等に関する情報をサービス担当者と共有する。

3 要介護状態区分の変更の認定を受けた場合には、サービス担当者会議で、専門的意見を聴取しなければならない。

4 居宅サービス計画を作成した際には、遅滞なく利用者及び担当者に交付しなければならない。

5 居宅サービス計画の原案の内容については、利用者またはその家族に対して説明し、家族の同意を得なければならない。

解説

1 × モニタリングは、少なくとも 1 か月に 1 回、利用者の居宅を**訪問**し、利用者と**面接**して行わなければならない。

2 ○ 介護支援専門員は、**サービス担当者会議**を主宰し、**利用者の状況等に関する情報**をサービス担当者と共有する。

3 ○ 利用者が要介護状態区分の変更の認定を受けた場合などは、サービス担当者会議等で**専門的な見地からの意見を聴取**する。

4 ○ 居宅サービス計画を作成した際には、遅滞なく**利用者**及び**担当者**に、居宅サービス計画を交付しなければならない。

5 × 居宅サービス計画の原案の内容については、利用者またはその家族に対して説明し、**利用者本人**の同意を、原則として**文書**で得なければならない。

解答 **2・3・4**

居宅介護支援の運営基準の具体的取扱方針

問題 103

指定居宅介護支援等の事業の人員及び運営に関する基準第 13 条の具体的取扱方針のうち、介護支援専門員にかかるものとして正しいものはどれか。3つ選べ。

1 居宅サービス計画に短期入所生活介護を位置づける場合は、原則として利用する日数が要介護認定有効期間のおおむね 3 分の 1 を超えないようにしなければならない。

2 生活援助中心型の訪問介護を厚生労働大臣が定める回数以上に居宅サービス計画に位置づける場合、市町村に届け出なければならない。

3 居宅サービス計画には、地域住民による自発的な活動によるサービス等の利用を位置づけるよう努めなければならない。

4 居宅サービス計画に福祉用具貸与を位置づける場合は、当該計画に福祉用具貸与が必要な理由を記載しなければならない。

5 居宅サービス計画の原案の内容について利用者に説明し同意を得れば、居宅サービス計画を作成した際に、利用者に交付する必要はない。

 解 説 頻出

1 × 介護支援専門員は、居宅サービス計画に**短期入所生活介護**または**短期入所療養介護**を位置づける場合は、原則として利用する日数が要介護認定有効期間のおおむね**半数**を超えないようにしなければならない。

2 ○ 介護支援専門員は、**生活援助**中心型の訪問介護を厚生労働大臣が定める回数以上に居宅サービス計画に位置づける場合は、利用の妥当性を検討し、居宅サービス計画に訪問介護が**必要な理由**を記載するとともに、居宅サービス計画を**市町村**に届け出なければならない。

3 ○ 介護支援専門員は、居宅サービス計画には、利用者の日常生活全般を支援する観点から、介護給付等対象サービス以外の**保健医療サービス**または**福祉サービス、地域住民による自発的な活動によるサービス等の利用**も含めて居宅サービス計画上に位置づけるよう努めなければならない。

4 ○ 介護支援専門員は、居宅サービス計画に**福祉用具貸与**を位置づける場合は、その利用の妥当性を検討し、当該計画に福祉用具貸与が**必要な理由**を記載しなければならない。また、必要に応じて随時サービス担当者会議を開催し、継続して福祉用具貸与を受ける必要性について検証をしたうえで、継続して福祉用具貸与を受ける必要がある場合にはその**理由**を居宅サービス計画に記載しなければならない。

5 × 介護支援専門員は、居宅サービス計画を作成した際には、**利用者**及び**居宅サービス等の担当者**に交付しなければならない。

解答 **2・3・4**

指定居宅介護支援事業

問題104

指定居宅介護支援事業について正しいものはどれか。 ３つ選べ。

1 被保険者証に認定審査会意見の記載があるときは、利用者の理解を得たうえで、その内容に沿って居宅サービス計画を作成しなければならない。
2 指定居宅介護支援事業者の指定は、都道府県知事が行う。
3 介護支援専門員の数は、利用者の数が 45 人またはその端数を増すごとに 1 人置かなければならない。
4 指定居宅介護支援事業所ごとに、常勤の管理者を置かなければならない。
5 事業所の現員では利用申込に応じきれない場合には、サービスの提供を拒むことができる。

解説 頻出

1 ○ 被保険者証に**認定審査会意見**の記載がある場合には、利用者の理解を得たうえで、その内容に沿って居宅サービス計画を作成しなければならない。

2 × 指定居宅介護支援事業者の指定を行うのは、都道府県知事ではなく、**市町村長**である。

3 × 介護支援専門員の数は、利用者の数が **35** 人またはその端数を増すごとに 1 人置かなければならない。

4 ○ 指定居宅介護支援事業所ごとに、**常勤**の管理者を置かなければならない。管理者は**主任介護支援専門員**でなければならない。ただし、主任介護支援専門員の確保が著しく困難である等やむを得ない理由がある場合については、**介護支援専門員**を管理者とすることができる（2027（令和 9）年 3 月 31 日までの間、一定の要件緩和措置（経過措置）が設けられている（以下の表参照））。

5 ○ 指定居宅介護支援事業者は、**正当な理由**なくサービスの提供を拒んではならないとされているが、**事業所の現員からは利用申込に応じきれない場合**などの正当な理由がある場合にはサービス提供を拒むことができる。

解答 1・4・5

指定居宅介護支援事業の人員基準

①1 人以上の常勤の介護支援専門員を置かなければならない。
②利用者の数が 35 人またはその端数を増すごとに介護支援専門員を 1 人置かなければならない。
③増員の介護支援専門員は、**非常勤**であってもよい。
④管理者は**常勤**で、**主任介護支援専門員**でなければならない。
　ただし、主任介護支援専門員の確保が著しく困難である等やむを得ない理由がある場合は、介護支援専門員を管理者とすることができる。
　※なお、2021（令和 3）年 3 月 31 日時点で、介護支援専門員が管理者である事業所は、その者が管理者である限り、2027（令和 9）年 3 月 31 日までは介護支援専門員を管理者とすることができる。

1 介護支援分野

2 保健医療サービス分野

3 福祉サービス分野

指定居宅介護支援事業者

問題 105

指定居宅介護支援事業者について正しいものはどれか。 3つ選べ。

1 利用者が30人の場合には、介護支援専門員は、非常勤で1人置けばよい。

2 利用者が他の居宅介護支援事業者の利用を希望する場合、直近の居宅サービス計画及びその実施状況に関する書類を利用者に交付しなければならない。

3 指定居宅介護支援の利用申込に対しては、サービス提供を拒否することはできない。

4 アセスメントにあたっては、利用者の居宅を訪問し、利用者及びその家族に面接して行わなければならない。

5 感染症の発生・まん延防止のため、感染対策委員会の開催等の措置を講じなければならない。

解説 頻出

1 × 利用者が30人の場合には、**常勤**の介護支援専門員を1人置かなければならない。介護支援専門員の員数は、指定居宅介護支援事業所ごとに**常勤**1人以上が必要で、利用者**35**人またはその端数を増すごとに1人が必要となる（増員は**非常勤**でも可）。

2 ○ 利用者が他の居宅介護支援事業者の利用を希望する場合、要介護認定を受けている利用者が要支援認定を受けた場合その他利用者からの申出があった場合には、当該**利用者**に対し、直近の居宅サービス計画及びその実施状況に関する書類を交付しなければならない。**他の事業者**に対してではないことに注意したい。

3 × 指定居宅介護支援の利用申込に対しては、**正当な理由**がある場合にはサービス提供を拒否することが**できる**。正当な理由とは、①**当該事業所の現員からは利用申込に応じきれない**場合、②**利用申込者の居住地が当該事業所の通常の事業の実施地域外である**場合、③利用申込者が他の指定居宅介護支援事業者にも併せて指定居宅介護支援の依頼を行っていることが明らかな場合等である。

4 ○ アセスメントにあたっては、利用者の居宅を**訪問**し、利用者及びその家族に**面接**して行わなければならない。

5 ○ 指定居宅介護支援事業者は、感染症の発生・まん延防止のため、**感染対策委員会**の開催、**予防・まん延防止指針**の整備、**研修・訓練の定期的実施**等の措置を講じなければならない。

解答 **2・4・5**

17 居宅のケアマネジメント

指定居宅介護支援

問題 106

指定居宅介護支援について正しいものはどれか。3つ選べ。

1 被保険者証に、居宅サービスもしくは地域密着型サービスの種類についての記載がある場合には、それらのサービスの種類の変更はできない。

2 保険給付が償還払いとなる場合、指定居宅介護支援事業者は、利用者に指定居宅介護支援提供証明書を交付する。

3 通常の事業の実施地域以外であっても、交通費を受け取ることはできない。

4 指定居宅介護支援の提供の開始に際し、利用者に入院する必要が生じた場合には、担当の介護支援専門員の氏名と連絡先を入院先の病院または診療所に伝えるよう、あらかじめ利用者や家族に求めなければならない。

5 サービス担当者会議について、末期の悪性腫瘍の利用者の心身の状況等により、主治の医師等の意見を勘案して必要と認める場合には、サービス担当者に対する照会等により意見を求めることができる。

解説

1 × 被保険者証に、居宅サービスもしくは地域密着型サービスの種類についての記載がある場合には、サービスの種類の**変更**の申請が**できる**ことを含め、利用者にその趣旨を説明し、理解を得たうえで、その内容に沿って居宅サービス計画を作成しなければならない。

2 ○ 居宅介護支援にかかる保険給付がいわゆる償還払いとなる場合、指定居宅介護支援事業者は、利用者が保険給付の請求を容易に行えるよう、利用料の額等を記載した**指定居宅介護支援提供証明書**を利用者に交付する。

3 × 利用者の選定により通常の事業の実施地域以外の地域の居宅を訪問して指定居宅介護支援を行う場合には、要した**交通費**の支払いを利用者から受けることができる。なお、あらかじめ、利用者またはその家族に対し、サービスの内容及び費用について説明を行い、利用者の**同意**を得なければならない。

4 ○ 利用者が病院や診療所に入院する必要が生じた場合には、担当の**介護支援専門員**の**氏名**と**連絡先**を病院または診療所に伝えるよう、利用者や家族に対し事前に協力を求める必要がある。

5 ○ 介護支援専門員は、サービス担当者会議の開催により、利用者の状況等に関する情報をサービス担当者と共有するとともに、居宅サービス計画の原案の内容について、担当者から、専門的な見地からの意見を求める必要がある。ただし、**末期の悪性腫瘍**の利用者の心身の状況等により、主治の医師または歯科医師（主治の医師等）の意見を勘案して必要と認める場合その他のやむを得ない理由がある場合については、**担当者に対する照会**等により意見を求めることができる。

解答 **2・4・5**

指定居宅介護支援事業

問題 107

指定居宅介護支援事業について正しいものはどれか。3つ選べ。

1 指定居宅介護支援事業者は、障害者総合支援法に規定する指定特定相談支援事業者との一体的な運営が義務づけられている。

2 管理者は、特定の居宅サービス事業者のサービスを居宅サービス計画に位置づけるよう、介護支援専門員に対して指示することができる。

3 管理者は管理業務に支障がない場合に限り、同一敷地内にある他の事業所の職務に従事することができる。

4 指定居宅介護支援の提供にあたっては、公正中立に行われなければならない。

5 指定居宅介護支援事業者は、利用者の人権の擁護、虐待の防止等のため必要な体制の整備を行わなければならない。

解説

1 × 共生型サービスの創設に伴い、指定居宅介護支援事業者は、障害者総合支援法に規定する**指定特定相談支援事業者**との**連携**に努めなければならないとされている。しかし、これは一体的な運営が義務づけられたわけではない。

指定居宅介護支援事業者が連携に努めなければならないもの

> ①市町村
> ②地域包括支援センター
> ③老人福祉法に規定する老人介護支援センター
> ④他の指定居宅介護支援事業者
> ⑤指定介護予防支援事業者
> ⑥介護保険施設
> ⑦障害者総合支援法に規定する指定特定相談支援事業者　等

2 × 管理者は、居宅サービス計画の作成または変更に関し、指定居宅介護支援事業所の介護支援専門員に対して**特定の居宅サービス事業者等によるサービス**を位置づけるべき旨の指示等を**行ってはならない**。

3 ○ 管理者は**常勤専従**が原則である。ただし、管理業務に支障がない場合に限り、事業所の介護支援専門員の職務や、**同一敷地内**にある他の事業所の職務に従事することができる。

4 ○ 指定居宅介護支援事業者は、指定居宅介護支援の提供にあたっては、利用者の意思及び人格を尊重し、常に利用者の立場に立って、利用者に提供される指定居宅サービス等が**特定の種類または特定の指定居宅サービス事業者等**に不当に偏することのないよう、**公正中立**に行われなければならない。

5 ○ 指定居宅介護支援事業者は、利用者の**人権の擁護**、**虐待の防止等**のため必要な体制の整備を行うとともに、その従業者に対し、研修を実施する等の措置を講じなければならない。

解答 **3・4・5**

介護支援分野①

保健医療サービス分野②

福祉サービス分野③

居宅サービス計画

問題 108

居宅サービス計画について正しいものはどれか。3つ選べ。

1 提供されるサービスの目標及びその達成時期を記載した原案を作成しなければならない。
2 課題分析の結果は、居宅サービス計画書に記載しない。
3 訪問看護を位置づける場合には、主治の医師等の指示が必要となる。
4 生活全般の解決すべき課題は、居宅サービス計画書に記載する。
5 サービス担当者会議の要点には、出席できないサービス担当者に対して行った照会の内容について記載しなくてよい。

解説

1 ○ 利用者及びその家族の生活に対する意向、総合的な援助の方針、生活全般の解決すべき課題、提供されるサービスの**目標**（長期目標・短期目標）及びその**達成時期**、サービスの種類、内容及び利用料ならびにサービスを提供するうえでの留意事項等を記載した居宅サービス計画の**原案**を作成しなければならない。

長期目標	一つひとつの短期目標を解決し、最終的に目指す目標や結果
短期目標	長期目標を達成するために、一定の期間までに達成することが望ましい目標や結果

2 × 居宅サービス計画書には、「利用者及び家族の生活に対する意向を踏まえた**課題分析の結果**」を**記載する**。利用者及びその家族が、どのような内容の介護サービスをどの程度の頻度で利用しながら、どのような生活をしたいと考えているのか意向を踏まえた課題分析の結果を記載する。

3 ○ 居宅サービス計画に**訪問看護**、**通所リハビリテーション**等の**医療サービス**を位置づける場合には、**主治の医師等**の**指示**が必要となる。

4 ○ 居宅サービス計画書には、アセスメント（課題分析）により抽出された、利用者の「**生活全般の解決すべき課題**（ニーズ）」を**記載する**。

5 × サービス担当者会議の要点には、会議に出席できないサービス担当者に対して行った**照会の内容**等についても**記載する**。

解答 **1・3・4**

居宅サービス計画

問題 109

居宅サービス計画について正しいものはどれか。3つ選べ。

1　利用者が通所リハビリテーションの利用を希望しているときは、利用者の同意を得て主治の医師等の意見を求めなければならない。
2　利用者の生活ニーズの把握にあたっては、利用者の潜在的な能力についても評価する。
3　特定福祉用具販売の給付は、居宅サービス計画に位置づけなくてもよい。
4　介護支援専門員は、居宅サービス計画に位置づけた指定訪問介護事業者に対して、訪問介護計画の提出を求める。
5　課題分析は、介護支援専門員の個人的な考え方や手法のみによって行われる。

解説

1 ○ 介護支援専門員は、利用者が**通所リハビリテーション**、**訪問看護**等の医療サービスの利用を希望している場合には、利用者の**同意**を得て**主治の医師等の意見**を求めなければならない。

2 ○ 利用者の生活ニーズの把握にあたっては、利用者の解決すべき問題だけでなく、利用者の**意欲や潜在的な能力**も含めた生活ニーズの把握がなされるべきである。

3 × 特定福祉用具販売の給付に関しても、居宅サービス計画に**位置づけなければならない**。介護支援専門員は、居宅サービス計画に特定福祉用具販売を位置づける場合には、その利用の妥当性を検討し、当該計画に特定福祉用具販売が**必要な理由**を記載しなければならない。

4 ○ 選択肢のとおり、介護支援専門員は、居宅サービス計画に位置づけたサービス事業者に対して、**訪問介護計画等の個別サービス計画**の提出を求めるものとされている。ただし、訪問入浴介護だけは、当該計画作成が義務づけられていない。

5 × 課題分析は、介護支援専門員の個人的な考え方や手法のみによって**行われてはならず**、利用者の課題を客観的に抽出するための手法として合理的なものと認められる適切な方法（**課題分析標準項目**（問題100の表（101頁）参照））を用いなければならない。

解答　**1・2・4**

居宅サービス計画の作成の流れ

❶課題分析（アセスメント）	利用者の居宅を訪問し、利用者及びその家族に面接して、利用者の解決すべき課題（生活ニーズ）を把握する。
❷居宅サービス計画原案の作成	アセスメントで把握した解決すべき課題に対応するための居宅サービス等の組み合わせについて検討し、居宅サービス計画原案を作成する。
❸サービス担当者会議	利用者の状況等に関する情報を居宅サービス計画原案に位置づけた居宅サービス等の担当者と共有するとともに、居宅サービス計画原案の内容について、担当者に、専門的な見地からの意見を求める。
❹居宅サービス計画の交付	居宅サービス計画原案の内容について利用者またはその家族に対して説明し、文書により利用者の同意を得たうえで、居宅サービス計画を利用者及び担当者に交付する。

居宅サービス計画の作成

問題 110

居宅サービス計画の作成について正しいものはどれか。3つ選べ。

1 介護給付等対象サービス以外のサービスを位置づける必要はない。

2 利用者の心身または家族の状況等に応じ、継続的かつ計画的に指定居宅サービス等の利用が行われるようにしなければならない。

3 居宅サービス計画に認知症対応型通所介護を位置づける場合は、利用者の主治の医師等の意見を求めなければならない。

4 介護保険施設等から退院または退所しようとする要介護者から依頼があった場合には、あらかじめ、居宅サービス計画の作成等の援助を行うものとする。

5 その地域における指定居宅サービス事業者等に関するサービスの内容、利用料等の情報を適正に利用者またはその家族に対して提供するものとする。

解説 頻出

1 × 介護支援専門員は、居宅サービス計画の作成にあたっては、利用者の日常生活全般を支援する観点から、介護給付等対象サービス以外の**保健医療サービス**または**福祉サービス**、当該**地域住民による自発的な活動によるサービス等**の利用も含めて居宅サービス計画上に位置づけるよう努めなければならない。

2 ○ 介護支援専門員は、居宅サービス計画の作成にあたっては、利用者の自立した日常生活の支援を効果的に行うため、利用者の心身または家族の状況等に応じ、**継続的かつ計画的に**指定居宅サービス等の利用が行われるようにしなければならない。

3 × 介護支援専門員は、利用者が**訪問看護**、**通所リハビリテーション等**の**医療サービス**の利用を希望している場合その他必要な場合には、利用者の同意を得て**主治の医師等の意見**を求めなければならないが、認知症対応型通所介護の場合は、主治の医師等の意見を**求める必要はない**。

4 ○ 介護支援専門員は、介護保険施設等から退院または退所しようとする要介護者から依頼があった場合には、居宅における生活へ円滑に移行できるよう、あらかじめ、**居宅サービス計画の作成等の援助**を行うものとする。

5 ○ 介護支援専門員は、居宅サービス計画の作成の開始にあたっては、利用者によるサービスの選択に資するよう、当該地域における指定居宅サービス事業者等に関する**サービスの内容**、**利用料等の情報**を適正に利用者またはその家族に対して提供するものとする。

解答 **2・4・5**

指定居宅介護支援におけるサービス担当者会議

問題 111

指定居宅介護支援におけるサービス担当者会議について正しいものはどれか。3つ選べ。

1 サービス担当者会議は、初回の居宅サービス計画作成時と、更新認定や区分変更認定で要介護度が変化したときにのみ開催すればよい。

2 サービス担当者会議には、利用者及びその家族を必ず参加させなければならない。

3 サービス担当者会議は、テレビ電話装置等を活用して行うことができる。

4 やむを得ない理由がある場合については、サービス担当者に対する照会等により意見を求めることができる。

5 居宅サービス計画の原案の内容について、サービス担当者から専門的な見地からの意見を求める。

解説 頻出

1 × サービス担当者会議は、**初回の居宅サービス計画作成時**と**更新認定**や**区分変更認定時**だけでなく、利用者やかかわる家族の**状況や意向の変化**などに応じて、居宅サービス計画の見直しとそれに基づくサービスの調整が必要な場合に開催する。

2 × サービス担当者会議は**利用者**及び**その家族**の参加を**基本**としているが、**家庭内暴力等**により利用者やその家族の参加が望ましくない場合には、必ずしも**参加を求めるものではない**。

3 ○ サービス担当者会議は、**テレビ電話装置等**（リアルタイムでの画像を介したコミュニケーションが可能な機器をいう）を活用して行うことができる。ただし、利用者またはその家族が参加する場合にあっては、テレビ電話装置等の活用について当該利用者等の**同意**を得なければならない。

4 ○ 選択肢のとおりである。**やむを得ない理由**がある場合とは、利用者（**末期の悪性腫瘍**の患者に限る）の心身の状況等により、主治の医師または歯科医師（主治の医師等）の意見を勘案して必要と認める場合のほか、開催の日程調整を行ったが、**サービス担当者の事由**により、サービス担当者会議への参加が得られなかった場合、居宅サービス計画の変更であって、利用者の状態に大きな変化がみられない等における**軽微な変更**の場合等が想定される。

5 ○ サービス担当者会議の開催により、利用者の状況等に関する情報をサービス担当者と共有するとともに、居宅サービス計画の原案の内容について、サービス担当者から**専門的な見地からの意見**を求め調整を図ることが重要である。

解答 **3・4・5**

指定居宅介護支援にかかるモニタリング

問題 112

指定居宅介護支援にかかるモニタリングについて正しいものはどれか。
2つ選べ。

1 利用者についての継続的なアセスメントが含まれる。
2 モニタリングは、サービス担当者と面接して行わなければならない。
3 居宅サービス計画の原案の作成からサービス担当者会議を経て、計画実施後に、モニタリングを実施する。
4 少なくとも6か月に1回以上、モニタリングの結果を記録しなければならない。
5 モニタリングの結果の記録を地域ケア会議に提出しなければならない。

解説 頻出

1 ○ 指定居宅介護支援のモニタリング（居宅サービス計画の**実施状況の把握**）には、利用者についての継続的なアセスメントが**含まれる**。

2 × モニタリングは、少なくとも1か月に1回、利用者の居宅を訪問し、**利用者**と面接して行わなければならない。

3 ○ 居宅サービス計画の原案の作成からサービス担当者会議を経て、居宅サービス計画の作成・実施後、その計画の**実施状況の把握**を行うことが**モニタリング**である。

モニタリングの目的

①居宅サービス計画に位置づけたサービスが、計画したとおりに提供されているかを確認する。さらに、それぞれのサービスが、長期目標・短期目標の達成のために機能しているかどうか把握する。
②利用者の状況に応じて居宅サービス計画を修正する。
③利用者の心身の状態や取り巻く環境の変化は、利用者の自立や尊厳の保持を脅かすリスクとなるため、こうしたリスクの予測や、実際に発生した問題の早期発見を行う。

4 × 少なくとも1か月に1回、モニタリングの結果を記録しなければならない。

5 × モニタリングの結果の記録を保存する必要はあるが、地域ケア会議に提出する必要は**ない**。

解答 1・3

❶ 介護支援分野

❷ 保健医療サービス分野

❸ 福祉サービス分野

指定居宅介護支援事業者の記録

問題 113

指定居宅介護支援事業者の記録について正しいものはどれか。2つ選べ。

1 アセスメントの結果の記録は、支援の完結の日から2年間保存しなければならない。

2 モニタリングの結果の記録は、再アセスメントが終われば保存の義務がなくなる。

3 サービス担当者会議の記録は、その開催日から2年間保存しなければならない。

4 苦情の内容等の記録は、苦情が解決しても、支援の完結の日から2年間保存しなければならない。

5 事故の状況及び事故に際して採った処置についての記録は、保存の対象とならない。

 解 説 頻出

1 ○ アセスメントの結果の記録は、**支援の完結**の日から2年間保存しなければならない。

2 × モニタリングの結果の記録は、**支援の完結**の日から2年間保存しなければならない。

3 × サービス担当者会議等の記録は、**支援の完結**の日から2年間保存しなければならない。

4 ○ 苦情の内容等の記録は、**支援の完結**の日から2年間保存しなければならない。

5 × 事故の状況及び事故に際して採った処置についての記録は、**支援の完結**の日から2年間保存しなければならない。

解答 1・4

指定居宅介護支援事業者の記録の整備

1 従業者、設備、備品及び会計に関する諸記録を整備しておかなければならない。
2 利用者に対する指定居宅介護支援の提供に関する次の記録を整備し、その完結の日から2年間保存しなければならない。
①指定居宅サービス事業者等との連絡調整に関する記録
②個々の利用者ごとに次に掲げる事項を記載した**居宅介護支援台帳**
　・居宅サービス計画
　・アセスメントの結果の記録
　・サービス担当者会議等の記録
　・モニタリングの結果の記録
③不正行為によって保険給付を受けた利用者に関する市町村への通知にかかる記録
④苦情の内容等の記録
⑤事故の状況及び事故に際して採った処置についての記録
3 指定居宅介護支援における記録については、**書面**による記録と**電磁的記録**による記録の両方が認められている。

指定介護予防支援

問題 114

指定介護予防支援について正しいものはどれか。2つ選べ。

1 高齢者保健福祉に関する相談業務等に3年以上従事した社会福祉主事は、介護予防サービス計画を作成することができる。
2 2024（令和6）年4月1日より、指定居宅介護支援事業者は、指定介護予防支援事業者の指定を受けることができることとなった。
3 指定介護予防支援事業所の管理者は、主任介護支援専門員でなければならない。
4 指定介護予防支援事業所ごとに、介護支援専門員を配置しなければならない。
5 指定介護予防支援事業者の指定は、都道府県知事が行う。

解説 頻出

1 ○ 指定介護予防支援事業所の管理者は、**担当職員**に介護予防サービス計画の作成に関する業務を担当させるものとされている。**担当職員**とは、保健師、介護支援専門員、社会福祉士、経験ある看護師、**高齢者保健福祉に関する相談業務等に3年以上従事した社会福祉主事**のいずれかの要件を満たす者である。

2 ○ 2024（令和6）年4月1日より、指定介護予防支援事業者の指定については、**地域包括支援センターの設置者**に加えて、**指定居宅介護支援事業者**も受けることができることとなった。

3 × 指定介護予防支援事業所の管理者については、**常勤専従**（管理上支障がない場合は他の職務との兼務可）の管理者を置かなければならないとされているが、資格や職種については**特に定められていない**。

4 × 指定介護予防支援事業者は、指定介護予防支援事業所ごとに、**担当職員**を配置しなければならない。**担当職員**とは選択肢1の解説のとおりであり、必ずしも介護支援専門員である**必要はない**。

5 × 指定介護予防支援事業者の指定は、**市町村長**が行う。

解答 1・2

指定介護予防支援

問題 115

指定介護予防支援について正しいものはどれか。3つ選べ。

1 介護報酬は、1か月につき、要支援1及び2の区別なく設定されている。
2 通常の事業の実施地域等を勘案し、自ら適切な指定介護予防支援を提供することが困難な場合、他の指定介護予防支援事業者を紹介するなどの措置は講じなくてもよい。
3 地域包括支援センターの設置者である指定介護予防支援事業者は、指定介護予防支援の一部を指定居宅介護支援事業者に委託することができる。
4 目標志向型の介護予防サービス計画を策定しなければならない。
5 指定介護予防支援の提供により事故が発生した場合には、速やかに利用者の家族等に連絡を行うことが必要だが、市町村には連絡しなくてもよい。

解説

1 ○ 介護報酬（介護予防支援費）は、1か月につき、要支援1及び2の**区別なく**設定されている。なお、すべての費用が保険給付されるため、利用者負担は発生しない。

2 × 指定介護予防支援事業者は、通常の事業の実施地域等を勘案し、自ら適切な指定介護予防支援を提供することが困難な場合は、他の指定介護予防支援事業者を紹介するなど必要な措置を**講じなければならない**。

3 ○ 地域包括支援センターの設置者である指定介護予防支援事業者は、指定介護予防支援の一部を**指定居宅介護支援事業者**に委託することができる。

4 ○ 指定介護予防支援事業者は、介護予防の効果を最大限に発揮し、利用者が生活機能の改善を実現するための適切なサービスを選択できるよう、**目標志向型**の介護予防サービス計画を策定しなければならない。

5 × 指定介護予防支援事業者は、指定介護予防支援の提供により事故が発生した場合には、速やかに**市町村**、**利用者の家族等**に連絡を行うとともに必要な処置をとり、その内容を記録しなければならない。また、賠償すべき事故に対しては、損害賠償を速やかに行わなければならない。

解答 1・3・4

1 介護支援分野

2 保健医療サービス分野

3 福祉サービス分野

指定介護予防支援

問題 116

指定介護予防支援について正しいものはどれか。3つ選べ。

1 指定介護予防支援の一部を委託する場合、地域包括支援センター運営協議会の議を経なければならない。

2 介護予防サービス計画に介護予防通所リハビリテーションを位置づける場合には、主治の医師の指示が必要である。

3 介護予防サービス計画に介護予防短期入所生活介護を位置づける場合には、原則としてその利用日数が要支援認定の有効期間のおおむね半数を超えないようにしなければならない。

4 少なくとも1か月に1回、利用者の居宅を訪問し、モニタリングを行わなければならない。

5 指定介護予防支援事業所の管理者は、他の職務に従事することはできない。

解説

1 ○ 指定介護予防支援の一部を委託する場合、中立性及び公正性の確保を図るため、**地域包括支援センター運営協議会の議**を経なければならない。委託先は、指定介護予防支援の業務に関する知識及び能力を有する介護支援専門員が従事する指定居宅介護支援事業者でなければならない。

2 ○ 介護予防サービス計画に介護予防訪問看護、介護予防訪問リハビリテーション、**介護予防通所リハビリテーション**等の医療サービスを位置づける場合には、**主治の医師等**の指示が必要である。

3 ○ 介護予防サービス計画に介護予防短期入所生活介護または介護予防短期入所療養介護を位置づける場合には、原則としてその利用日数が**要支援認定の有効期間のおおむね半数**を超えないようにしなければならない。

4 × 指定介護予防支援では、少なくとも**3か月**に1回は利用者の居宅を訪問し面接を行うほか、居宅を**訪問しない月**においても、サービス事業所への訪問や利用者への電話等で利用者の**状況を把握し**、**モニタリング**しなければならない。

5 × 指定介護予防支援事業所の管理者は、管理に支障がない場合、当該指定介護予防支援事業所の他の職務に従事することができる。

解答 **1・2・3**

介護予防サービス計画

問題 117

介護予防サービス計画について正しいものはどれか。3つ選べ。

1 指定介護予防支援事業所の管理者は、担当職員に介護予防サービス計画の作成に関する業務を担当させる。

2 介護予防サービス計画には、地域の住民による自発的な活動によるサービス等の利用も含めて位置づけるよう努めなければならない。

3 介護予防サービス計画を作成した際には、必ず主治の医師に交付しなければならない。

4 介護予防サービス計画に介護予防福祉用具貸与を位置づける場合は、サービス担当者会議を定期的に開催する。

5 介護予防サービス計画に位置づけた期間が終了するときは、目標の達成状況について評価しなければならない。

解 説 **頻出**

1 ○ 指定介護予防支援事業所の管理者は、**担当職員**（保健師、介護支援専門員等）に介護予防サービス計画の作成に関する業務を担当させるものとされている。

2 ○ 介護予防サービス計画の作成にあたっては、利用者の日常生活全般を支援する観点から、予防給付の対象となるサービス以外の保健医療サービスまたは福祉サービス、当該**地域の住民による自発的な活動によるサービス**等の利用も含めて介護予防サービス計画上に位置づけるよう努めなければならない。

3 × 介護予防サービス計画を作成した際には、**利用者**及び**介護予防サービス計画の原案に位置づけた指定介護予防サービス等の担当者**に交付しなければならないが、主治の医師に必ず交付する**必要はない**。ただし、利用者が介護予防訪問看護、介護予防通所リハビリテーション等の**医療サービス**の利用を希望している場合には、利用者の同意を得て主治の医師等の意見を求めるとともに、作成した介護予防サービス計画を主治の医師等に交付しなければならない。

4 × 介護予防サービス計画に介護予防福祉用具貸与を位置づける場合については、その利用の妥当性を検討し、介護予防サービス計画に介護予防福祉用具貸与が必要な理由を記載するとともに、**必要に応じて随時**、サービス担当者会議を開催し、その継続の必要性について検証をしたうえで、継続が必要な場合にはその理由を介護予防サービス計画に記載しなければならない。

5 ○ 介護予防サービス計画に位置づけた期間が終了するときは、介護予防サービス計画の実施状況を踏まえ、**目標の達成状況について評価し**、今後の方針を決定する必要がある。

解答 **1・2・5**

介護予防サービス・支援計画書

問題 118 ✓ ✓ ✓

介護予防サービス・支援計画書について正しいものはどれか。3つ選べ。

1 「目標とする生活」の「1年」欄には、利用者とともに、生きがいや楽しみを話し合い、今後の生活で達成したい目標を設定する。
2 アセスメント領域として、「社会参加、対人関係・コミュニケーションについて」の欄が設けられている。
3 「総合的な方針」を記載する欄は設けられていない。
4 「本人等のセルフケア」について記載する欄が設けられている。
5 「期間」は、常に利用者の要支援認定の有効期間と同じ期間にする。

解説

1 ○ 介護予防サービス・支援計画書にある「目標とする生活」の「1年」欄には、利用者とともに、生きがいや楽しみを話し合い、1年後にどのようになっていたいかなど、**今後の生活で達成したい目標**を設定する。あくまでも、介護予防支援や利用者の取り組みによって達成可能な具体的な目標とする。

2 ○ 介護予防サービス・支援計画書の「**社会参加、対人関係・コミュニケーションについて**」欄は、状況に見合った適切な方法で、人々と交流しているか、また、家族、近隣の人との人間関係が保たれているかどうか、仕事やボランティア活動などへの参加状況はどうかなどについて記載する。

3 × 介護予防サービス・支援計画書には「**総合的な方針**」を記載する欄があり、「目標とする生活」や「目標」について、利用者や家族、計画作成者、各サービス担当者が生活不活発病の改善・予防に向けて取り組む共通の方向性や、チーム全体で留意する点などを記載する。

4 ○ 介護予防サービス・支援計画書には「**本人等のセルフケア**や家族の支援、インフォーマルサービス」欄があり、本人が自ら取り組むことや、家族が支援すること、地域のボランティアや近隣住民の協力などもインフォーマルサービスとして記載する。

5 × 介護予防サービス・支援計画書の「期間」は、支援計画に定めた支援をどの程度の期間にわたり実施するかを記載する。利用者の要支援認定の有効期間も考慮するが、同じ期間にする**必要はない**。

解答 **1・2・4**

指定居宅サービス事業の基準

問題 119

指定居宅サービス事業の基準について正しいものはどれか。3つ選べ。

1 サービス提供が困難な場合、居宅介護支援事業者への連絡は必要だが、他の事業者の紹介等は行わない。

2 利用申込者の要介護認定の申請が行われていない場合には、利用申込者の意思を踏まえ、速やかに申請が行われるよう必要な援助を行わなければならない。

3 訪問系サービス及び通所系サービスにおいて、利用者が居宅サービス計画の変更を希望する場合は、居宅介護支援事業者への連絡その他の必要な援助を行わなければならない。

4 サービス提供により事故が発生した場合には、家族にのみ連絡すればよい。

5 利用者に対するサービス提供に関する記録は、その完結の日から2年間保存しなければならない。

解説

1 ✕ 事業実施地域等の関係で適切なサービス提供が困難な場合、**居宅介護支援事業者**（訪問看護は主治医にも）**への連絡**、**他の事業者の紹介**等の必要な措置を速やかに講じなければならない（特定施設入居者生活介護を除く）。

2 〇 利用申込者の要介護認定の申請が行われていない場合には、利用申込者の意思を踏まえ、速やかに当該申請（必要がある場合は更新認定の申請）が行われるよう**必要な援助を行わなければならない**。

3 〇 利用者が居宅サービス計画の変更を希望する場合は、居宅介護支援事業者への連絡その他の**必要な援助を行わなければならない**（居宅療養管理指導、短期入所系サービス、特定施設入居者生活介護を除く）。

4 ✕ サービス提供により事故が発生した場合には、**家族**への連絡だけでなく、**市町村**、**居宅介護支援事業者**等への連絡を行うなど必要な措置を講じ、事故の状況や事故に際してとった処置を記録し、賠償すべき事故の場合には、損害賠償を速やかに行わなければならない。

5 〇 事業者は、従業者・設備・備品・会計に関する諸記録を整備しなければならない。利用者に対するサービス提供に関しては、①個別サービス計画（訪問入浴介護、居宅療養管理指導を除く）、②提供した具体的なサービス内容等の記録、③市町村への通知の記録、④苦情の内容等の記録、⑤事故の状況や事故に際してとった処置の記録を整備し、その完結の日から2年間保存しなければならない。

解答 2・3・5

左側縦書き：
① 介護支援分野
② 保健医療サービス分野
③ 福祉サービス分野

居宅サービス計画

問題 120

居宅サービス計画について正しいものはどれか。3つ選べ。

1 居宅サービス計画に訪問入浴介護が位置づけられている場合、介護支援専門員は訪問入浴介護計画の提出を求めなければならない。

2 居宅サービス計画に福祉用具貸与を位置づける場合には、当該計画にそれが必要な理由を記載しなければならない。

3 指定居宅介護支援事業者は、要介護認定を受けている利用者が要支援認定を受けた場合、利用者に対し、直近の居宅サービス計画等を交付しなければならない。

4 指定訪問介護事業者は、現物給付の要件を満たしていない利用申込者に対し、サービスの提供を法定代理受領サービスとして受けることができる旨を説明しなければならない。

5 指定訪問リハビリテーション事業者は、利用者が居宅サービス計画の変更を希望する場合、当該事業所の従業者が居宅サービス計画を改めて作成する。

解説

1 × 介護支援専門員は、居宅サービス計画に位置づけた指定居宅サービス事業者等に対して、指定居宅サービス等基準において位置づけられている計画の提出を求めるものとされているが、**訪問入浴介護計画**については、**計画作成の義務がない**ため、提出を求める必要がない。

2 ○ 居宅サービス計画に福祉用具貸与を位置づける場合には、その利用の妥当性を検討し、当該計画に**福祉用具貸与が必要な理由を記載**しなければならない。

3 ○ 指定居宅介護支援事業者は、利用者が他の居宅介護支援事業者の利用を希望する場合、要介護認定を受けている利用者が要支援認定を受けた場合、その他利用者からの申出があった場合には、**利用者**に対し、**直近の居宅サービス計画**及びその**実施状況に関する書類**を交付しなければならない。

4 ○ 指定訪問介護事業者は、現物給付の要件を満たしていない利用申込者またはその家族に対し、居宅サービス計画の作成を居宅介護支援事業者に依頼する旨を市町村に届け出ること等により、サービスの提供を**法定代理受領サービス**として受けることができる旨を説明すること、居宅介護支援事業者に関する情報を提供することその他の**法定代理受領サービス**を行うために必要な援助を行わなければならない。

5 × 居宅サービス計画の作成や変更は、**居宅介護支援事業所の介護支援専門員**が行う。したがって、指定訪問リハビリテーション事業者は、利用者が居宅サービス計画の変更を希望する場合には、**居宅介護支援事業者への連絡**等の必要な援助を行う。

解答 **2・3・4**

❶ 介護支援分野

❷ 保健医療サービス分野

❸ 福祉サービス分野

ターミナル期の利用者の在宅復帰のための対応

問題 121

指定介護老人福祉施設に入所している A さん（78 歳、女性、要介護 3）は、末期の胃がんで、がん性疼痛による苦しみや、夜間せん妄がみられ、ターミナル期にある。夫はすでに亡くなっており、自宅に戻れば独居ではあるが、同じ敷地内の家に子どもと孫が居住している。A さんは、「自宅で最期を迎えたい」と希望しており、子どもたちも A さんの希望に理解を示している。在宅復帰のために契約した指定居宅介護支援事業所の介護支援専門員の対応として、より適切なものはどれか。3 つ選べ。

1 末期がんでターミナル期にあり、疼痛管理も自宅ではできないので、退所して自宅で最期を迎えることは難しいと説得した。

2 施設退所から在宅生活に移行し、在宅で看取りを行うにあたっての準備として、施設の従業者から情報提供を受け、居宅サービス計画を作成した。

3 在宅での疼痛管理に訪問看護を利用するため、A さんの同意を得て、A さんの主治医に主治医意見書を交付できるか相談した。

4 在宅での看取りに向け、訪問介護や訪問看護などのサービス担当者との会議に、A さんと A さんの子どもたちの同意を得て、子どもたちに参加してもらった。

5 A さんの子どもたちに対し、エンゼルケアを提供した。

解 説

1 × 在宅医療では、がん性疼痛管理や看取りケアなどの対応が可能であることから、在宅復帰は困難であると回答することは適切ではない。

2 ○ 在宅での看取りに向けて、施設の従業者から情報提供を受け、居宅サービス計画を作成する対応は適切である。

3 ○ がん性疼痛管理のための医療用麻薬の在宅での使用につき、訪問看護の利用を提案し、主治医と協働する対応は適切である。

4 ○ A さんが在宅での最期を迎えるにあたって、同じ敷地内に居住する子どもたちの理解と協力を得るよう、サービス担当者会議の場に、A さんと A さんの子どもたちの同意を得て、子どもたちに参加してもらう対応は適切である。

5 × 死に関する知識を A さんの子どもたちと共有することは重要だが、エンゼルケアは身体を清潔にし、その人らしい外見に整えるための死後のケアであるため、適切ではない。

解答 **2・3・4**

認知症の利用者への対応

問題 122

Bさん（85歳、男性、要介護２）は、息子（52歳）と二人暮らしである。Bさんは主治医からアルツハイマー型認知症と診断され、今は軽度の認知症の症状がある。息子が主に在宅で介護しているが、平日の日中は勤めに出ている。Bさんは時々外出先で迷子になり、息子の勤務先に警察から連絡があるほか、調理鍋を空焚きすることがあり、息子は火事の危険を心配している。Bさんも息子も、Bさんが認知症であることをできるだけ周囲に知られないことを希望している。また、Bさんは認知症による判断能力の低下により、金銭管理等に不安が生じており、息子に対し不信感をもつ言動も出てきた。ある日、担当する介護支援専門員がモニタリングでBさん宅を訪問すると、「私の年金を息子が勝手に使っているので、やめさせてほしい」と相談された。介護支援専門員の対応として、より適切なものはどれか。２つ選べ。

1 Bさんには、火災のおそれなどの理由を説明した上で、自炊などの家事は介護保険等でサービスを利用することとし、Bさんが自ら行うことは一切禁止した。

2 介護保険の給付で利用できるサービスとして、認知症対応型通所介護の利用を提案した。

3 息子が帰宅するのを待って、「家族とはいえ、Bさんの年金を勝手に使うのは、経済的虐待に当たりますよ」と注意した。

4 火災や事故の予防のため、Bさん宅の両隣の住民に、Bさんが認知症であることを伝え、可能な範囲で見守りをしてほしいと依頼した。

5 日常生活自立支援事業などの権利擁護の制度を紹介した。

解説

1 × Bさんが自炊などを行う際には、火災などに注意する必要はあるが、Bさん自身でできる家事などを一切禁止することは、介護保険の基本的理念である自立支援の観点などから適切ではない。

2 ○ 日中の過ごし方と社会とのかかわりを継続させるため、認知症対応型通所介護の利用を提案することは適切である。

3 × 認知症の症状として「もの盗られ妄想」があり、状況を確認せずに、息子に対しBさんへの虐待を注意することは人権侵害であり適切ではない。

4 × Bさんの見守りにつき、近隣の住民の協力を得ることは重要だが、Bさんが認知症であること等の個人情報を近隣に知らせることは、Bさん及び息子が希望しないため慎重に対処すべきで、Bさんらの事前の同意を得る必要もあり適切ではない。

5 ○ 金銭管理等について、日常生活自立支援事業や成年後見制度などの情報を提供し、Bさんに検討してもらう対応は適切である。

解答 2・5

ヤングケアラーへの対応

問題 123

Cさん（83歳、男性、要介護3）は、長女（53歳）、孫（17歳、男性、高校生）と三人暮らしで、通所介護を平日週5回利用している。長女はフルタイムで働いており、平日は孫が介護を担っている。長女から、「息子が大学に進学しないで、祖父の介護をしながら働くと言っている」との相談を受けた。介護支援専門員の対応として、より適切なものはどれか。3つ選べ。

1 家族の介護負担が大きくなっているため、Cさんに介護老人福祉施設への入所を勧める。

2 孫を介護者にしないように、長女に主介護者となることを勧め、フルタイムの仕事を見直してはどうかと説得する。

3 長女に勤務先の介護に関する支援制度を確認し、制度の活用を検討することを勧める。

4 家族全体の介護負担の軽減のために、現在のサービス利用を見直し、短期入所生活介護の利用を検討することを勧める。

5 孫の考えを傾聴したうえで、若年介護者（ヤングケアラー）の集まりなどがあることを伝える。

解説

1 ✕ 介護負担が家族の生活に支障をきたしていることは事実だが、Cさんや家族の意向を確認せずに、介護老人福祉施設への入所を勧めることは利用者本位ではなく、適切ではない。

2 ✕ 孫を介護者にしないように支援する視点は重要だが、長女に主介護者となることを勧め、フルタイムの仕事を見直してはどうかと説得することは、家族支援の観点からも適切ではない。まず、家族全体でCさんの介護をどうするか考えていくことを促すことが大切である。

3 ○ **育児・介護休業法**の目的は、「子の養育または家族の介護を行う労働者等の雇用の継続及び再就職の促進」を図り、育児及び家族の介護を行う労働者の職業生活と家庭生活との両立が図られるよう支援することである。介護休暇や、介護のための所定外労働の制限（残業の免除）、介護のための深夜業の制限、介護のための所定労働時間短縮の措置などがある。状況に合わせた制度の活用ができるように情報提供することは適切である。

4 ○ 家族の介護の役割分担等に応じ、短期入所生活介護の利用を検討することは適切である。

5 ○ 孫が一人で悩んでしまわないように、同じ悩みをもつ当事者の会があることなど、さまざまな情報を提供することにより、介護負担を軽減することを検討していく。大学への進学を希望するのであれば、そのための勉強ができるように配慮して、介護サービス計画に位置づけることにより、支援していく。

解答 **3・4・5**

アウトリーチによる対応

問題 124

D さん（75 歳、女性）は息子（50 歳）と二人暮らしである。近所の人が、家の近くで D さんが道に迷っている様子を見て心配し、民生委員を通じて地域包括支援センターに相談があった。D さんは身なりも汚れており、以前より痩せているとのことであった。また、息子は無職でひきこもり気味だということであったが、民生委員とは顔見知りだという。この場合の介護支援専門員の対応について、より適切なものはどれか。2 つ選べ。

1　D さんの介護をしっかり行うように息子を説得する。
2　息子による虐待も疑われるので、至急、介護支援専門員の判断で老人福祉施設で保護する。
3　息子が仕事をしていないとのことだったので、ハローワークに息子を連れていく。
4　D さんの状態についてアセスメントを行う。
5　息子のことも知っている民生委員とともに訪問し、息子にも困っていることなどの話を聴く。

解 説

1 × D さんや D さんの息子の現在の状況を確認せず、息子に介護をするよう説得することは適切でない。

2 × D さんは、認知症を発症していることが推測され、身なりが汚れていることから、息子によるネグレクトも想定されるため、虐待への対応も考えられる。しかし、老人福祉施設等での保護のための措置は、市町村または市町村長により行われる。

3 × 息子が仕事をしていない理由や仕事をする必要性を確認せずに、仕事をするように勧めることは不適切である。

4 ○ D さんにどのような支援が必要か把握するため、アセスメントを行うことは適切である。

5 ○ アウトリーチするうえでは、見知らぬ地域包括支援センターの相談員だけで訪問するよりも、息子と面識がある民生委員とともに訪問するほうが、D さんと息子の安心感を高めるためにも適切である。

　※アウトリーチ：自発的に援助を求めようとしない対象者に対し、その問題を抱えた人のいる地域社会やその人の生活空間に出向き、相談援助を行うことである。

解答 **4・5**

認知症のある人への対応

問題 125

Eさん（84歳、女性）は、夫のFさん（88歳）と二人で暮らしている。Eさんは、高血圧及び骨粗鬆症のため、近所の診療所に定期的に通院している。最近、Eさんは、もの忘れがひどくなり、道がわからなくなるため、一人で外に出て自宅に戻れなくなることもある。Fさんとしては、介護の負担が増してきているが、長年連れ添ってきたEさんとできる限り在宅生活を継続したいと思っている。Eさんは要介護認定の結果、要介護2の認定を受けた。介護支援専門員の当面の対応として、より適切なものはどれか。3つ選べ。

1　もの忘れがひどくなり、一人で外に出て自宅に戻れなくなることがあることを、通院している診療所の主治医に相談するように勧める。
2　自宅で介護することが難しいので、Eさんの介護老人福祉施設への入所をFさんに提案する。
3　地域包括支援センターに、Eさんが一人で外に出て自宅に戻れなくなることがあることを相談し、地域の見守りネットワークをつくるようはたらきかける。
4　Fさんの介護負担の状況と、Fさんが睡眠をとれているかなどの健康面を把握するために、Fさんの相談面接を実施する。
5　Eさんが一人で外に出ないように、自宅に鍵をもう1つ取り付けることを提案する。

解説

1 ○ かかりつけ医である近所の診療所の医師に、もの忘れがひどくなり、一人で外に出て自宅に戻れなくなることがあることを相談するように勧めることは適切である。認知症と診断された場合は、かかりつけ医から、認知症の専門医を紹介してもらうことも可能である。

2 × Fさんにはできる限りEさんと在宅生活を継続したいとの意向があり、この段階で入所を提案することは適切ではない。さらに、介護老人福祉施設の入所対象者は原則要介護3以上であるので、要介護2であると特例入所となり、やむを得ない事由があると認められない限り対象とならない。

3 ○ 一人で外に出て自宅に戻れなくなった場合でも早期に発見でき、保護してもらえるように、地域包括支援センターなどに相談し、**地域の見守りネットワーク**をつくることや、早期に発見してもらえるような体制をつくることが必要である。

4 ○ Eさんが一人で外に出てしまい、探しに行かなければならないなど、Fさんの介護負担が増していることが考えられるので、Fさんの健康状態やストレスについての状況把握や心理的サポートが必要である。そのうえで、レスパイトケアとして、短期入所生活介護を利用することなどの検討が必要である。

5 × 鍵をかけて行動制限することは、BPSD（認知症の行動・心理症状）を悪化させたり、高齢者虐待にもつながるため、適切ではない。

解答　**1・3・4**

2

保健医療サービス分野

高齢者にみられる症状・疾患の特徴

問 題 126 ✓ ✓ ✓

高齢者にみられる症状や疾患の特徴について、より適切なものはどれか。3つ選べ。

1 フレイルの評価に体重減少は含まれない。
2 老年症候群の症状はしばしば非定型的となる。
3 褥瘡は仙骨部にはできにくい。
4 加齢に伴う筋肉の萎縮をサルコペニアという。
5 高齢になって筋力や活動量が低下している状態をフレイルという。

解説 頻出

1 × フレイルの評価法は**身体的な衰え**を評価する視点が多く盛り込まれており、体重減少も**組み込まれている**。よって、高齢者の体重減少（低栄養）は、フレイルに直結するといえる。

2 ○ 老年症候群の現れ方には**個人差が大きく**、かつ、その症状はしばしば**非定型的**となる。

3 × 褥瘡は仙骨部に**できやすい**。褥瘡の半数以上は**仙骨部**にでき、続いて足部、腰部大転子部、下腿部、胸腰椎部にみられる。

4 ○ 加齢に伴う筋肉の萎縮（筋量の低下）を**サルコペニア**という。近年では、筋量の低下のみならず、筋力や身体機能の低下も含めてサルコペニアという。

5 ○ 高齢になって筋力や活動量が低下している状態を**フレイル**という。フレイルは健康と病気の**中間的な段階**でもあり、要支援・要介護状態とも重なる。①体重減少、②筋力低下、③疲労感、④歩行速度、⑤身体活動のうち、3項目以上あればフレイルとみなされる。

解答 **2・4・5**

ONE POINT

フレイル

試験では過去に「フレイル」の「定義」に関する部分がよく問われているため、この問題の解説と併せて、次の点についても押さえておきたい。

①健康な状態と要介護状態の中間地点である。
②しかるべき適切な介入により機能（予備能力・残存機能）を戻すことができる、いわゆる可逆性がある時期である。
③骨格筋を中心とした身体の虚弱（フィジカル・フレイル）だけではなく、こころ／認知の虚弱（メンタル／コグニティブ・フレイル）、及び社会性の虚弱（ソーシャル・フレイル）が存在する。

せん妄

問題 127

せん妄について適切なものはどれか。 2つ選べ。

1 症状は一過性である。
2 さまざまな全身疾患によって引き起こされる。
3 幻聴や幻覚などが現れることはない。
4 昼間に起こることが多い。
5 治療は薬物療法が最優先となる。

解説

1 ○ せん妄は、一般的に意識障害のレベルがそれほど高くなく、症状は**一過性**である。

2 ○ せん妄は**薬剤**や**脳疾患**、**全身疾患**など、さまざまな要因によって引き起こされる。

3 × せん妄は意識障害の1つであり、一過性の認知機能低下、見当識障害、不眠、興奮、錯乱、**幻聴**、**幻覚**など、さまざまな精神症状が現れる。

4 × せん妄は特に**夜間**に起こることが多い。昼間には異常は少なく、主に夜間に症状が現れる場合には**夜間せん妄**という。

5 × せん妄の治療は、**誘因を明らかにし**、その誘因となるものの**除去を優先**し、加えて薬物療法を行う。

解答 **1・2**

せん妄と認知症の区別

	せん妄	認知症
病態	意識障害	認知障害
関係	認知症に、しばしばせん妄が合併	
誘因	あり	なし
変動	あり	なし
治療	①誘因除去、原因薬剤中止 ②治療薬剤投与	抗認知症薬

老年症候群

問 題 128

老年症候群について適切なものはどれか。3つ選べ。

1 脳の器質的障害（脳血管障害や頭部外傷など）は、意識障害の原因となることがある。

2 良性発作性頭位めまい症は、高齢者ではみられない。

3 高齢者の難聴のほとんどが突発性難聴である。

4 重症筋無力症で眼瞼下垂をきたすことがある。

5 抑うつは、サルコペニアを引き起こすことがある。

解 説

1 ○ 高齢者にみられる意識障害の多くは、①**脳の器質的障害**（脳血管障害や頭部外傷など）、②**薬剤の副作用**、③低血圧、低血糖、慢性呼吸不全、高血糖、尿毒症など重篤な全身疾患が原因となる。

2 × 良性発作性頭位めまい症は、**高齢者**に多くみられる。内耳の前庭器官にある耳石が本来の位置からはずれて、三半規管内に遊離することで、頭を動かしたときに耳石が三半規管を刺激して激しい回転性のめまいを引き起こす。

3 × 突発性難聴とは、軽いめまいと強い難聴を生じ、一側性のものが多い。1週間以内に治療を行うと予後がよくなるもので、高齢者に多いものではない。高齢者に多い難聴は感音性難聴のうち、両耳でゆっくり進行し、高音が聞こえにくくなる**加齢性難聴**である。

4 ○ 加齢に伴い、眼瞼（まぶた）が下垂することがあるが、眼瞼下垂をきたす疾患として**重症筋無力症**があるので、鑑別が必要である。

5 ○ 抑うつが進むと、家に閉じこもるようになり、身体活動量が低下する。それとともに食欲も低下するため、**脱水や低栄養**、**サルコペニア**、**骨粗鬆症**などを引き起こすことがある。

解答 **1・4・5**

老年症候群として扱われる病態

高齢者でなくてもみられる急性あるいは慢性の症状だが、高齢者で頻度が高く、特別な配慮が必要となる病態			
意識障害	肩こり	下痢	不整脈
失神	骨折	悪心、嘔吐	出血傾向
抑うつ	食欲不振	発熱	めまい
不眠	低栄養	浮腫	ふらつき
頭痛	貧血	喘鳴	起立性低血圧
手足のしびれ	脱水	咳	転倒
関節痛	低体温	痰	頻尿、夜間頻尿
腰痛	便秘	呼吸困難	
高齢者に特有の、あるいは主として高齢者にみられる病態			
間欠性跛行	骨関節変形	尿失禁、排尿障害	フレイル
歩行障害	難聴	認知機能障害	サルコペニア
言語障害	耳鳴	せん妄	褥瘡
骨粗鬆症	視力障害	嚥下障害、誤嚥	廃用症候群

高齢者の特性

問題 129

高齢者の特性について適切なものはどれか。 3つ選べ。

1 アルコールの多飲は、健忘の原因とはならない。
2 伝音性難聴は、内耳の感覚細胞の機能低下により生じる。
3 脱水が進行すると、意識障害を引き起こすことがある。
4 尿失禁の治療では、行動療法が効果的なことがある。
5 糖尿病は、しびれを引き起こすことがある。

解 説

1 ✕ 永続的な記憶の障害があっても、認知機能全般の障害がない場合を**健忘症候群**といい、**睡眠導入薬**や**抗不安薬**、鎮痙薬の使用で起こることもある。また、**アルコールの多飲**も健忘の原因となる。

2 ✕ 選択肢は**感音性難聴**のことである。高齢期の難聴には、外耳や中耳に異常があり、内耳に音信号が伝わりにくくなるために生じる**伝音性難聴**と、内耳から大脳に異常があるために生じる**感音性難聴**がある。高齢期の難聴では、**感音性難聴**が多い。

3 〇 高齢者は若年者に比べて体内水分貯蔵量が少なく、**口渇**も感じにくいため脱水になるリスクが高くなっている。脱水が強くなると、立ちくらみ（起立性低血圧）や全身倦怠感、頭痛、吐き気、食欲不振などをきたし、進行すれば**意識障害**を引き起こすことがある。

4 〇 尿失禁には、**薬剤による治療**のほか、**行動療法やリハビリテーション**が効果的であることが多くある。ただし、尿失禁や排尿障害の治療薬は、神経系の副作用を起こすことがある。

5 〇 しびれは、知覚鈍麻だけでなく、異常知覚や運動障害を含む。しびれは高齢者において高頻度にみられ、その原因はさまざまであるが、**脳血管障害**、**脊椎の障害**、**糖尿病**などが主な原因となっている。

解答 **3・4・5**

転倒

問題 130

高齢者の転倒について適切なものはどれか。３つ選べ。

1 進行性核上性麻痺で起こりやすい。

2 国民生活基礎調査（令和４年）によると、要介護者と要支援者の介護が必要となった主な原因の第１位は、「骨折・転倒」である。

3 高齢女性では骨粗鬆症となっている人が多く、転倒などで骨折しやすい。

4 高齢者では、転倒による頭部打撲の頻度は高くはない。

5 転倒した経験のある人は、再び転倒する危険性が高い人ととらえ、対策を検討する。

解説

1 ○ 進行性核上性麻痺は、黒質を含む脳の基底核を中心に脳幹、小脳、前頭葉など広範囲に進行性の変性をきたす疾患である。パーキンソン病に似た症状とともに、**眼球運動障害、転びやすい**などといった症状がみられる。

2 × 国民生活基礎調査（令和４年）によると、要介護者と要支援者の介護が必要となった主な原因の第１位は、「**認知症**」（16.6％）である。次いで「脳血管疾患（脳卒中）」（16.1％）、「骨折・転倒」（13.9％）、「高齢による衰弱」（13.2％）となっている。

3 ○ 高齢女性では骨量や骨密度が低下して**骨粗鬆症**となっている人が多く、転倒などで骨折し寝たきりになる場合がある。特に**大腿骨頸部骨折**は高齢者に多く、要介護状態の要因として重要である。

4 × 高齢者では、転倒による頭部打撲の頻度が**高い**。転倒して頭部を打撲した後、嘔吐や頭痛、意識障害などが現れた場合には、**頭蓋内の出血**が疑われるため、早急に CT 検査を行う必要がある。

5 ○ 転倒した経験のある人は、再び転倒する危険性が**高い**人ととらえ、対策を検討する必要がある。転倒事故が起こった場合に確認する事項として、①いつ、どのような状況で転倒したのか、そのことについて医療職からの指示はあったのか、②転倒したことによる精神的ダメージはあるか、リハビリテーションに取り組みたいというような意欲はあるか、③福祉用具の活用や住宅改修によって、自立性の向上や介護負担の軽減などにつながるか、などがあげられる。

解答 **1・3・5**

睡眠

問 題 131

睡眠について、より適切なものはどれか。 2つ選べ。

1 中途覚醒は、睡眠障害の1つである。
2 物理的要因は、睡眠障害の要因とはならない。
3 睡眠時間がある程度とれていたら、睡眠障害とはならない。
4 寝る前の飲酒は、不眠の改善に有効である。
5 睡眠時無呼吸は、高齢者の不眠の原因となる。

解 説

1 ○ 睡眠に関連した多様な病気を、まとめて**睡眠障害**と呼ぶ。睡眠障害のなかで最も多いといわれているのが**不眠症**であり、このうち、入眠途中に目覚め、その後眠りにつきにくい状態を、**中途覚醒**という。不眠症のその他の種類として、入眠困難、早朝覚醒、熟眠障害がある。

2 × **身体的**、**心理的**、**物理的**、**薬学的**要因が、睡眠に影響を与えるとされている。

睡眠障害の主な要因

要因	状態
身体的	痛みやかゆみ、咳、呼吸困難、頻尿、ほてりなど、身体に生じる不快や苦痛、症状によって安静や休息を保つことが困難となる。
心理的	ストレス、緊張、不安、イライラ、気がかり、心配などが睡眠障害を引き起こすほか、睡眠障害を心配すること自体が睡眠障害の要因となる。
物理的	音（騒音ならびに無音）、光、温度（暑さ、寒さ）、湿度などの条件のほか、生活環境の変化によっても睡眠が障害される。
薬学的	薬物の副作用などによって昼間に脱力感や傾眠傾向を生じる場合もあれば、夜間に興奮、覚醒作用を生じて不眠になる場合もある。

3 × 睡眠時間がある程度とれているが、眠りが浅く、すっきりと目覚めることができない状態を**熟眠障害**といい、睡眠障害の1つである。

4 × アルコールは寝つきがよくなるかもしれないが、睡眠が**浅く**なり**中途覚醒**も多くなるので、寝る前の飲酒は好ましくない。

5 ○ 睡眠時に舌根が沈下して気道が狭くなり無呼吸となる**閉塞性睡眠時無呼吸**、心不全などで起きる**中枢性睡眠時無呼吸**は、高齢者の不眠の原因となる。また、寝ているときに瞬間的に手や足が痙攣する**周期性四肢運動異常症**、横になるとむずむずとした不快感や痛みなどの異常感覚・身体症状が下肢や腰・背中・腕などに現れて眠れなくなる**むずむず脚症候群（レストレスレッグス症候群）**なども、高齢者の不眠の原因となる。

解答 1・5

睡眠

問題 132

睡眠について、より適切なものはどれか。2つ選べ。

1 高齢者の不眠は症状が改善しないことが多く、休息を確保するためにも、必ず睡眠薬を内服する。

2 脳を休ませる睡眠をノンレム睡眠という。

3 睡眠障害は、集中力や注意力の低下などにより、歩行時の転倒を引き起こしやすい。

4 十分な睡眠がとれていなくても、ケアプランを見直す必要はない。

5 かゆみによって睡眠障害が生じることはない。

解説

1 × 薬剤代謝機能が低下する高齢者には、睡眠薬の作用が強すぎてしまうことがあり、昼間の眠気、ふらつき、転倒、骨折などの危険がある。**睡眠薬は最終手段**として考え、安易な使用は避けるようにする。

2 ○ 睡眠にはサイクルがあり、脳を休ませる**ノンレム睡眠**と眠りの浅い状態である**レム睡眠**という2つの状態を繰り返す。

3 ○ 睡眠障害は、集中力や注意力の低下などにより、歩行時の転倒を**引き起こしやすい**。

4 × 不眠の原因が就寝時や起床時のみではなく、利用者の生活全体にも関係する可能性があるため、ケアプラン全体を見直す**必要がある**。

5 × 睡眠障害の要因には、痛みや**かゆみ**、咳、**呼吸困難**、頻尿、ほてりなど、身体に生じる不快や苦痛、症状による**身体的要因**がある（問題131 選択肢2の表（133頁）参照）。

解答 **2・3**

医学的診断の理解

問題 133

医学的診断の理解について適切なものはどれか。2つ選べ。

1 根拠に基づいた医療をエビデンス・ベースド・メディスン（Evidence Based Medicine：EBM）という。

2 短時間で終わらせるため、診察や検査は、患者の負担が大きいものから行うことが原則である。

3 介護支援専門員は、医師の病状説明を本人がどのように受け止めているかを理解して支援計画を立てる必要がある。

4 診断や治療のプロセスは、統計学的な証拠のみで対応ができる。

5 疾患の予後に関する情報は、高齢者本人にのみ説明する必要がある。

解説

1 ○ エビデンス・ベースド・メディスン（Evidence Based Medicine：EBM）とは、科学的な診断や治療を行うための根拠に基づいた医療のことである。対して、個々の人間の感じ方や考え方に耳を傾けて自己決定を促す医療のことを**ナラティブ・ベースド・メディスン**（Narrative Based Medicine：NBM）という。

2 × 診察や検査は、患者の負担が**少ない**ものから行うことが原則で、負担や侵襲が大きい検査の場合は、患者自身がその必要性や負担について理解したうえで検査を受ける必要がある。

3 ○ 介護支援専門員は、医師の病状説明を、本人がどのように受け止め、考えているかを把握し、それに基づく支援計画を立案する必要がある。また、ときには、医師に本人の考え方や感じ方を伝えることが必要な場面も想定されるため、医学的診断のプロセスを理解し、**インフォームドコンセント**に基づく自己決定支援、そして、生活機能の維持・向上のための生活支援を行うことが求められている。

4 × 診断や治療のプロセスについては、一人ひとりの個性や考え方の違いが存在するため、統計学的な証拠のみで対応することはできない。

5 × 基本的に、疾患の予後に関する情報は、**本人**に説明されるべきものであるが、高齢者の場合は、認知機能や理解力の低下、心理状態なども考慮し、**家族**の立ち会いを求めることも必要となる。

解答 **1・3**

医療と介護の連携強化

問題 134 ✓ ✓ ✓

医療と介護の連携強化について適切なものはどれか。3つ選べ。

1 利用者の同意を得て、病状等の意見を求めた利用者の主治の医師等に対しては、ケアプランを交付する義務はない。

2 指定居宅介護支援事業者は、あらかじめ、利用者またはその家族に対し、入院する場合には、担当の介護支援専門員の氏名及び連絡先を入院先に伝えるよう求めなければならない。

3 退院当日にサービス担当者会議を行うことはできない。

4 利用者が医療機関で診察を受ける際、介護支援専門員が同席し、医師等と情報連携を行ったうえでケアマネジメントを行った場合、所定単位数が加算される。

5 訪問介護事業者等から伝達された利用者の服薬状況等について、介護支援専門員は主治の医師等に必要な情報伝達を行わなければならない。

解説

1 × 利用者が医療系サービスの利用を希望している場合等は、利用者の同意を得て主治の医師等の意見を求めることとされているが、介護支援専門員は、この意見を求めた主治の医師等に対してケアプランを交付することが**義務づけられている**。

2 ○ 指定居宅介護支援事業者は、あらかじめ、利用者またはその家族に対し、入院する場合には、**担当の介護支援専門員の氏名及び連絡先**を入院先に伝えるよう求めなければならないと運営基準に定められている。

3 × 退院と同時に、介護保険サービスを利用できることが大切である。退院当日に利用者宅でサービス担当者会議を開くことで、サービス利用が切れ目なく行えることになる。なお、サービス担当者会議を開催するのは**介護支援専門員**である。

4 ○ 2021（令和3）年度の介護報酬改定で、**通院時情報連携加算**（利用者が医療機関で診察を受ける際に介護支援専門員が同席し、医師等と情報連携を行い、当該情報を踏まえてケアマネジメントを行った場合は、所定単位数を加算する）が新設された。

5 ○ 訪問介護事業者等から伝達された利用者の服薬状況や口腔に関する問題、モニタリング等の際に介護支援専門員自身が把握した利用者の状態等について、介護支援専門員は主治の医師等に必要な情報伝達を行うことを**義務づけられている**。

解答 **2・4・5**

診察・治療

問題 135

次の記述のうち、適切なものはどれか。 3つ選べ。

1 介護支援専門員は、患者自身が治療法を選択する際に、第三者的な立場から助言することがある。
2 介護支援専門員は、退院前カンファレンスに参加することができない。
3 医学的診断のプロセスでは、通常、主訴と現病歴の聴取から始まる。
4 治療は、患者の理解力に応じて、適切な手段を選択する。
5 インフォームドコンセントは、治療方針の決定の段階では不要である。

解説

1 ○ 介護支援専門員は、治療法の選択を患者自身に促すために、第三者的な立場からアドバイスをすることができる。本人の生活状況や家族背景、考え方などに基づいた適切な助言は、病気に立ち向かう勇気や、運命を受容する寛容さを支える重要な手立てとなる。

2 × 入院中に、利用者・家族の出席のもと、病院チームと在宅チームをメンバーとする**退院前カンファレンス**が開催される。このカンファレンスは病院側が主催するものであり、利用者本人は参加できない場合でも家族が参加することとなる。参加するメンバー一例として下の図が考えられ、介護支援専門員は**参加することが望ましい**とされている。

退院前カンファレンスメンバー（例）

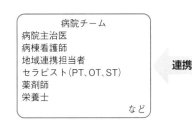

3 ○ 医学的な診断のプロセスでは、通常、**主訴**（患者が最も困っている症状）と**現病歴**（主訴にかかわる病状の経過）の聴取に始まり、既往歴（過去の病歴）や家族歴（家族的に発生しやすい病気）を確認しつつ、身体診察や検査を通して病気を診断していく。

4 ○ 治療は、疾患の診断に基づいて行われるものだが、患者の**理解力**に応じて、**適切な手段を選択する**ことが重要になる。特に、認知機能や理解力が低下している高齢者では、治療がどのようなものであるか、どのような努力や我慢が必要となるのかなど、具体的に説明を補足して理解を助けることが望まれる。

5 × 患者が説明をきちんと受けたうえで、同意をすることを**インフォームドコンセント**という。インフォームドコンセントは、**治療方針を決定する際にも必要**で、患者は自分の病気の内容を知り、それに対してどのような治療を受けるか受けないかを自己決定する権利を有している。

解答 **1・3・4**

在宅医療

問題 136

☑ ☑ ☑

在宅医療について適切なものはどれか。 ３つ選べ。

1 悪性腫瘍疼痛管理では、薬の投与のみで対応する。

2 在宅中心静脈栄養法では、細菌感染することはない。

3 在宅自己注射には、糖尿病に対するインスリン製剤がある。

4 在宅酸素療法では、呼吸同調器を使用することがある。

5 ストーマを造設している場合でも、入浴は可能である。

解説

1 × 悪性腫瘍疼痛管理とは、いわゆる、がんの痛みへの対応のことをいい、**身体的な痛み**に対しては薬の投与が主となるが、**精神的な痛み**への対応は、介護支援専門員も含むケアチームがかかわる可能性がある。

2 × 在宅中心静脈栄養法では、長期に異物が体内にあることになるため、細菌感染を引き起こすことが**ある**。

3 ○ 在宅自己注射には、代表的なものとして**糖尿病**に対する**インスリン製剤**がある。ほかに、アナフィラキシー（アレルギー反応の一つ）に対するエピネフリン製剤、血友病に対する血液凝固因子製剤、前立腺がんに対する性腺刺激ホルモン放出ホルモン製剤、骨粗鬆症に対する副甲状腺ホルモン製剤などがある。

4 ○ 在宅酸素療法とは、呼吸器疾患や心疾患、神経・筋疾患、悪性腫瘍などによって低酸素血症を起こしている利用者に、在宅で酸素投与を行う治療のことである。在宅酸素療法では、設置型酸素供給装置（酸素濃縮器）を設置して自宅の中での生活で使用し、外出時や災害（停電）時には携帯用酸素ボンベを使用する。なお、携帯用酸素ボンベの場合、医師の指示により、酸素供給時間を延長する目的で**呼吸同調器**を使用することがある。

5 ○ ストーマとは、消化管や尿路の障害によって、肛門や膀胱を通じた通常の排泄ができなくなったときに、**人工的に造設した便や尿の排泄口**のことをいう。ストーマを使用する利用者は、排泄物を採集する装具を装着することで、在宅での生活を続けることが可能となっている。入浴は**可能**であるが、食前か食後しばらく経ってからなど、排泄の少ない時間帯を選ぶことが望ましい。

解答 **3・4・5**

ストーマの違い

名称	特徴
消化管ストーマ	大腸がんなどの腫瘍により腸管が閉塞し肛門を通じた排泄ができない場合や、肛門近くの大腸を切除した場合などに造設される。
尿路ストーマ	膀胱がんや前立腺がんなどの腫瘍性疾患で尿路の変更が必要になった場合などに造設される。

在宅医療管理

問 題 137

在宅医療管理について適切なものはどれか。 2つ選べ。

1 膀胱留置カテーテルの蓄尿バッグは、膀胱の高さより低い位置に置く。
2 バルーンカテーテル法では、誤抜去のおそれはない。
3 バルーンカテーテル法では、感染のリスクはない。
4 在宅自己導尿は、家族介護者が利用者に代わって行うことがある。
5 自己導尿では、蓄尿バッグを使用しなければならない。

解 説

1 ○ 膀胱留置カテーテルの蓄尿バッグの取扱いについては、尿をためるという性質上、逆流防止のため、膀胱の高さより**低い**位置に置く必要がある。

2 × バルーンカテーテル法では尿路感染のリスクが高く、また**閉塞**や**誤抜去**などのトラブルが**生じやすい**状況にあるため、日頃から、ケアチーム全員で情報の共有を行い、取り扱い方法や緊急時の対応ができるよう連携する必要がある。

3 × バルーンカテーテル法では、選択肢2の解説のとおり、**尿路感染**のリスクが**高い**状況にある。

4 ○ 在宅自己導尿は、**家族介護者**が利用者に代わって行うことがある。

5 × 自己導尿は、バルーンカテーテル法よりも感染のリスクが**低く**、蓄尿バッグを**必要としない**というメリットがある。

解答 1・4

カテーテルの種類

種類	方法
バルーンカテーテル	尿道口からカテーテルを膀胱内に挿入・留置し、持続的に尿を排出させる方法
コンドームカテーテル	男性のペニスにコンドームをかぶせて採尿する方法

在宅医療管理

問題 138

在宅医療管理について適切なものはどれか。 3つ選べ。

1 在宅自己注射は、家族介護者が実施することがある。

2 糖尿病に対するインスリン製剤の在宅自己注射では、体調不良時（シックデイ）に注意する。

3 腹膜透析の通院は月1〜2回である。

4 在宅自己注射を行っている利用者の入浴は禁忌である。

5 ネブライザーは、血液中の酸素飽和度を測定する機器である。

解説

1 ○ 在宅自己注射は、利用者自らが病気の治療のために在宅で注射をする方法のことで、**家族介護者**が利用者に代わって行うこともある。

2 ○ 体調不良時（シックデイ）には、注射剤の効果が**強く出る**といったふだんとは違う状況が考えられるため、注意する必要がある。

3 ○ 腹膜透析は、在宅で利用者・家族介護者が透析に関する処置を行うため、通院回数は**月1〜2回**程度であり、**週2〜3回**程度通院しなければならない血液透析に比べると少なくてすむ。

4 × 在宅自己注射を実施していても、医師の指示のもと、入浴することが**できる**。

5 × **ネブライザー**は、呼吸器疾患の利用者が霧状にした薬を気管や肺に吸い込むことで症状を抑えたり、気道を加湿して痰を出しやすくしたりするための機器である。血液中の酸素飽和度を測定する機器としては、**パルスオキシメーター**があげられる。

解答 **1・2・3**

在宅医療管理

問題 139

在宅医療管理について適切なものはどれか。3つ選べ。

1 血液透析を行っている利用者では、シャント側の腕の血圧測定を避ける。

2 在宅酸素療法は、気管切開を行うことが必須である。

3 悪性腫瘍疼痛管理には、自動注入ポンプを用いて薬剤を投与する方法がある。

4 在宅人工呼吸療法には、気管切開や挿管を行わない方法もある。

5 腹膜透析は、通院して実施しなければならない。

解説 頻出

1 ○ 血液透析では、**静脈**と**動脈**を自己血管もしくは人工血管でつなぎ合わせた部位（シャント）をどちらかの腕につくることになる。このシャントをぶつけたり、傷つけたりしないように扱うこと、シャント側の腕で**血圧を測らない**ようにすることといった生活上の注意が必要である。

2 ✕ 在宅酸素療法は、呼吸器疾患や心疾患、神経・筋疾患、悪性腫瘍などによって低酸素血症を起こしている利用者に、在宅で酸素投与を行う治療であり、気管切開は**必須ではない**。

3 ○ がんが進行していくと経口からの摂取が困難になるため、貼り薬や座薬など、投与経路の変更が必要になることがしばしばあり、特に、麻薬の使用量をきめ細かく調整する必要がある場合には、**自動注入ポンプ**を使って、注射薬を継続的に投与する方法が用いられる。

4 ○ 在宅人工呼吸療法には、**気管の中に管を入れる**侵襲的なものと、**マスクなどを装着する**非侵襲的なものの2種類がある。侵襲的陽圧換気法を長期間行う必要がある場合には、**気管切開**という処置をすることがほとんどである。

5 ✕ **腹膜透析**のメリットは、利用者の都合のよい時間に行うことができることであり、通院して実施するものは、**血液透析**である。

解答 **1・3・4**

ONE POINT

「人工透析」について整理しよう！

人工透析には、「血液透析」と「腹膜透析」がある。それぞれの違いやメリット・デメリットについて整理して覚えておきたい。

血液透析	・通院が必要である（週2～3回程度）。 ・医療職が透析に関する処置をしてくれる。
腹膜透析	・在宅で利用者や家族介護者が毎日行う（通院は月1～2回程度）。 ・感染を起こし重篤な合併症を発症する可能性がある。 ・血液透析に比べて、食事内容の制限が緩い。

① 介護支援分野

② 保健医療サービス分野

③ 福祉サービス分野

災害対応

問題 140

災害対応について、正しいものはどれか。 3つ選べ。

1 避難所生活では生活不活発病が進行することがある。

2 個人情報について、災害時の被災者情報を自治体へ提供する場合、本人の同意は不要である。

3 訪問看護事業者は、感染症や非常災害の発生時において、利用者にサービスを継続的に提供する等のための業務継続計画を策定し、必要な措置を講じなければならない。

4 通所介護では、災害等やむを得ない場合であっても、定員を超えて受け入れることができない。

5 福祉避難所の対象者には、何らかの特別な配慮を必要とする者の家族は含まれない。

解説

1 〇 災害などによる避難所生活では、生活活動が制限されるために動きにくくなり、動かないことで**生活不活発病**が進行してしまうという悪循環が起こりやすいといわれている。

2 〇 個人情報保護法において、個人情報を第三者へ提供する場合、個人の同意が**必要**であるが、人の生命・身体・財産の保護に必要で、本人の同意を得ることが困難な場合、本人の同意は**不要**とされている。

3 〇 訪問看護事業者を含む居宅サービスでは、感染症や非常災害の発生時において、利用者にサービスを継続的に提供する等のための**業務継続計画**を策定し、必要な措置を講じなければならない。2024（令和6）年3月末までは努力義務だったが、2024（令和6）年4月から義務化されることとなっている。

4 × 通所介護については、定員を超えて受け入れることができないとされているが、**災害等やむを得ない場合**はこの限りでない、と運営基準に定められている。

5 × 福祉避難所の対象者は、身体障害者、知的障害者、精神障害者や高齢者等の避難所生活において何らかの特別な配慮を必要とする者であり、**その家族**まで含めて差し支えないとされている。

解答 1・2・3

バイタルサインと検査

問 題 141 ☑ ☑ ☑

バイタルサインと検査について適切なものはどれか。3つ選べ。

1 血圧は、上腕での測定が難しい場合には、下肢で測定してもよい。
2 意識レベルは、バイタルサインには含まれない。
3 ヘモグロビンA1cの値は、過去1～2か月の血糖レベルを反映している。
4 悪性症候群では、意識障害がみられることがある。
5 血清アルブミン値は、栄養状態の指標とはならない。

解説 頻出

1 ○ 血圧は**上腕**で測るのが原則であるが、上肢の拘縮があり**上腕**での血圧測定が困難な場合は、膝窩動脈や後脛骨動脈などの**下肢**での血圧測定も行われる。

2 × バイタルサインとは、生命の維持にかかわる人体の最も基本的な情報を指し、医療では多くの場合、**体温、脈拍、血圧、意識レベル、呼吸**の5つとなっている。

3 ○ ヘモグロビンA1cの値は、糖がヘモグロビンと結合している割合を示し、過去1～2か月の平均的な血糖レベルを反映している。血糖とヘモグロビンA1cの両方の値を測定することで、そのときの血糖レベルと長期間の血糖レベルの両方を評価することができる。

4 ○ 悪性症候群は、高齢者に使われることの多い**抗精神病薬**の増量、**抗パーキンソン病薬**の急激な中止・減量などで起きる副作用のことである。**高熱**がみられ、**意識障害、筋硬直、ふるえ**なども出現し、緊急の治療が必要となる。

5 × 血清総たんぱく（血清中に含まれるたんぱく質の総量）の主成分はアルブミンで、血清アルブミン値は、**高齢者の長期にわたる栄養状態をみるための指標**として最も有用なものである。

解答 1・3・4

バイタルサイン

①体温……高体温　37℃以上　←→　低体温　34℃以下（30℃以下は死亡の危険）
②血圧……収縮期血圧（最高血圧）　←→　拡張期血圧（最低血圧）
③脈拍……頻脈（100回以上／分）　←→　徐脈（60回未満／分）　＊脈拍が乱れる場合は不整脈

バイタルサイン

問 題 142

☑ ☑ ☑

バイタルサインについて適切なものはどれか。3つ選べ。

1 ジャパン・コーマ・スケール（Japan Coma Scale：JCS）では、数字が大きいほど意識レベルが高い。

2 高齢者の発熱の特徴として、原因がわからない不明熱が多いことがあげられる。

3 降圧薬や飲酒によって、起立性低血圧を起こすことがある。

4 大動脈疾患や進行した動脈硬化では、左右の上肢で血圧に差がみられることがある。

5 加齢とともに動脈硬化性の変化が進み、血管の弾力が失われるため、拡張期血圧が高くなる傾向がみられる。

解 説　頻出

1 ✕ ジャパン・コーマ・スケール（Japan Coma Scale：JCS）は、3-3-9度方式とも呼ばれ、数字が**小さい**ほど意識レベルが高くなる。

意識レベルの評価方法（JCS）

Ⅰ　刺激しないでも覚醒している
1　だいたい意識清明だが、いまひとつはっきりとしない
2　見当識障害がある（日時、場所等がわからない）
3　自分の名前、生年月日が言えない
Ⅱ　刺激すると覚醒するが刺激をやめると眠り込む
10　呼びかけで容易に開眼する
（開眼しないとき、簡単な動作に応じたり言葉も出るが間違いが多い）
20　痛み刺激で開眼する
（開眼しないとき、簡単な命令に応じる）
30　強い刺激を続けてかろうじて開眼する
Ⅲ　刺激をしても覚醒しない
100　痛み刺激に対し、払いのける動作をする
200　痛み刺激に対し、少し手足を動かしたり、顔をしかめたりする
300　痛み刺激に反応しない

2 〇 高齢者では、原因がわからない**不明熱**が多いのが特徴であり、膠原病や虫垂炎、胆道感染症、悪性腫瘍が隠れていることがある。

3 〇 起立性低血圧は、降圧薬や利尿薬、抗うつ薬、血管拡張薬などの**薬剤**や**飲酒**などが発症の原因になる。起立性低血圧とは、臥位や座位から急に立ち上がったときなどに、ふらつきやめまい、場合によっては眼前暗黒感、失神がみられ、高齢者に多くみられる症状である。

4 〇 大動脈疾患、片麻痺や進行した動脈硬化では血圧に**左右差**がみられることがあり、左右両方の腕での血圧測定も必要となる。

5 ✕ 加齢とともに動脈硬化性の変化が進み、血管の弾力が失われるため、**収縮期血圧**が高くなり、**拡張期血圧**は低くなる傾向がみられる。

解答 **2・3・4**

バイタルサイン

問題 143 ✓ ✓ ✓

バイタルサインについて適切なものはどれか。3つ選べ。

1 ジギタリス製剤を使用すると、頻脈になりやすい。
2 脈拍は、通常、橈骨動脈で測定する。
3 間欠熱では、急激な発熱と解熱を繰り返す。
4 昏睡は、強い刺激でかろうじて開眼する状態である。
5 心房細動では、心房の正常な収縮と拡張ができなくなる。

解説

1 × ジギタリス製剤を使用すると、一般的に**徐脈**になるといわれる。

2 ○ 脈拍は、通常、手首の親指の付け根にある**橈骨動脈**の拍動数を1分あたりで測定する。血圧が低く、拍動を触れない場合には、頸動脈や股動脈で脈拍をみる。

3 ○ **間欠熱**は、急激な発熱と解熱を繰り返す熱型である。

熱型の特徴

熱型	特徴	考えられる疾患・症状
稽留熱	解熱せずに持続する発熱	肺炎、感染性心膜炎、腫瘍熱
間欠熱	急激な発熱と解熱を繰り返す	敗血症、カテーテルからの菌血症（中心静脈栄養法を行っている場合）
弛張熱	完全に解熱せず、微熱になって高熱になる	インフルエンザ、肺炎、腫瘍熱
回帰熱	有熱期と解熱期を繰り返す	胆道感染症

4 × **昏睡**は、自発的運動がなく痛覚刺激にも反応しない状態である。強い刺激でかろうじて開眼する状態は、**昏迷**という。

意識障害の段階

清明	正常な意識状態
傾眠	刺激がないと眠ってしまう
昏迷	強い刺激でかろうじて開眼する
半昏睡	時々体動がみられる
昏睡	自発的運動がなく痛覚刺激に反応しない

5 ○ **心房細動**は高齢者に多くみられる不整脈で、心房全体が小刻みにふるえ、心房の正常な収縮と拡張ができなくなる不整脈である。

解答 **2・3・5**

呼吸

問題 144

呼吸について適切なものはどれか。 3つ選べ。

1 チェーンストークス呼吸は、脳血管障害などでみられる。
2 心不全による呼吸困難は、臥位で増強し、起座位または半座位で軽減する。
3 高齢者では、残気量は減少する。
4 ビオー呼吸は、規則的な呼吸である。
5 呼吸状態が悪化すると、チアノーゼがみられる。

解説

1 ○ **チェーンストークス呼吸**は、小さい呼吸から徐々に大きな呼吸となった後、しだいに呼吸が小さくなり一時的に呼吸停止となるような呼吸を 30 秒から 2 分くらいの周期で繰り返す呼吸で、**脳血管障害**、心不全など重症の疾患時にみられる。

2 ○ 選択肢のとおりである。呼吸困難が**臥位**で増強し、**起座位**または**半座位**で軽減する呼吸状態を起座呼吸という。左心不全や気管支喘息、肺炎、気管支炎などでみられる。

3 × 高齢者では、1 回の換気量は一般成人と比べて違いはないが、**残気量**が増え、**肺活量**が低下する。

4 × ビオー呼吸は、**不規則**な周期で、無呼吸の状態から急に 4、5 回の呼吸を行い、再び無呼吸になる呼吸で、髄膜炎や脳腫瘍でみられる。

5 ○ 呼吸状態が悪く血液中の酸素が欠乏すると皮膚や粘膜が青紫色になるが、これを**チアノーゼ**といい、爪床や口唇周囲によくみられる。

解答 **1・2・5**

ONE POINT

疾患に特徴的な呼吸パターン

特徴的な呼吸パターンは、疾患・症状を推察する重要な手がかりとなる。代表的な疾患によって特徴的な呼吸パターンを整理しておこう。

種　類	特　徴	考えられる疾患・症状
チェーンストークス呼吸	小さい呼吸から徐々に大きな呼吸となった後、しだいに呼吸が小さくなり一時的に呼吸停止となる呼吸	脳血管障害、心不全 ターミナル期にみられることもある
クスマウル呼吸	異常に深大な呼吸が規則正しく続く呼吸	糖尿病性ケトアシドーシス、尿毒症
ビオー呼吸	不規則な周期で、無呼吸の状態から急に 4、5 回の呼吸を行い、再び無呼吸になる呼吸	髄膜炎、脳腫瘍

検査値

問題 145

検査値について適切なものはどれか。 3つ選べ。

1 血中尿素窒素（BUN）は、腎機能が低下すると低値になる。
2 血中尿素窒素（BUN）は、脱水で高値となる。
3 BMI（Body Mass Index）は、18.5以上で肥満とされている。
4 AST（GOT）は、肝臓の疾患以外の原因でも上昇することがある。
5 CRP（C反応性たんぱく質）は、感染症で高値になることが多い。

解説 頻出

1 × 血中尿素窒素（BUN）は、腎機能が低下すると**高値**になる。

2 ○ 血中尿素窒素（BUN）は、**脱水**、高たんぱく食、消化管出血、悪性腫瘍や高熱などの**消耗性疾患**の場合も高くなる。

3 × BMI（Body Mass Index）は、**体重（kg）**を**身長（m）**の2乗で除したもので、日本肥満学会では高齢者も一般成人と同様に**18.5**未満が低体重、**25**以上が肥満とされている。

4 ○ AST（GOT）は、**肝・胆道疾患**の指標となる重要な検査である。**肝臓**以外に**心臓**、**筋肉**などの**疾患**や**溶血性疾患**で上昇する。

5 ○ CRP（C反応性たんぱく質）は、**感染症**などの**炎症性疾患**における**炎症**の程度を判定する検査である。感染症以外に悪性腫瘍、膠原病、梗塞、組織崩壊などでも高値になる。

解答 2・4・5

ONE POINT

検査値

医療機関などで行われるさまざまな検査は、健康状態の把握、病気の診断や治療効果を知る手がかりとなる。代表的なものは以下のとおりである。

検査値

名　称	特　徴
血清アルブミン	数値の低下は低栄養状態の指標
AST（GOT）・ALT（GPT）	数値の上昇は肝・胆道疾患の指標
血中尿素窒素（BUN） 血清クレアチニン（Cr）	数値の上昇は腎機能低下の指標
CRP（C反応性たんぱく質）	数値の上昇は感染症などの炎症性疾患、悪性腫瘍、膠原病などの指標
ヘモグロビンA1c（HbA1c）	過去1～2か月の平均的な血糖レベルを反映
白血球	細菌感染や炎症で上昇

高齢者の疾患の特徴

問題 146

次の記述について、適切なものはどれか。 3つ選べ。

1 高齢者の疾患は、慢性化しやすい。

2 高齢者は、加齢に伴い、個人差が小さくなる。

3 2024（令和6）年度からの健康日本21（第三次）では、健康格差の縮小を目指している。

4 定期的な健康診断によるリスクの早期発見は、重症化予防につながる。

5 高齢者の疾患は、症状が定型的である。

解説 頻出

1 ○ 高齢者では、急性期の病気でも、若い人より回復が遅く、**後遺症**として残りやすくなる。また、治療も長引き、**慢性化**しやすいとされる。

2 × 高齢者は、加齢に伴い、個人差が**大きくなる**。

3 ○ 2024（令和6）年度からの健康日本21（第三次）では、健康寿命の延伸と健康格差の縮小の実現が規定されている。

4 ○ 障害の原因となる疾病等の予防及び早期発見のためには、**定期的**な健康診断によるリスクの早期発見が重要であり、これにより**重症化予防**にもつながることとなる。

5 × 高齢者の疾患の場合、症状が**非定型的**になり、診断の基準となる症状や徴候がはっきりしないことが多くなってくる。特に**75歳以上**の**後期高齢者**に多くみられる。

解答 **1・3・4**

高齢者に多い疾病

問題 147

高齢者に多い疾病について正しいものはどれか。3つ選べ。

1 高次脳機能障害の主な症状には、注意障害が含まれる。
2 心房細動では、心内で形成された血栓による脳梗塞は発症しない。
3 狭心症の発作では、ニトロ製剤の舌下投与を行う。
4 パーキンソン病では、非薬物療法も重要である。
5 筋萎縮性側索硬化症（ALS）の初期症状として眼球運動の障害が生じる。

解説 頻出

1 ○ 高次脳機能障害では、**注意障害**のほかに、**失語**、**失行**、**失認**、**半側空間無視**、**記憶障害**、**発動性の低下**、**抑制障害（社会的行動障害）**などの症状を呈する。注意障害では、ボーッとする、質問をしても返答が乏しいなどの症状がある。

2 × **心房細動**は、加齢とともに頻度が高くなる不整脈であり、高齢者の心房細動では心内で**血栓**が形成されやすく、**血栓**がはがれて脳血管をふさぐこと（心原性脳塞栓）により、**脳梗塞**をきたすことが多い。

3 ○ 狭心症の発作に対しては、労作性、異型のいずれも**ニトロ製剤**の舌下投与を行う。治療法は、薬剤内服により発作を起こりにくくする治療、狭窄した冠動脈をカテーテルを用いて拡張する手術、狭窄した冠動脈の先に別の血管をつなげるバイパス手術がある。

狭心症の症状

労作性狭心症	階段昇降など運動時の前胸部の圧迫感
異型狭心症	労作の有無によらず、夜間・未明・睡眠中の前胸部の圧迫感

4 ○ パーキンソン病の治療の基本は**薬物療法**であるが、パーキンソン病は動きにくくなる疾患であり、運動しないでいると廃用症候群を加速させ、より機能が低下しやすくなる。したがって、全経過を通じて、下肢の筋力や平衡機能の維持のための運動療法、リズム感覚や気分を改善する音楽療法などの**非薬物療法**も重要である。

5 × 筋萎縮性側索硬化症（ALS）では、**眼球運動**や**肛門括約筋**、**知覚神経**や**知能**や**意識**は**末期**までよく保たれる。

解答 **1・3・4**

高齢者の眼疾患

問題 148

高齢者の眼疾患について適切なものはどれか。 2つ選べ。

1 白内障は、進行していない状態においては点眼にて進行を予防する。
2 緑内障は、水晶体の混濁が視力障害の原因となる。
3 緑内障では、眼圧が低下する。
4 加齢黄斑変性症では、喫煙が発症要因となる。
5 加齢黄斑変性症では、進行しても視力が失われることはない。

解説

1 ○ 白内障は、加齢に伴って増加する代表的な眼疾患であり、**水晶体の混濁**により視力低下をきたす疾患である。白内障が進行していない場合には、点眼にて進行を予防し、経過観察を行う。進行し、日常生活に不便をきたすようになると、**手術**による治療を検討する。

2 × 緑内障は、**眼圧の上昇**が視力障害の原因となる。水晶体の混濁が視力障害の原因となるのは、**白内障**である。

3 × 緑内障は、眼内にある房水の流れの阻害により眼圧が**上昇**し、視神経と視野を障害する疾患である。緑内障では、いったん視神経障害が進行してしまうと、視力・視野障害は回復することはない。

4 ○ 加齢黄斑変性症は予防することが重要であり、喫煙している人は、していない人に比べて発症する危険性が**高い**。

5 × 加齢黄斑変性症は、早期症状は視野の中心部のゆがみがみられ、進行していくと視野の中心部が黒く（中心暗点）なり、視力が低下する。網膜下で出血が起こると、突然**視力が失われる**こともある。

解答 **1・4**

高齢者にみられる視覚障害

白内障	加齢により水晶体が白く混濁し、視力が低下する。
加齢黄斑変性症	加齢により網膜の中心部である黄斑に障害が生じ、視野の中心部のゆがみ、視力の低下が起こる。
緑内障	眼圧が上昇することで視神経が障害され、視力の低下、視野の狭窄などが起こる。
糖尿病性網膜症	糖尿病による合併症で、網膜の微小血管が障害されることによって視力の低下が起こる。

高齢者の栄養管理

問題 149

✓ ✓ ✓

高齢者の栄養管理について適切なものはどれか。 3つ選べ。

1 多剤併用は食欲減退につながる危険性が高い。

2 高齢者の低栄養は、ビタミンとミネラルの摂取不足が主な原因である。

3 高齢者の低ナトリウム血症は、自覚症状がないまま進行することもある。

4 低栄養状態の徴候には、筋肉量の減少、血清たんぱく質の減少などがある。

5 高齢者の摂食・嚥下障害は、栄養過多を引き起こすおそれがある。

解説

1 ○ 複数の基礎疾患（多病）による**多剤併用**（ポリファーマシー：polypharmacy）は知らないうちに食欲減退につながる危険性が**高い**。

2 × 高齢者の低栄養では、**たんぱく質**の摂取不足やそれによって生じる**エネルギー**不足が発生要因の1つとされている。

3 ○ 低ナトリウム血症は嘔気、食欲不振、倦怠感、頭痛、無気力、興奮、見当識障害などの症状を引き起こすが、高齢者の場合は**自覚症状**がないまま進行することもある。

4 ○ 低栄養状態の徴候として、体重減少、低体重（やせ）、**筋肉量の減少**、**血清たんぱく質（アルブミン）の減少**などがあげられる。低栄養状態が進行すると、フレイルや要介護状態の大きな要因の1つとなる。

5 × 高齢者の摂食・嚥下障害は、食事をする楽しみを失うばかりではなく、誤嚥による肺炎や窒息、脱水、**低栄養状態**を引き起こすことがある。

解答 **1・3・4**

ONE POINT

低栄養の診断目安

高齢者が低栄養状態に陥ると、免疫機能が低下して感染症のリスクが高まったり、褥瘡を生じさせたりすることにつながる。早期発見の目安を覚えておく必要がある。

身体計測

体重の変化は低栄養状態を把握するうえでとても重要となる。

●低栄養のリスクの目安

・体重が6か月間に「2～3kg以上の減少」あるいは「6か月間の体重減少率が3％以上」

・BMI（体格指数）は18.5未満が「低体重」の範囲で、18.5未満より下がるほど死亡率が高くなる。高齢者ではBMIが20を下回ると低栄養のリスクが高まる。

血液検査値

血液検査で栄養状態をみる代表的な指標には、以下の3つがある。

・血清アルブミン値　3.6g／dL以下

・non-HDLコレステロール値　89mg／dL以下

・血中ヘモグロビン値（低栄養によって鉄欠乏性貧血になる可能性がある）

糖尿病

問 題 150

糖尿病について適切なものはどれか。 2つ選べ。

1 運動療法は行われない。

2 高齢者の糖尿病では、口渇、多飲、多尿の症状が出ることがある。

3 高齢者では、 2型糖尿病が多いとされる。

4 肝臓で生成されるインスリンの不足が原因である。

5 糖尿病の三大合併症は、網膜症、腎症、下肢の壊疽である。

解 説

1 × 糖尿病の治療の基本は、**食事療法、運動療法、薬物療法**となっている。

糖尿病の治療

治療法	内容
食事療法	1日の摂取カロリーは、通常、標準体重あたり25〜30kcal程度で設定する。低体重者の食事制限では、栄養障害を悪化させることがあるため、体重経過に注意する。また、間食習慣や菓子、ジャム、清涼飲料などの摂取は血糖値を悪化させるため、制限が必要である。
運動療法	高齢者においても運動療法は有効で、主観的な運動強度を測る指標であるボルグ・スケールの「楽」〜「ややきつい」と感じる運動を、 1日30〜60分間、週3回以上を目安に行う。運動制限が必要な病気もあるため、運動を始める場合や運動中に息切れが悪化した場合には、医師による判断が必要となる。
薬物療法	食事療法や運動療法でもコントロール不良な場合、薬物療法を行う。薬物療法を受けている場合、患者や介護者が知っておかなければならない知識として、低血糖時、そして感染症などにより食事が摂れない場合（シックデイ：sick day）の対処がある。

2 ○ 高齢者の場合、糖尿病の症状は**はっきりしない**ことも多いが、**口渇**、**多飲**、**多尿**などが起こることがある。

3 ○ 糖尿病は、 1型糖尿病、 2型糖尿病、その他の合併症に伴う糖尿病などに分けられるが、**2型糖尿病**がそのほとんどを占める。

糖尿病の類型

・1型：インスリンの分泌が低下、またはほとんど分泌されなくなることにより、血糖が異常に上昇する、インスリン供給異常の糖尿病である。
・2型：糖尿病の約9割を占める。遺伝的因子と生活習慣がからみ、インスリン消費の異常をきたす糖尿病である。成人以降に多い。

4 × インスリンは、**膵臓**でつくられ、ブドウ糖を細胞内に取り込み、エネルギーとして利用するために必要不可欠なホルモンである。糖尿病では、このインスリンのはたらきが不足するため、血液中に糖があふれ、慢性の高血糖状態となる。

5 × 糖尿病の三大合併症は、**網膜症**、**腎症**、**神経障害**である。小さく細い血管の病変による細小血管症により起こる。これらの合併症は、初期には**無症状**であることが多い。

解答 **2・3**

循環器の疾患

問題 151

循環器の疾患について適切なものはどれか。 ３つ選べ。

1 心筋梗塞は、心筋が壊死し、心臓のポンプ機能が低下する病態である。

2 前胸部の痛みは、心筋梗塞の典型的症状である。

3 高血圧症のうち、何らかの原因がはっきりして起こるものを本態性高血圧症という。

4 異型狭心症は、労作時の心拍数の増加とともに起こる病態である。

5 心不全により呼吸困難をきたしている場合は、起座位をとることで呼吸困難が軽減される。

解説 頻出

1 ○ 心筋梗塞は、冠動脈の動脈硬化病変の**粥腫（アテローム）**が**破綻**することによって生じる**血栓**により血管が**閉塞**して、その結果、心筋が壊死し、心臓のポンプ機能が低下する病態である。

2 ○ 心筋梗塞では、自覚症状は長引く**前胸部の痛み**、**締めつけ感**が典型的である。その他、**呼吸困難**、**左肩から頸部の鈍痛**、**意識障害**、**感冒様症状**や**食欲不振**などを生じることもある。

3 × **本態性高血圧症**とは、直接の原因がはっきりしない高血圧のことを指す。何らかの原因がはっきりして起こるものは、**二次性高血圧症**と呼ばれる。

高血圧症の種類と特徴

名称	特徴
本態性高血圧症	直接の原因がはっきりしていないもの。高血圧症の大半は本態性高血圧症である
二次性高血圧症	はっきりとした原因（一次）があり、起こっているもの
白衣高血圧症	医師や看護師に血圧を測定してもらう際に緊張して一時的に血圧が上がる状態
収縮期高血圧症	収縮期（最高血圧）のみが高いもの

4 × **異型狭心症**は、**冠動脈が攣縮**して起こる病態である。**労作の有無によらず**、夜間、未明、睡眠中の**前胸部の圧迫感**が典型的な症状である。労作時の心拍数の増加とともに起こるのは労作性狭心症である。

5 ○ 心不全による呼吸困難時には、仰臥位ではなく、身体を起こして座った状態（**起座位**）のほうが肺のうっ血状態が軽減されるため、呼吸を行うのが**楽になる**。

解答 **1・2・5**

① 介護支援分野

② 保健医療サービス分野

③ 福祉サービス分野

呼吸器の疾患

問題 152

呼吸器の疾患について適切なものはどれか。 3つ選べ。

1 誤嚥性肺炎は、口腔咽頭分泌物などを繰り返し誤嚥することにより発症する。

2 結核で排菌がみられる場合であっても、入院の必要はない。

3 慢性閉塞性肺疾患（COPD）により呼吸機能が低下している場合でも、インフルエンザワクチンの接種は推奨される。

4 高齢者の場合、慢性閉塞性肺疾患（COPD）の治療に禁煙は必要ない。

5 慢性閉塞性肺疾患（COPD）では、気管支拡張薬や吸入ステロイド薬が使用される。

解説

1 ○ 誤嚥性肺炎は、誤嚥を繰り返すことで、細菌等が肺に侵入して炎症を起こし、発症する。

2 × 結核で排菌が認められる場合には隔離が必要なため、**結核専門施設**での**入院**が必要となる。治療は抗結核薬の内服で、最短でも **6** か月間の加療が必要とされている。

3 ○ 慢性閉塞性肺疾患（COPD）により呼吸機能が低下している場合は、インフルエンザに罹患すると重篤化するおそれがあるため、**インフルエンザワクチンの接種**は推奨される。

4 × 慢性閉塞性肺疾患は、年齢にかかわらず喫煙を続けると呼吸機能の悪化が加速してしまうので、**禁煙**が治療の基本となる。

5 ○ 慢性閉塞性肺疾患は、気道が狭くなることで呼吸困難などの症状が現れるため、薬物療法として、**気管支拡張薬**や**吸入ステロイド薬**などが使用される。

解答 **1・3・5**

皮膚の疾患

問題 153

皮膚の疾患について適切なものはどれか。 3つ選べ。

1 帯状疱疹は、早期に治療を始めると、帯状疱疹後神経痛などの後遺症が少なくなる。

2 ノルウェー疥癬に感染した場合は、一定期間の個室管理が必要となる。

3 薬疹は、長期間服用していた薬剤によって生じることはない。

4 皮膚カンジダ症は、カンジダウイルスによる感染である。

5 脂漏性湿疹では、患部を清潔に保つほか、抗真菌薬、保湿剤、ビタミン薬などが使用される。

解説 頻出

1 ○ **帯状疱疹**は、水痘・帯状疱疹ウイルスの再活性化によって起こる**ウイルス性**の疾患である。帯状疱疹は、軽症であれば自然に治るが、高齢者ではしばしば**重症化**し、痛みを残したり（帯状疱疹後神経痛）、潰瘍になったりすることがある。早期に治療を始めると、一般的に帯状疱疹後神経痛などの後遺症が**少なく**、合併症も**少ない**とされている。

2 ○ 疥癬（かいせん）は、**ヒゼンダニ**が皮膚表面の角層に寄生して起こる病気である。疥癬には、普通の疥癬と**ノルウェー疥癬（角化型疥癬）**の2種類がある。ノルウェー疥癬は非常に感染力が**強く**、**集団感染**の可能性があるため、一定期間の**個室管理**が必要となる。普通の疥癬では個室管理は必要ない。

3 × 薬疹は、長期間服用していた薬剤によっても**生じることがある**。どんな薬剤でも生じる可能性があり、薬剤服用後1、2週間で起こることが多いとされている。

4 × 皮膚カンジダ症は、**カビ**の一種であるカンジダの感染によって起こる。カンジダは、皮膚や粘膜に常在しているが、おむつの中などの湿った環境を好み、免疫不全などの要因が加わると増殖して症状を起こす。

5 ○ 脂漏性湿疹では、患部を清潔に保ち、生活リズムを整えることが、悪化予防のために必要である。原因であるとされる皮膚常在真菌の過剰増殖を抑制するために**抗真菌薬**外用、皮膚バリア機能を高めるために**保湿剤**外用、皮膚の新陳代謝を促し、皮脂の分泌を抑えるために**ビタミン薬**（ビタミン B_2、B_6）内服を行う。

解答 **1・2・5**

褥瘡

問題 154

褥瘡について適切なものはどれか。 2つ選べ。

1 やせていることが発症要因となることがある。

2 発生要因の1つとして、低栄養がある。

3 感染の合併率は比較的低い。

4 褥瘡がある場合には、症状が悪化するおそれがあるので、入浴は避ける。

5 褥瘡ができた直後から約1～2か月の時期を急性期と呼ぶ。

解説 **頻出**

1 ○ 褥瘡は、やせていることや廃用による**筋肉減少**によって骨突出がみられると、その部分に体圧がかかり発症しやすくなる。

2 ○ 褥瘡の発生要因となる全身性因子には、**低栄養**のほか、**脱水**、**やせ**、**浮腫**、**骨粗鬆症**、**糖尿病**、**認知症**などがあげられる。

3 × 皮下組織より深部に達する場合は感染の合併率が**高く**、**致死的**になることもあるため、早期に医師や看護師等に相談し、正確な診断と迅速な対応が必要になる。

4 × 褥瘡がある場合においても、血液循環をよくし、清潔を保持するという褥瘡予防の観点から、入浴を行うことが**できる**。

5 × 褥瘡ができた直後から約**1、2週間**の時期を**急性期**、それ以降を**慢性期**と呼ぶ。褥瘡は急性期を過ぎると、①慢性期に移行せず、赤みが消えて治る、②慢性期に移行し、浅い褥瘡になる、③慢性期に移行し、赤みが黒色に変わり、深い褥瘡になる、のいずれかの経過をたどる。

解答 **1・2**

老年期うつ病

問題 155

老年期うつ病について適切なものはどれか。 3つ選べ。

1 心気的な訴えが多くなる。
2 不安や焦燥感はあまりみられない。
3 遺伝の関与は少ない。
4 老年期うつ病は、認知症と明確に区別され、認知症に移行することはない。
5 自死を図ることがある。

解説 頻出

---

1 ○ 老年期うつ病では、特に**心気的な訴え**が多くなり、めまい、しびれ、排尿障害、便秘などの**自律神経症状**が目立つようになる。

2 × 老年期うつ病では、気分の落ち込みよりも、**不安、緊張、焦燥**が目立つ。

3 ○ 老年期うつ病の発症要因としては、**女性ホルモン・脳内神経伝達物質の異常、脳の血流障害、身体疾患、喪失体験、孤独、病前の性格**などがあげられ、遺伝の関与は**少ない**とされている。

4 × 老年期うつ病は、長引き治りにくいという特徴があり、一部は認知症に**移行する**ことがあるといわれている。

5 ○ 老年期うつ病がひどくなると、自分を責める内容の**妄想**（罪業妄想）や、お金がなくなり生活ができないという**妄想**（貧困妄想）、不治の病にかかったという内容の**妄想**（心気妄想）をもち、**自死**を図ることがあるため、注意が必要である。

解答 **1・3・5**

神経難病

問題 156

神経難病について適切なものはどれか。 3つ選べ。

1 筋萎縮性側索硬化症（ALS）では、知覚神経の麻痺がみられる。

2 筋萎縮性側索硬化症（ALS）は、進行性の疾患である。

3 パーキンソン病は、4大運動症状を伴う神経変性疾患である。

4 進行性核上性麻痺では、早期から認知機能の低下が認められる。

5 脊髄小脳変性症は、言語に障害は生じない。

解説 頻出

1 × 筋萎縮性側索硬化症（ALS）は、徐々に全身の骨格筋が萎縮して、四肢の筋力低下による運動や歩行などの生活機能低下、嚥下障害、言語障害などを生じる進行性疾患である。数年で、四肢麻痺、摂食障害、呼吸麻痺により自立困難となるが、**眼球運動**や**肛門括約筋**、**知覚神経**や**知能**や**意識**は末期まで**よく保たれる**。

2 ○ 筋萎縮性側索硬化症（ALS）は、進行性で、一度この病気にかかると症状が軽くなるということはない。やがて全身の筋肉が侵され、最期は呼吸の筋肉（呼吸筋）もはたらかなくなって、大多数の人が呼吸不全で死亡する。

3 ○ パーキンソン病は、脳の黒質の神経細胞が変性、消失することにより、①**身体のふるえ（振戦）**、②**筋の硬さ（筋固縮）**、③**動作の遅さ、拙劣（無動）**、④**姿勢・歩行障害**を4大運動症状とする神経変性疾患である。

4 ○ 進行性核上性麻痺は、パーキンソン病に似た症状とともに、**眼球運動障害**、**転びやすい**といった症状がみられる。思考が遅くなり、無感情、抑うつ、把握反射などの前頭葉を中心とした**認知機能の低下**は**早期から**認められる。

5 × 脊髄小脳変性症は、主に**脊髄**と**小脳**に変性をきたし、**小脳性運動失調**を主症状とする**進行性の難病**である。小脳性運動失調では、ろれつが回らないなどの**言語の障害**がみられる。

解答 **2・3・4**

パーキンソン病

問題 157

パーキンソン病について適切なものはどれか。 3つ選べ。

1 治療は、薬物療法が基本である。
2 姿勢・歩行障害がみられる。
3 進行するとうつ状態や認知症などの精神症状や、自律神経症状が出現する。
4 進行性疾患であるため、リハビリテーションは実施しない。
5 完治する疾患である。

解説 頻出

1 ○ パーキンソン病の治療は**薬物療法**が基本であるが、病勢が進行して薬が効きにくくなれば**脳深部刺激療法（DBS）**という手術を行うこともある。

2 ○ パーキンソン病の症状として、**振戦、筋固縮、無動、姿勢・歩行障害**（4大運動症状）がみられる。

パーキンソン病の症状

症状	特徴
振戦	初発症状の60〜70％は振戦。いつとはなしに手や足がふるえる安静時振戦が特徴的で、動作をするとふるえが止まる。また、症状は身体の片側から始まり、半年〜1年のうちに反対側に広がるが、いつになっても初めに現れた側の症状が著しい特徴がある。
筋固縮	関節周囲に四肢を受動的に屈伸すると硬い抵抗を示す症候で、これは伸張反射の亢進による。パーキンソン病では、筋を伸張すると、ガクガクと歯車様にリズミカルな抵抗を感じ、これを歯車現象という。歯車現象もパーキンソン病に特徴的である。
無動	あらゆる動作が乏しくなる状態で、何気ない日常の動作から目的運動まで侵される。表情の変化がなくなり「仮面様顔貌」と呼ばれる。目的動作の緩徐・拙劣は日常生活の種々の場面に現れ、動作が下手になり、鈍くなる。
姿勢・歩行障害	日常生活を最も妨げるもので、上半身を前屈させ、手の振りが乏しく、小刻みな歩調で歩く。平衡機能が侵されることによりつまずき、転倒しやすくなるため、高齢者では頭部外傷と大腿骨頸部骨折に注意する。

3 ○ パーキンソン病では、病状が進行すると、うつ状態や認知症などの**精神症状**、起立性低血圧や排尿障害などの**自律神経症状**が出現する。

4 × パーキンソン病では、全経過を通じて**リハビリテーション**や**生活療法**を実施することが大切である。

5 × パーキンソン病は、多くは50〜60歳代に発症して、徐々に進行し、起立性低血圧、排尿障害などの自律神経症状、認知症及び治療薬の副作用としての幻覚、妄想などの精神症状が加わり、15〜20年の経過で自立困難となるため、**完治しない疾患**である。

解答 **1・2・3**

4 高齢者に多い疾病

消化器の疾患

問題 158

消化器の疾患について適切なものはどれか。3つ選べ。

1 胃潰瘍では、タール便がみられる。
2 十二指腸潰瘍は、空腹時に痛みが悪化する。
3 胆嚢結石では、必ず症状が発症する。
4 肝硬変は、進行すると、全身倦怠感がみられる。
5 胆管炎で胆管閉塞が起きても、重症化することはない。

解説

1 ○ 胃潰瘍が悪化すると出血し、血液が口のほうに上ってきた場合は吐血を起こす。また、血液が消化管の下部に流れた場合は下血を起こし、**タール**のような**黒色便**が出る。

2 ○ 十二指腸潰瘍とは、胃酸や消化液のはたらきにより、**十二指腸の壁の一部**が**欠損**した状態（**潰瘍**）をいう。主な症状は**上腹部**の痛みであり、**空腹時**に痛みが悪化する。

3 × 胆嚢結石の場合、**無症状**のこともある。しかし、食事により胆汁の分泌が増えると、**みぞおち**に痛み（**疝痛発作**）が出現することがある。

4 ○ 肝硬変が進行すると、**肝不全**となり、**食欲不振**、**全身倦怠感**、**黄疸**などの症状がみられる。

5 × 胆管炎では、**胆石**によって胆管が閉塞してしまうと、胆汁が腸管内に排出されない状態で細菌が増殖し、**重症化**してしまう。

解答 **1・2・4**

骨・関節の疾患

問題 159

骨・関節の疾患について適切なものはどれか。 3つ選べ。

1 変形性膝関節症の発症リスクは、減量をしたり、大腿四頭筋等の筋力を鍛えたりして
も、低下しない。
2 関節リウマチでは、朝の起床時に指の関節がこわばり、屈曲が難しくなる。
3 脊柱管狭窄症では、間欠性跛行がみられる。
4 橈骨遠位端骨折は、高齢者でよくみられる骨折である。
5 後縦靱帯骨化症の多くは腰椎にみられるため、膀胱直腸障害はみられない。

解説

1 × 減量をしたり、大腿四頭筋を鍛えたりすることにより、膝にかかる負担が軽減するため、
変形性膝関節症の発症リスクは低下するとされている。

2 ○ 関節リウマチでは、朝の起床時に指の関節がこわばるため、屈曲が難しくなる。持続時間
が長く、1時間以上続くのが特徴である。

3 ○ 脊柱管狭窄症では、主に腰部において脊柱管などにおける狭窄が起きるため、脊髄などが
圧迫されることで症状をきたす。主な症状として腰痛、下肢痛、しびれがみられるが、特
徴的な症状として間欠性跛行がある。間欠性跛行とは、しばらく歩くと痛みやしびれを生
じ、少し休むと歩けるようになる症状のことである。

4 ○ 高齢者に多い骨折として、橈骨遠位端骨折のほか、大腿骨頸部骨折、胸腰椎圧迫骨折、肋
骨骨折があげられる。加齢に伴い、骨密度が低下するとともに、筋力・耐久力・バランス
力の低下による転倒リスクの増大によって、骨折の危険性が増加する。

5 × 後縦靱帯骨化症の多くは頸椎に生じ、頸部痛、上下肢のしびれや痛み、感覚鈍麻、手指巧
緻性障害、膀胱直腸障害などを発症する。

解答 **2・3・4**

急変時の対応

問題 160

急変時の対応について、より適切なものはどれか。2つ選べ。

1 激しく出血している場合、出血部位よりも心臓に遠い側を圧迫して止血する。

2 初期の救命処置は、その予後に影響しない。

3 一次救命処置とは、医師の指示のもとに救急隊員が行う応急処置のことである。

4 高齢者の骨折では、痛みがない場合がある。

5 高齢者では、体内の水分が少なくなっているため、真夏でなくても熱中症になることがある。

解説

1 × 激しく出血している場合や清潔な布がない場合には、出血部位よりも**心臓に近い**側を圧迫して止血する。また、出血部位を心臓より**高く**すると、出血量を減らすことができる場合がある。

2 × 初期の救命処置については、その後の療養に**大きな影響を与える**ことが多い。

3 × 一次救命処置とは、急に異常を起こして倒れたり、けがをしたり、窒息などを起こした人に対して、**その場に居合わせた人**が、救急隊員や医師に引き継ぐまでの間に行う応急手当のことをいう。

4 ○ 高齢者では、骨粗鬆症による骨折において、椎体骨折などで**痛みがない**場合があり、これを無痛性骨折という。

5 ○ 高齢者では、体内の水分が少なくなっているため、脱水や電解質異常を起こしやすく、真夏でなくても重症の**熱中症**になることがある。

解答 **4・5**

事故が原因の急変とその対応

症状	原因	対応
頭部打撲	転倒など	記憶障害、意識障害、痙攣などを伴う場合には、すぐに医療機関に連絡し、頭部 CT 検査などを行う
誤嚥（窒息）	嚥下能力の低下による食べ物の誤嚥、喉にある唾液や喀痰の誤嚥、胃内容物の逆流性誤嚥、むせのない不顕性誤嚥など	窒息の際は、口の中の異物を指で取り出す。異物が取り出せない場合は、背部叩打法、腹部突き上げ法（ハイムリック法）を行う
誤薬	誤った種類、量、時間または方法で服薬する、血糖降下剤の多量摂取、インスリン自己注射量を間違えるなど	意識があるときは、胃の内容物を吐かせる。意識がないときは、無理に吐かせず、呼吸しやすい体位で寝かせ、救急要請。低血糖症状がある場合には、ブドウ糖や砂糖を口に含ませるなどの対応をとる

① 介護支援分野

② 保健医療サービス分野

③ 福祉サービス分野

急変時の対応

問題 161

急変時の対応について、より適切なものはどれか。3つ選べ。

1 衣服の下をやけどしている場合は、衣服を脱がさずその上から流水を当てる。
2 誤薬を起こした場合は、意識の有無にかかわらず吐かせる。
3 誤嚥による呼吸困難では、声を出させて、まずは呼吸ができているかどうかを確認する。
4 頭部や顔面を打って鼻や耳から出血している場合は、脱脂綿などを詰めて止血する。
5 食物で窒息したときは、腹部突き上げ法（ハイムリック法）を行う。

解説

1 ○ 衣服の下をやけどしている場合は、皮膚が衣服に張りついていることがあるため、**衣服を脱がさずその上から流水を当てて冷やす**。

2 × 誤薬とは、誤った種類、量、時間または方法で服薬することである。誤薬を起こした場合、意識があるときは、胃の内容物を吐かせるが、意識がないときは、**無理に吐かせず**、呼吸しやすい体位で寝かせ、救急車を呼ぶ。

3 ○ 誤嚥による呼吸困難では、要介護者に「喉に手を当てる」「手足をバタバタさせる」などの窒息サインや、酸欠のためチアノーゼで唇が青紫色になっているなどの症状が出現する。声を出させて、まずは**呼吸ができているかどうか**を確認する必要がある。

4 × 頭部や顔面を打って鼻や耳から出血している場合、また目の周囲や耳の後ろに皮下出血がある場合は、**頭蓋底の骨折**が疑われる。感染のおそれがあるので、ガーゼや脱脂綿、ティッシュなどを詰めて止血しようとしてはならない。

5 ○ 背部叩打法を数回繰り返しても排出できない場合や、流動物による誤嚥では、**腹部突き上げ法（ハイムリック法）**を行う。

解答 **1・3・5**

急変時の身体変化と対応

問題 162　　　　　　　　　　　　✓ ✓ ✓

急変時の身体変化と対応について、より適切なものはどれか。3つ選べ。

1 固形物が詰まった場合、仰臥位にさせ、口を大きく開けて異物を確認し、指を入れて取り出す。

2 寝たきりの高齢者に吐き気がある場合、身体を仰臥位にして、膝を曲げるとよい。

3 他人の血液に直接触れると感染する危険がある。

4 脱水になると、頻脈がみられる。

5 皮膚に傷がなくても骨折していることがある。

解説

1 × 固形物が詰まった場合、異物がより奥に入ってしまわないように**側臥位**にさせ、口を大きく開けて異物を確認し、指を入れて取り出す。

2 × 寝たきりの高齢者に吐き気があるときは、身体を**側臥位**にして、上の脚を曲げ、下になった脚を伸ばして寝かせると、吐物の誤嚥を防ぐことができる。

3 ○ 他人の血液に直接触れると感染する危険があるので、できればビニール手袋やビニール袋を使って、自分の手を覆うようにする。

4 ○ 脱水になると、ふらつき、めまい、だるさ、顔が赤くなるなどの症状があり、舌の乾燥、排尿回数の減少、体重減少、血圧低下、微熱、**頻脈**などもみられる。

5 ○ 手足などは皮膚に傷がなくても、**変形や腫れがある場合**は骨折している可能性がある。

解答 3・4・5

身体変化が原因の急変とその対応

症状	原因	対応
腹痛・嘔吐	急性胃炎、胃潰瘍、十二指腸潰瘍、胆石症、胆嚢炎、虫垂炎、尿管結石、イレウス（腸閉塞）、食中毒など。心筋梗塞でも腹痛が主症状のこともある	痛みが強い場合、吐血がある場合、発熱や黄疸を伴う場合などには、医療機関に連絡。食中毒の場合には、感染者の便や吐物の処理を適切に行う
吐血・下血・喀血	消化管出血を起こしたときに口から血を吐くことを吐血、血液成分を肛門から排出することを下血という。黒くにおいの強い便（タール便）の場合は、上部消化管からの出血を疑う。気道系からの出血が喀出されることを喀血といい、結核や肺がんなどを疑う	出血量が多い場合、ショック状態となることもあるため、バイタルサインを測定し、出血の仕方、色、においを観察し、医療機関に連絡。血圧低下がみられたときは救急要請

感染症

問題 163

感染症について適切なものはどれか。 3つ選べ。

1 感染を起こす可能性のある人や動物を、感受性宿主という。

2 感染症を予防するためには、感染源の排除、感染経路の遮断が重要である。

3 標準予防策（スタンダード・プリコーション）は、すべての人の体液や排泄物等に感染性があると考えて取り扱うことである。

4 高齢者では、尿路感染症はあまりみられない。

5 ウイルス性肝炎は、空気感染する。

解説 頻出

1 ○ 感染成立の連鎖において、感染を起こす可能性のある人や動物を**感受性宿主**という。

2 ○ 感染症を予防するためには、感染成立の連鎖を遮断する必要がある。**感染源の排除、感染経路の遮断、宿主の抵抗力の向上**が重要である。

3 ○ **標準予防策（スタンダード・プリコーション）**は、「すべての人の血液、体液、分泌物、排泄物、創傷のある皮膚、粘膜等には感染性があると考えて取り扱う」ことが基盤となる考え方である。

4 × **尿路感染症**は、高齢者で最も多くみられる感染症である。尿路感染症とは、腎盂、尿管、膀胱、尿道などの尿路（尿の通り道）に起こる感染症の総称であり、主な症状として、頻尿、排尿時痛、発熱、尿閉などがある。

5 × ウイルス性肝炎のうち、A型肝炎は**経口感染**、B型肝炎とC型肝炎は**血液感染**である。

解答 **1・2・3**

感染症

問題 164

感染症について適切なものはどれか。 ３つ選べ。

1 高齢者を対象とする肺炎球菌ワクチンは、定期接種となっている。

2 疥癬は、集団感染の危険性がある。

3 麻疹は専門病院での入院が必要である。

4 高齢者には、インフルエンザのワクチン接種が推奨される。

5 ノロウイルス感染者の嘔吐物処理の際は、汚染した場所をアルコールで拭き取ればよい。

解説

1 ○ 肺炎球菌ワクチンは、2014（平成 26）年 10 月 1 日から 65 歳以上の高齢者または満 60 歳から 64 歳で心臓・腎臓・呼吸器・免疫機能障害がある身体障害者手帳 1 級相当の人を対象とした**定期接種ワクチン**となった。

2 ○ 疥癬（かいせん）は、ヒゼンダニの寄生により起こる皮膚疾患である。通常の疥癬と角化型（ノルウェー）疥癬があり、角化型疥癬はヒゼンダニの数が非常に多く、**集団感染の可能性がある**ため、個室管理が必要となる。

3 × 麻疹は**空気感染**で、咳やくしゃみなどの飛沫核が、空中を浮遊し伝播する。麻疹や水痘の利用者がいた場合、専門病院での入院は必要なく、**免疫をもつ人**が看護・介護にあたることとされている。

4 ○ **インフルエンザワクチン**と**肺炎球菌ワクチン**は、高齢者に接種が推奨されるワクチンである。

5 × ノロウイルス感染者の嘔吐物処理の際は、嘔吐物をペーパータオルや水で濡らした新聞紙などを使って静かにビニール袋に入れ、最後にビニール袋の口を閉じて廃棄する。その後、汚染した場所やその周囲は **0.5％次亜塩素酸ナトリウム**で拭き取り、**消毒**するようにする。

解答 **1・2・4**

呼吸器感染症

呼吸器感染症について適切なものはどれか。3つ選べ。

1 急性上気道炎では、一般に抗菌薬を使用する。
2 急性上気道炎は、いわゆる風邪症候群のことである。
3 急性気管支炎の原因は、ウイルスによるものが多い。
4 細菌性肺炎の多くは、口や鼻などにいる一般細菌で起こる。
5 気管支喘息は、検査により原因物質が必ず特定される。

解説

1 × 急性上気道炎の原因微生物の大半は**ウイルス**といわれている。ウイルス性の風邪症候群であれば、安静や水分補給により自然に治癒するため、抗菌薬も一般には**不要**なことが多い。

2 ○ 急性上気道炎は、主に上気道（鼻、咽頭、喉頭）に広がって急性炎症をきたす疾患の総称であり、いわゆる**風邪症候群**のことである。

3 ○ 急性気管支炎の多くは、上気道の急性炎症が連続する気管から気管支へと波及することで発症する。原因微生物としては、**ウイルス**によるものが多いとされている。

4 ○ 肺炎は、主に細菌や**ウイルス**の感染によって起こる疾患で、特に加齢に伴い、唾液分泌量の低下や、繰り返される口腔・咽頭分泌物の誤嚥を契機に発症する肺炎を**誤嚥性肺炎**と呼ぶ。細菌性肺炎の多くは、口や鼻などにいる**一般細菌**で起こるとされ、治療は、抗菌薬が主体となるが、脱水の管理や口腔ケアにも注意を払うことが重要である。

5 × 気管支喘息の炎症はダニやハウスダスト、花粉、ペットのふけなど日常生活のなかにあるありふれた物質に対するアレルギーがかかわっていることが多いが、アレルギーの原因物質が**特定できないこともある**。

解答 **2・3・4**

尿路感染症

問題 166 ☑ ☑ ☑

尿路感染症について、より適切なものはどれか。3つ選べ。

1 腎盂腎炎や膀胱炎は、尿路感染症に含まれる。
2 陰部を清潔に保つことが予防法となる。
3 原因菌は、全身に転移することはない。
4 症状として、発熱がみられることがある。
5 尿道カテーテルを留置している場合、尿路感染症を発症することはない。

解説

1 ○ 尿路感染症は、腎臓から尿道までの尿路に感染が起きた状態であり、**腎盂腎炎**（腎臓内にある腎盂で起きた炎症）や**膀胱炎**は尿路感染症に含まれる。

2 ○ 尿路感染症の予防では、①下半身を冷やさない、②適度な運動を続ける、③十分な水分補給を行う、④尿意を感じたら我慢しない、⑤バランスのよい食事摂取を行う、⑥十分な休息をとる、⑦**陰部を清潔に保つ**（おむつ選びなど）、といった点に留意が必要である。

3 × 尿路感染症は、多くの場合は、抗生物質や水分摂取、陰部の清潔保持により改善するが、放置すると菌が**全身に及び**、命にかかわる場合もある。

4 ○ 尿路感染症の症状として、頻尿、残尿感、排尿痛がみられるが、これらに加えて**発熱**が生じた場合には、**抗生剤による治療が必要**となる。

5 × 尿道カテーテルを留置している場合、尿路感染症を**発症しやすくなる**。

解答 **1・2・4**

尿路感染症の生活上の留意点

> 下半身を冷やさない
> 適度な運動を続ける
> 十分な水分補給を行う
> 尿意を感じたら我慢しない
> バランスのよい食事摂取を行う
> 十分な休息をとる
> 陰部を清潔に保つ（おむつ選びなど）

感染症と感染経路

問題 167

感染症と感染経路の組合せについて正しいものはどれか。3つ選べ。

1 疥癬 ― 飛沫感染
2 風疹 ― 飛沫感染
3 流行性耳下腺炎 ― 飛沫感染
4 インフルエンザ ― 空気感染
5 腸管出血性大腸菌感染症 ― 接触感染

解説

1 × 疥癬（かいせん）は、**接触感染**である。

2 ○ 風疹は、**飛沫感染**である。

3 ○ 流行性耳下腺炎（おたふくかぜ）は、**飛沫感染**である。

4 × インフルエンザは、**飛沫感染**である。

5 ○ 腸管出血性大腸菌感染症は、**接触感染**である。

解答 **2・3・5**

感染経路別の主な感染症

感染経路	主な感染症
接触感染	ノロウイルス感染症、腸管出血性大腸菌感染症、疥癬、多剤耐性菌感染症など
飛沫感染	インフルエンザ、流行性耳下腺炎、風疹など （ただし、ノロウイルス感染症の吐物などの処理時は飛沫感染）
空気感染	結核、麻疹、水痘など

感染予防

問題 168

感染予防について、より適切なものはどれか。2つ選べ。

1 マスクは、自分が感染しないためだけに着用するものである。
2 麻疹や水痘の感染予防として、個室管理は不要である。
3 手指衛生は、アルコール製剤による手指消毒のことに限定される。
4 嘔吐物や排泄物などとの接触が予測される場合は、手袋を着用する。
5 うがいは、口や喉に吸い込んだ病原体を洗い流すために行う。

解説

1 × 咳やくしゃみなどの**症状がある**人は何らかの病原微生物を**拡散させる**可能性があるため、**マスクを着用する必要がある。**

2 × 咳やくしゃみなどで飛散した飛沫核が、空中を浮遊し伝播して感染するものを空気感染という。麻疹や水痘などでは、空気感染のおそれがあるので、同居する者が感染しないよう**個室管理**が必要である。

3 × 手指衛生とは、流水と石けんによる**手洗い**と、速乾性擦式手指消毒薬（アルコール製剤など）による**手指消毒**のことを指す。

手指衛生

> ・手指衛生は、流水と石けんによる手洗いと速乾性擦式手指消毒薬（アルコール製剤など）による手指消毒をいう
> ・手洗いは、手のひら、手の甲、指先、指の間、親指、手首を洗い忘れないようにする
> ・手指消毒は、手のひら、手の甲、指先、指の間、親指、手首にも擦り込ませるように行う
> ・「1ケア1手洗い」「ケア前後の手洗い」が基本
> ・手袋を使用した場合も、使用後は手指衛生を行う

4 ○ 嘔吐物や排泄物などとの接触が予測される場合では、**手袋**やマスク、ゴーグル、フェイスシールド、ガウンまたはエプロンなどを着用し、ケアが終了したら速やかに個人防護具は廃棄する。

5 ○ **うがい**は、口や喉に吸い込んだ病原体を洗い流すために行う。訪問時、作業の区切りのとき、別の作業に取りかかるとき、作業を終えたときなどに行う。

解答 **4・5**

認知症

問題 169 ✓✓✓

認知症について適切なものはどれか。3つ選べ。

1 せん妄は意識障害であり、認知症の症状の一種である。
2 MCI（軽度認知障害）の一部は、健常に戻る。
3 慢性硬膜下血腫による認知機能障害は、血腫を除去しても回復が期待できない。
4 正常圧水頭症にみられる認知機能障害は、脳の周囲や脳室内に脳脊髄液が貯留するために生じる。
5 うつ状態が続くと、誤って認知症と診断されてしまうことがある。

解説 頻出

1 × せん妄は意識障害であり、**認知症（意識障害ではない）**と区別する必要がある。かつては、せん妄は認知症の周辺症状の1つとされていたが、BPSD（認知症の行動・心理症状）にはせん妄は**含まれない**。ただし、認知症には、しばしばせん妄が合併することがある。

2 ○ MCI（**軽度認知障害**）は、認知症予備軍ととらえられているが、一部はMCIから健常に戻るため、MCIがすべて認知症に移行するわけではない。

3 × 慢性硬膜下血腫では、血腫が脳を圧迫するため、**認知機能低下**などの症状が出現するが、手術で血腫を取り除けば、通常は数か月以内に**元の認知機能レベルに戻る**。

4 ○ **正常圧水頭症**は、認知症の5％程度を占めるとされる。脳の周囲や脳室内に脳脊髄液が貯留し、認知機能が低下する。**認知機能障害**、**歩行障害**、**尿失禁**が三大症状である。

5 ○ うつ状態が続くと健忘を伴い、認知テスト等で実力以下の点数となり、**認知症**と診断されてしまうこともある（**偽性認知症**）。

解答 **2・4・5**

認知症の原因疾患

変性疾患	アルツハイマー型認知症、レビー小体型認知症、前頭側頭型認知症
脳血管障害	血管性認知症
外傷性疾患	脳挫傷、慢性硬膜下血腫
感染症	梅毒、脳膿瘍、単純ヘルペス脳炎後遺症、エイズ
内分泌代謝性疾患	甲状腺機能低下症、ビタミンB_{12}欠乏
中毒	一酸化炭素中毒後遺症、メチル水銀中毒、慢性アルコール中毒
腫瘍	脳腫瘍
その他	正常圧水頭症、てんかん

認知症

認知症について適切なものはどれか。3つ選べ。

1 長谷川式認知症スケール（HDS-R）が20点以下であると認知症と診断される。

2 認知症の評価として、Mini-Mental State Examination（MMSE）が用いられている。

3 MCI（軽度認知障害）が疑われる場合の評価手段はない。

4 BPSD（認知症の行動・心理症状）の評価には、介護者にインタビューして評価する方法がある。

5 認知症初期集中支援チームで標準として使われるアセスメントツールがある。

解説

1 × 長谷川式認知症スケール（HDS-R）が20点以下であると**認知症が疑われる**が、この結果のみで認知症と診断してはいけない。

2 ○ Mini-Mental State Examination（MMSE）は、**認知症の評価**として用いられる質問式の評価テストである。

3 × MCI（軽度認知障害）が疑われる場合は、**記憶に特化した認知テスト**（短い物語を聞き、それを直後と30分後に思い出し、思い出した単語数で採点する）を行って記憶力を評価する。

4 ○ BPSD（認知症の行動・心理症状）の評価には、**介護者**にインタビューして評価するNPI（Neuropsychiatric Inventory）がある。

5 ○ **認知症初期集中支援チーム**で標準として使われるDASC21（Dementia Assessment Sheet in Community-based Integrated Care System 21：ダスク21）は、「地域のなかで、認知症に気づき、総合的なアセスメントを実施し、多職種間でその情報を共有し、必要な支援を統合的に調整していく」ためのアセスメントツールで、認知機能と生活機能を評価する。

解答 **2・4・5**

① 介護支援分野

② 保健医療サービス分野

③ 福祉サービス分野

認知症

問題 171

認知症について適切なものはどれか。2つ選べ。

1 BPSD（認知症の行動・心理症状）とは、認知症の中核症状のことで、認知症の高齢者に必ずみられる症状である。
2 BPSDは、脳の病変により症状が生じるため、個人因子や環境因子の影響は受けない。
3 BPSDの治療としては、薬物療法を優先して行うべきである。
4 中核症状には、記憶障害、見当識障害などがある。
5 中核症状とは、脳がダメージを受けたことに直接起因する症状である。

解説

1 × **BPSD（認知症の行動・心理症状）**は、従来、**周辺症状**と呼ばれていたものにほぼ該当するものである。脳のダメージだけでなく、生い立ちや職歴などの**個人因子**や、住環境やケアの状況などの**環境因子**の影響を強く受ける症状とされるが、繰り返し質問や繰り返し行動、道迷い、脱抑制など、これらの要因の影響をほぼ受けないものも BPSD に**含まれる**。すべての認知症高齢者に**必ずみられるものではない**。

2 × BPSDは、国際生活機能分類（ICF）の視点で考えると、**個人因子・環境因子**の影響を大きく受けるとされる。

3 × BPSDの治療には**薬物療法**と**心理社会的アプローチ**があるが、両者を適度に併用する必要がある。しかし、認知症患者の場合、向精神薬の副作用によって、認知機能や身体機能が悪化しやすいため、原則として**心理社会的アプローチ**から開始するとされている。

4 ○ 中核症状には、**記憶障害**や**見当識障害**に加え、**遂行機能障害**、**失行**や**失認**、**注意障害**、**空間認知障害**などがある。

5 ○ **中核症状**とは、脳がダメージを受けたことに直接起因する症状であり、記憶障害や見当識障害、遂行機能障害、失行や失認、注意障害などのことである。

解答 4・5

中核症状と BPSD

中核症状	記憶障害・見当識障害・失行・失認・判断力の低下など
BPSD	行動症状：徘徊・暴言・暴力・弄便など 心理症状：不安・妄想・幻覚・うつなど

認知症

問 題 172

認知症について適切なものはどれか。 ３つ選べ。

1 アルツハイマー型認知症の治療薬は、易怒性などの興奮性のBPSD（認知症の行動・心理症状）を悪化させる可能性がある。

2 前頭側頭型認知症では、病識が低下していることが多い。

3 レビー小体型認知症では、リアルな幻視はみられない。

4 血管性認知症では、陰気で緘黙な状態がみられることが多い。

5 認知症でてんかんを併発することはない。

解説 頻出

1 ○ アルツハイマー型認知症の治療薬で、**ドネペジル**などのアセチルコリンを増やす薬剤は、活力を増やす反面、**易怒性**などの興奮性のBPSD（認知症の行動・心理症状）を悪化させる可能性がある。

2 ○ 認知症のなかでも**アルツハイマー型認知症**と**前頭側頭型認知症**では、病識が**低下している**ことが多く、そのことで医療や介護の受け入れ拒否、入院・入所や金銭管理・財産処分などの適切な判断不能、危険行為の増加、BPSDの増悪、介護者の負担増加、介護者のQOL低下などの問題が生じるとされる。

3 × レビー小体型認知症では、①**症状の変動**、②**リアルな幻視**、③**パーキンソニズム**、④**レム睡眠行動障害**がみられ、起立性低血圧・便秘・尿失禁などの**自律神経症状**を伴うことがある。

4 ○ **血管性認知症**は、陰気で緘黙、反応に時間がかかり、動きが鈍い状態となることが多い。

5 × 認知症が進行すると、**てんかん**を併発することもまれではない。

解答 **1・2・4**

認知症の種類と病状

原因	症状
アルツハイマー型認知症	初期症状はエピソード（出来事）記憶の障害が中心で、進行すると最近の記憶から徐々に失われていく。さらに、注意障害、遂行機能障害、失認、失行などといった症状も生じる。
レビー小体型認知症	初発症状は、レム睡眠行動障害（夜中に夢を見て「逃げろー」と大声を出したり蹴飛ばしたりする）、うつ、嗅覚の低下などがある。さらに、立ちくらみや血圧の変動、失神、便秘などの症状が高率にみられ、転倒も多くなる。**リアルな幻視**があることが特徴的である。
血管性認知症	認知スピードが遅くなり、反応が鈍くなる。著しい意欲・自発性の低下やうつ状態が引き起こされる。大脳基底核に病変があると運動障害を伴い、歩行スピードが低下し、転倒しやすくなる。構音障害、嚥下障害も比較的早期からみられる。
前頭側頭型認知症	我慢ができない、すぐに怒る、思い立ったらじっとしていられない、同じ行動を繰り返す、社会のルールを守れなくなる**行動障害型前頭側頭型認知症**と、ありふれた物品の名前を言えない、顔を見ても誰だかわからない**意味性認知症**に区別される。進行すると、決まった時刻に決まった行動を起こす症状もみられる。

認知症

問題 173

認知症について適切なものはどれか。3つ選べ。

1 アルツハイマー型認知症の初期症状は、健忘である。

2 アルツハイマー型認知症では、社会的認知も障害される。

3 アルツハイマー型認知症では、同じ行動を繰り返す常同行動が特徴とされる。

4 血管性認知症の多くは、認知スピードが遅くなる。

5 前頭側頭型認知症において、主に前頭葉が萎縮するタイプを意味性認知症という。

解説

1 ○ アルツハイマー型認知症では、**健忘**が初期症状であり、主症状である。

2 ○ アルツハイマー型認知症では、**社会的認知（社会脳）**も障害され、病識に乏しくなり、取り繕いが目立ち、介護を拒否するようになり、社会のルールを守れなくなる。

3 × 同じ行動を繰り返す**常同行動**は、**前頭側頭型認知症**の行動障害型の特徴である。

4 ○ 血管性認知症の多くは大脳白質病変で、**認知スピード**が遅くなり、反応が鈍くなる。また、前頭葉白質のダメージにより、意欲・自発性の低下（アパシー）やうつ状態が引き起こされることもある。

5 × 前頭側頭型認知症のうち、主に前頭葉が萎縮するタイプは、独特の行動障害（脱抑制、易怒性などの前頭葉症状）を示し、**行動障害型前頭側頭型認知症**といわれ、主に側頭葉が萎縮するタイプは、物品の名前が出てこないため（**語義失語、意味記憶障害**）、**意味性認知症**といわれる。

解答 1・2・4

認知症の人のケア

問題 174

認知症の人のケアについて、より適切なものはどれか。 2つ選べ。

1 バリデーションは、「見る」「話す」「触れる」「立つ」を4つの柱としたケアの技法である。

2 パーソン・センタード・ケア（PCC）は、認知症の人を一人の「人」として尊重し、その人の立場に立って考え、ケアを行おうとする認知症ケアの1つの考え方である。

3 認知症ケアマッピングとは、認知症の人を評価し、よりよいケアについて議論して、ケアの質を改善していくものである。

4 バリデーションでは、認知症の人のBPSD（認知症の行動・心理症状）には意味がないと考える。

5 パーソン・センタード・ケアではエビデンスが不要であるとされている。

解説

1 × 「見る」「話す」「触れる」「立つ」を4つの柱とし、知覚・感情・言語による包括的コミュニケーションに基づいたケアの技法は、フランスのイブ・ジネスト（Gineste, Y.）らが体系化した、**ユマニチュード**である。ユマニチュードとは、「**人間らしくある**」という意味をもつフランス語の造語である。

2 ○ **パーソン・センタード・ケア（PCC）**は、イギリスのトム・キットウッド（Kitwood, T.）により提唱されたケアの理念で、認知症の人を一人の「人」として尊重し、その人の立場に立って考え、ケアを行おうとする認知症ケアの1つの考え方である。

3 ○ **認知症ケアマッピング**とは、認知症の人の状態を、トレーニングを受けた評価者（マッパー）が評価し、その評価結果を基にして、介護者と評価者がよりよいケアについて議論して、ケアの質を改善していこうとするものである。

4 × **バリデーション**は、アメリカのソーシャルワーカーのナオミ・フェイル（Feil, N.）が開発した認知症の人とのコミュニケーション技法である。バリデーションでは、BPSD（認知症の行動・心理症状）にも**意味がある**ととらえ、例えば、なぜ徘徊するのかを、その人の人生史に照らし、理由がわからなければ、その行動をまねてみて（ミラーリング）、そして、本人の思いを理解し、共感的態度で接することで、BPSDを鎮静化する。

5 × パーソン・センタード・ケアでは、エビデンスが不要というわけではなく、それに基づいて、どんなBPSDにどんなケアの成功確率が高いかを知ることは、確率の高いケアから試して適切なケアに早くつなげることに有効であるとされる。

解答 2・3

認知症のケア・支援

問題 175 ☑ ☑ ☑

認知症のケアや支援について適切なものはどれか。2つ選べ。

1 認知症カフェは、認知症初期集中支援チームが運営することとされている。

2 認知症ケアパスとは、医療機関の連携を示すもので、介護体制は含まない。

3 かかりつけ医認知症対応力向上研修の講師は、認知症サポート医が担当する。

4 チームオレンジコーディネーターは、都道府県ごとに配置しなければならない。

5 認知症の SOS ネットワークは、警察だけでなく、介護事業者や地域の生活関連団体等が捜索に協力して、行方不明者を発見するしくみである。

解説

1 × **認知症カフェ**とは、認知症の人や家族の集いの場づくりのことで、地域の実情に応じて運営主体はさまざまであり、認知症初期集中支援チームが運営するという**決まりはない**。

2 × **認知症ケアパス**は、地域における、認知症発症予防から人生の最終段階まで、状態に応じた適切な医療・介護サービス提供の流れを示すものであり、**介護体制も含まれる**。

3 ○ **認知症サポート医**は、かかりつけ医認知症対応力向上研修の講師となるほか、かかりつけ医の認知症診断に関する相談役の役割を担う。

4 × 認知症サポーター等が支援チームをつくり、地域の認知症の人やその家族のニーズに合った具体的な支援につなげるしくみのことを「**チームオレンジ**」といい、チームオレンジコーディネーターは、**地域包括支援センター**、**市町村本庁**、**認知症疾患医療センター**等に配置され、チームオレンジの立ち上げ支援から運営支援を行うこととされている。

5 ○ **認知症の SOS ネットワーク**は、認知症の人が行方不明になったときに、警察だけでなく、地域の生活関連団体等が捜索に協力して、速やかに行方不明者を見つけ出すしくみである。

解答 **3・5**

認知症のケア・支援

問題 176

認知症のケアや支援について適切なものはどれか。 3つ選べ。

1 初期認知症の早期診断と対応には、認知症疾患医療センターが大きな役割をもつ。

2 認知症患者の精神科病院への措置入院は、精神保健指定医ではない主治の医師による診断のみでも、緊急時においては可能である。

3 認知症地域支援推進員は、認知症の人やその家族を支援する相談支援や支援体制を構築するための取り組みを行う。

4 認知症カフェは、ただ集うだけでなく、本人が認められる場、家族が介護経験者の話を聞いたり、悩みを打ち明けたりできる場でもある。

5 認知症疾患医療センターは一次医療圏ごとに、地域の医療計画との整合性を図り整備することとされている。

解説 — 頻出

1 ○ 初期認知症の早期診断と対応には、**認知症疾患医療センター**や認知症初期集中支援チーム、地域包括支援センター、認知症地域支援推進員が大きな役割をもつ。

2 × 措置入院とは、**精神保健指定医**2名以上が、診察を受けた者が「精神障害者であり、かつ、医療及び保護のために入院させなければその精神障害のために自身を傷つけ又は他人に害を及ぼすおそれがあると認める」場合に行われるもので、**精神保健指定医**以外の診断で措置入院させることはできない。

3 ○ **認知症地域支援推進員**は、市町村に配置され、地域の支援機関間の連携づくりや、認知症ケアパス・認知症カフェ・社会参加活動などの地域支援体制づくり、認知症の人やその家族を支援する相談業務等を行う。

4 ○ **認知症カフェ**とは、認知症の人や家族の集いの場のことで、認知症の人と家族、地域住民、専門職等の誰もが参加でき、集う場とされ、ただ集うだけでなく、本人が認められる場、家族が介護経験者の話を聞いたり、悩みを打ち明けたりできる場でもある。

5 × 認知症疾患医療センターは、「地域の医療提供体制の中核として認知症の速やかな鑑別診断、診断後のフォロー、症状増悪期の対応、BPSD や身体合併症に対する急性期医療、BPSD やせん妄予防のための継続した医療ケア体制」が役割として示され、「**二次医療圏**ごとに、地域の医療計画との整合性を図り整備すること」とされている。

医療圏

一次医療圏：診療所などの外来を中心とした日常的な医療を提供する圏域。市町村が単位となる。
二次医療圏：救急医療を含む、一般的な入院治療が完結するように設定された圏域。複数の市町村が単位となる。
三次医療圏：専門的な医療、または高度で先進の医療を提供する圏域。原則として、都府県で1圏域。北海道のみ、6つの圏域が設定されている。

解答 1・3・4

若年性認知症

問題 177

若年性認知症について適切なものはどれか。 3つ選べ。

1　若年性認知症者は、自立支援医療の対象とならない。
2　若年性認知症コールセンターが開設されている。
3　若年性認知症は、高齢での発症に比べて進行が比較的速い。
4　若年性認知症支援コーディネーターの役割に、就労継続支援が含まれる。
5　40歳以上の、在宅で生活している若年性認知症の人で、継続的な医療サービスを受けていない人は、認知症初期集中支援チームの訪問支援対象者とならない。

解説

1 × 65歳未満の認知症を若年性認知症といい、若年性認知症者は、精神障害者として、障害者総合支援法の**自立支援医療（精神通院医療）**の対象となる。

2 ○ 都道府県に、若年性認知症に関する電話相談を受けるための**若年性認知症コールセンター**が設置、運営されている。

3 ○ 若年性認知症について、高齢での発症に比べて、①症状の進行が比較的**速い**、②前頭側頭型の割合が高い、③配偶者・子どもの扶養、家のローンといった経済的問題を抱えることが多いなどといったことが指摘できる。

4 ○ 2016（平成28）年度から都道府県に配置された**若年性認知症支援コーディネーター**の役割として、①若年性認知症の人やその家族、企業等からの相談支援、②市町村や関係機関とのネットワークの構築、③地域住民も含めた若年性認知症の理解の普及・啓発などがあげられる。市町村や関係機関とのネットワークの構築について、具体的には、**就労継続支援**や若年性認知症カフェなどが示されている。

5 × 認知症初期集中支援チームの訪問支援対象者は、原則として、40歳以上で、在宅で生活しており、かつ認知症が疑われる人または認知症の人で一定の基準に該当する者とされている。40歳以上の、在宅で生活している若年性認知症の人で、継続的な医療サービスを受けていない人は、認知症初期集中支援チームの**訪問支援対象者となる**。

認知症初期集中支援チームの訪問支援対象者

> 原則として、40歳以上で、在宅で生活しており、かつ認知症が疑われる人又は認知症の人で、以下のア、イのいずれかの基準に該当する者とする。
> ア　医療サービス、介護サービスを受けていない者、または中断している者で以下のいずれかに該当する者
> 　（ア）　認知症疾患の臨床診断を受けていない者
> 　（イ）　継続的な医療サービスを受けていない者
> 　（ウ）　適切な介護サービスに結び付いていない者
> 　（エ）　介護サービスが中断している者
> イ　医療サービス、介護サービスを受けているが認知症の行動・心理症状が顕著なため、対応に苦慮している者

解答　**2・3・4**

高齢者の精神疾患

問題 178

高齢者の精神疾患について、より適切なものはどれか。 2つ選べ。

1 心理社会的な要因によって精神症状を引き起こすことがある。

2 精神症状は定型的である。

3 身体疾患の治療薬が精神症状を引き起こすことがある。

4 高齢者の精神疾患は、すべて老年期に初発する精神疾患である。

5 もともとの性格は精神疾患の発症には関与しない。

解説 頻出

1 ○ 高齢者の精神疾患では、多くの因子がいくつも重なり合って症状を形成していると考える見方が大切になる。発生要因としては、①脳の加齢性変化、②病前の性格、③**心理社会的な要因**、④身体疾患、⑤環境の変化、⑥薬物の影響などがあげられる。

2 × 高齢者の精神疾患は、しばしば精神症状が**定型的でなく**、訴えが多彩かつ曖昧であるのが特徴である。

3 ○ 高齢者では、薬物の吸収・代謝に変化が生じているのに加えて、複数の病気を抱えていることから、処方が重複したり相互に悪影響をもたらしたりということが起こり得るため、それによって精神症状を**引き起こすことがある**。

4 × 高齢者の精神疾患には、**老年期**に初発する精神疾患と、**若年期**に発症したまま高齢に達した精神疾患の2つがある。

5 × もともとの性格が精神疾患の発症に**深く関与する**。老年期に限らず他の年代でも同様である。

解答 **1・3**

高齢者に多い精神障害

問題 179

高齢者に多い精神障害について適切なものはどれか。2つ選べ。

1 老年期のアルコール依存症では、うつ病を合併することは少ない。

2 高齢者の妄想性障害では、妄想の対象に強い攻撃性を示し、実際に反撃に出るという特徴がある。

3 老年期うつ病から認知症に移行することはない。

4 老年期うつ病では、気分の落ち込みよりも、不安、緊張、焦燥が目立つ。

5 統合失調症の老年期の再発要因としては、配偶者の死があげられる。

解説

1 ✕ 老年期のアルコール依存症には、①**離脱症状が遷延しやすい**、②糖尿病、高血圧などの身体合併症が高率に出現する、③**認知症**や**うつ病**を合併する割合が高い、という特徴がある。

老年期のアルコール依存症

> ・人口の高齢化と相まって、アルコール依存症患者に占める高齢者の割合は**年々増加**している。
> ・老年期のアルコール依存症には、①**若年発症型**と②**老年発症型**がある。

2 ✕ 高齢者の**妄想性障害**には、次のような特徴がある。

> ①妄想のテーマが現実の生活を反映した世俗的内容が多く、ありありと表現される。
> ②妄想の対象が、特定の身近な人物であることが多く、具体的な名前が名指しされることがある。
> ③妄想の対象に対して強い攻撃性を示すが、**実際に反撃に出ることは多くない**。
> ④妄想のテーマは限定的であり、発展して壮大な体系を構築することはない。
> ⑤持続的な妄想を除けば、日常生活に大きな破綻をきたさず、外見的にも目立った奇妙さがみられない。

3 ✕ 老年期うつ病は、長引き治りにくいという特徴があり、一部は**認知症に移行する**ことがあるといわれている。

4 ◯ 老年期うつ病では、特に心気的な訴えが多くなり、めまい、しびれ、排尿障害、便秘などの**自律神経症状**が目立つ。また、気分の落ち込みよりも、**不安、緊張、焦燥**が目立つといわれている。

5 ◯ 統合失調症は、いったん発症してしまうと、過酷なストレス、家族の対応、社会の偏見、精神作用物質の使用などで回復や再発に大きな影響を受ける。老年期の再発要因としては、**配偶者や近親者の死**、生活環境の変化があげられる。

解答 4・5

リハビリテーション

問題 180

リハビリテーションについて、より適切なものはどれか。 3つ選べ。

1 予防的リハビリテーションは、QOL の向上を図ることも目的である。

2 急性期リハビリテーションの目的には、廃用症候群の予防が含まれる。

3 急性期リハビリテーションでは、自動的関節可動域訓練を行う。

4 回復期リハビリテーションでは、機能回復、ADL の向上及び早期の社会復帰を目指す。

5 維持的リハビリテーションは、主に医療保険制度のもとで提供される。

解説

1 ○ 予防的リハビリテーションは、限られた社会資源を効率的に活用して**要介護状態**の発生を予防するだけでなく、高齢者の活動性と **QOL（生活の質）** の向上を図ることが目的である。

2 ○ 急性期リハビリテーションは、発症（手術）直後からベッドサイドで開始され、**廃用症候群**の予防と早期からのセルフケアの自立を目標とする。

3 × 急性期リハビリテーションでは、発症直後から急性期治療と並行して、ベッド上での体位保持、定期的な体位変換、**他動的関節可動域訓練**（関節を他人が動かすこと）を行い、拘縮（関節が硬くなること）や褥瘡などの予防に努めることが大切である。

4 ○ 回復期リハビリテーションは、急性期に続き、多職種リハビリテーションチームにより行われる集中的かつ包括的なリハビリテーションである。積極的リハビリテーションの効果が期待できる者に対して実施される。回復期リハビリテーション病棟において、的確な予後予測（回復の見通し）とゴール設定のもとに、移動・歩行、セルフケア、嚥下、コミュニケーション、高次脳機能などの障害に対し、最大限の**機能回復、ADL（日常生活動作）**の向上及び**早期の社会復帰**を目指す。

5 × 治療的リハビリテーションは**医療保険制度**のもとで、維持的リハビリテーションは主に**介護保険制度**のもとで提供される。

解答 **1・2・4**

各リハビリテーションを行う時期とその果たす機能

予防的リハビリテーション		罹病者や生活機能低下のリスクが高い高齢者に対し、障害の発生や悪化を予防するリハビリテーション
治療的リハビリテーション	急性期リハビリテーション	発症（手術）直後から行う廃用症候群予防と早期からのセルフケアの自立を目指すリハビリテーション
	回復期リハビリテーション	急性期に続き、機能回復、ADL（日常生活動作）の向上、早期の社会復帰を目指すリハビリテーション
維持的リハビリテーション		急性期・回復期に獲得された機能をできるだけ長く維持するために行うリハビリテーション

① 介護支援分野
② 保健医療サービス分野
③ 福祉サービス分野

リハビリテーション

問題 181　☑ ☑ ☑

リハビリテーションについて、より適切なものはどれか。3つ選べ。

1 排尿障害は、膀胱機能の障害のみを配慮する必要がある。

2 代償的アプローチとは、麻痺や認知機能障害など障害自体を回復させるアプローチである。

3 リハビリテーションでは、低血糖発作の出現、痛みの増悪、転倒リスクの増大などに対する注意が必要である。

4 安静臥床が続くと心肺機能などが低下するため、早期離床を図る。

5 左半側空間無視は、左側へ注意を向けるよう工夫する。

解説　頻出

1 × 排尿障害に適切に対処するには、単に膀胱機能という局所の問題だけでなく、トイレまでの移動、ズボンなどの着替え動作、居住環境、さらには介護者の負担、支援体制など、**排尿**にかかわるさまざまな要素について、包括的評価とチームによる対応を行うことが重要である。

2 × リハビリテーションにおける治療は、選択肢のように麻痺や認知機能障害、骨関節機能障害など障害自体を回復させるアプローチと、**代償的アプローチ**に大別される。代償的アプローチには、①**残存機能**の活用、②**補助具**の活用、③**環境**の調整などが含まれる。

3 ○ リハビリテーションを行う際には、医師、看護師、保健師などの医療スタッフと密に情報交換をし、かかわるスタッフ一人ひとりが、リスク管理の基本を理解して起こり得るリスクを予測するとともに、事故が起こったときの対処法に習熟しておくことが重要である。

リハビリテーション中に起こりやすいリスク

- ・運動に伴って起こりやすいリスク
  低血糖発作、胸痛・不整脈・呼吸困難の誘発、**痛みの増悪**、**転倒リスクの増大**、痙攣発作など
- ・食事介助中のリスク
  誤嚥、窒息
- ・装着中の医療機器の取り扱いに伴うリスク
  人工呼吸器、酸素吸入、中心静脈栄養など
- ・リハビリテーション治療機器の取り扱いに伴うリスク
  温熱療法、電気刺激療法、牽引療法、斜面台、平行棒など
- ・感染
  飛沫、密な接触、リハビリテーション器具を介した感染など

4 ○ 安静臥床を続けると、廃用症候群が起こり、筋力低下に加え、心肺機能にも低下がみられる。よって、**早期離床**が必要である。

5 ○ 半側空間無視では、**無視側**（左半側空間無視の場合は**左側**）への注意を向けさせるよう工夫する。具体的には、**無視側**に目印をつける、トイレまでの道にテープを貼ってガイドするなどがある。

解答　**3・4・5**

ターミナルケア

問題 182

ターミナルケアについて、より適切なものはどれか。 3つ選べ。

1 在宅死亡率は、2004（平成16）年以降、減少傾向にある。
2 地域包括ケアシステムでは、認知症対応型共同生活介護を終の棲家（つい すみか）と想定している。
3 がんの場合、身体機能は終末期であってもある程度保たれる。
4 介護医療院では、ターミナルケアを提供することができる。
5 心臓、肺、肝臓などの臓器不全の場合には、身体機能が終末期まである程度保たれる。

解説 頻出

1 × 在宅死亡率は、1950（昭和25）年以降、一貫して減少傾向が続いていたが、年間12.7万人となった2004（平成16）年以降、**上昇**に転じており、2022（令和4）年には27.3万人（在宅看取り率17.4％）となっている。

2 ○ 終末期を過ごす住まいのことを「終の棲家」ということがあり、地域包括ケアシステムでは、自宅だけでなく、**認知症対応型共同生活介護（グループホーム）** やサービス付き高齢者向け住宅、有料老人ホームなど、「自宅に代わる地域の住まい」、さらには、介護老人福祉施設（特別養護老人ホーム）や介護老人保健施設などの介護保険施設も、終の棲家として想定している。

3 ○ がんの場合、肺や肝臓などの重要臓器への転移や感染症、出血、腎不全などの合併症によって命を落とすことが一般的であるため、身体機能は終末期であっても**ある程度保たれる**ことが多い。しかし、死亡前1か月以降に、急速に身体機能が低下して死に至る。

4 ○ ターミナルケアが提供される場所は、病院や自宅だけではない。介護保険施設である**介護老人保健施設**、介護老人福祉施設（特別養護老人ホーム）、**介護医療院**でもターミナルケアを提供することができる。その他にも、サービス付き高齢者向け住宅、有料老人ホーム、養護老人ホームなどの**介護保険の特定施設**や、認知症対応型共同生活介護（グループホーム）でもターミナルケアを提供することができる。また、**短期入所療養介護**や（看護）**小規模多機能型居宅介護**もターミナルケアの提供場所になり得る。

5 × 生命にかかわる内臓疾患として、心不全、呼吸不全、腎不全、肝硬変など慢性の**臓器不全**があげられる。数年に及ぶ経過のなかで、慢性疾患の状態が急激に悪くなったり、感染症や転倒・骨折など合併症や併発症を繰り返したりしながら、しだいに身体機能が低下する。このような悪化と改善を繰り返すなかで、急性増悪または合併症の治療が奏功せず、死に至る。

解答 **2・3・4**

ターミナルケア

問 題 183

ターミナルケアについて、より適切なものはどれか。3つ選べ。

1 エンゼルケアは、遺族に対して行うケアである。
2 本人の意向が明確でない場合、コンセンサス・ベースド・アプローチという手法を用いて意思決定を行う。
3 看取りケアにかかわった者が振り返りを行うことをデスカンファレンスという。
4 在宅でターミナルケアを行っている患者の呼吸が停止した場合、119番通報しなければならない。
5 リビングウィルとは、本人の意思が明確なうちに、医療やケアに関する選択を本人が表明しておくことをいう。

解 説

1 ✕ エンゼルケアとは**死後**のケアのことで、亡くなった利用者の身体を清潔にするためのケアなどを行うことである。遺族に対して行うケアではない。残された遺族の悲嘆への配慮や対応は**グリーフケア**（悲嘆へのケア）と呼ばれる。

一般的なエンゼルケアの内容

①器具（医療用カテーテルなど）の抜去
②体液や排泄物が漏れ出ないための処置
③褥瘡などの傷を保護する手当て
④身体を清潔にするためのケア
⑤その人らしい外見に整えるためのケア

2 ○ 終末期において、家族や第三者が単独で方針を決定することには倫理的葛藤を生じかねないことから、家族に加えてかかわっている複数の医療・介護専門職が集まって話し合いを行い、関係者の総意に基づいて方針をまとめ上げる手法が望まれる。この方法を、**コンセンサス・ベースド・アプローチ**と呼ぶ。

3 ○ 介護職や医師、看護師を交えて、ともに看取ったチームの一員として振り返りを行うことを、**デスカンファレンス**という。

4 ✕ 在宅でターミナルケアを行っている患者の呼吸が停止した場合、119番通報ではなく、**主治医**に連絡する。連絡を受けた主治医は、死亡診断のために往診し、**死亡診断書**を交付する。119番通報し、救急隊が到着した時点で明らかに死亡していると判断された場合には、病院への救急搬送ではなく、警察へ通報されることとなり、家族などに多大な負担がかかることになる。

5 ○ **リビングウィル**とは、本人の意思が明確なうちに、要望書として、医療やケアに関する選択を本人が表明しておくことをいう。

解答 **2・3・5**

①介護支援分野
②保健医療サービス分野
③福祉サービス分野

アドバンス・ケア・プランニング（ACP）

問題 184

アドバンス・ケア・プランニング（ACP）について、より適切なものはどれか。3つ選べ。

1 価値観や人生観について話し合う。
2 話し合った内容の文書化は避ける。
3 メンバーは、本人を取り巻く医療・介護従事者からなる。
4 「人生会議」という愛称がある。
5 本人の意思が確認できない場合は、法的な意味での親族関係である家族の推定意思を採用する。

解説

1 ○ アドバンス・ケア・プランニング（ACP）とは、「何を大切に生きてきたか」「これからの人生をどこでどのように過ごしたいと思っているか」など、**価値観**や**人生観**について話し合い、本人による意思決定を行うプロセスである。

2 × 話し合った内容については、そのつど**文書**にまとめておく。

3 ○ アドバンス・ケア・プランニングでは、本人を取り巻く**医療・介護従事者**からなるメンバーで医療・ケアチームを構成する。

4 ○ 厚生労働省は、アドバンス・ケア・プランニングを国民に普及させるために、「**人生会議**」という愛称を定めた。

5 × 本人の意思が確認できない場合には、家族等が本人の意思を推定できる場合には、その推定意思を尊重し、本人にとって最善の方針をとることを基本とするが、ここでいう「家族等」とは、法的な意味での親族関係のみを意味せず、**広い範囲の人（親しい友人等）**を含む考え方となっている。一方、家族等が本人の意思を推定できない場合は家族等と十分に話し合い、最善の方針をとり、家族等がいない場合及び家族等が判断を委ねる場合には、本人にとって最善の方針を医療・ケアチームが慎重に判断しつつ、本人にとって最善と思われる方針を決定していくこととなる。

解答 **1・3・4**

アドバンス・ケア・プランニング（ACP）

- アドバンス・ケア・プランニング（ACP）とは、人生の最終段階の医療・ケアについて、本人が家族等や医療・ケアチームと事前に繰り返し話し合うプロセスのことである。
- 厚生労働省では、2018（平成30）年に人生の最終段階を迎えた本人や家族等と医療・ケアチームが、最善の医療・ケアをつくり上げるための合意形成のプロセスを示すものとして、「**人生の最終段階における医療・ケアの決定プロセスに関するガイドライン**」を策定した。このガイドラインにはアドバンス・ケア・プランニングの概念が盛り込まれている。
- 厚生労働省は、アドバンス・ケア・プランニングを国民に普及させるために、「**人生会議**」という愛称を定めた。

終末期のケア

問題185

終末期のケアについて、より適切なものはどれか。2つ選べ。

1 臨死期においてみられる肩や顎だけが動く呼吸は、苦しんでいるため、必ず人工呼吸器で対応しなければならない。
2 臨死期には、つじつまの合わないことを言うことがある。
3 死前喘鳴は苦しいため、背中をさする。
4 チェーンストークス呼吸では、呼吸が停止しても再開することがある。
5 臨死期に反応がない場合、声かけをしないようにする。

解説 頻出

1 × 呼吸の際に胸部や腹部を動かす力が失われると、肩や顎だけが動く弱々しい呼吸になり、最終的には顎だけが弱々しく動く呼吸となる。これを**下顎呼吸**と呼び、苦しんでいるわけではなく、呼吸が止まる間際のものであり、臨終が近いことを意味する。

2 ○ 臨死期の利用者には、せん妄により、つじつまの合わない発言や行動がみられることがある。

3 × 身体が弱って眠りが深くなると、唾液をうまく飲み込めなくなるため、呼吸をするたびに、喉元でゴロゴロと音がする状態（**死前喘鳴**）になることがある。本人は意識が低下していることから、**苦しさ**は感じにくくなっているとされる。死前喘鳴がみられた場合、スポンジブラシを水に濡らして固く絞り、喉の奥の痰を拭ったり、首を横に向ける姿勢の工夫を行ったりすることで喘鳴が軽減することもある。

4 ○ 臨終が近づくと、リズムが規則正しい呼吸ではなくなる。「小さな呼吸→大きな呼吸→無呼吸」を繰り返す**チェーンストークス呼吸**は、30秒以上呼吸が止まること（無呼吸）もあるが、この呼吸リズムのときは多くの場合、呼吸が再開するので冷静に観察する。

5 × 最期には反応がなくなることもあるが、耳は最期まで聞こえているといわれている。いつもどおり声かけをして、尊厳を保持することが重要である。

解答 2・4

終末期のケア

問題 186

終末期のケアについて、より適切なものはどれか。3つ選べ。

1 うがいができない場合、スポンジブラシなどでこまめに拭う。
2 興奮が激しくても、精神科の薬は用いない。
3 下顎呼吸がみられても、落ち着くまでしばらく様子をみる。
4 チアノーゼがみられる。
5 徐々に血圧が低下し、脈が速くなる。

解説

1 ○ 臨死期には、口唇も口腔内も乾燥し、喉の渇きを訴えたり、口臭がしたりすることも多いため、頻回にうがいをしてもらうようにする。うがいができない場合は、**スポンジブラシ**や**口腔内用ウエットティッシュ**などを使ってこまめに拭うようにする。

2 × 臨死期には、混乱がひどく、興奮が激しい場合がある。その際は精神科の薬を**用いる**ことで落ち着くことがあるため、医師や看護師に相談する。

3 × 下顎呼吸は呼吸が止まる間際のものであり、**臨終が近い**ことを意味することから、下顎呼吸になったら**家族を呼ぶ**必要がある。

4 ○ 血圧の低下に伴い、手や足の先は冷たく青紫色になる状態（**チアノーゼ**）になり、脈がふれにくくなる。

5 ○ 亡くなる数週間前から1週間前頃には、徐々に血圧が**低下**し、循環血液量を補うため、脈は**速く**なる。血圧の低下に伴い、手や足の先は冷たく青紫色になり、脈がふれにくくなる。

解答 1・4・5

臨終が近づいたときにみられる症状

症状	対応
つじつまの合わないことを言うなどの意識の障害	ふだんどおりに声をかけたり、手足をさするだけで落ち着くことがある
痰の絡み、喉のゴロゴロ	姿勢の工夫、唾液や痰をぬぐう、**吸引**をする
チェーンストークス呼吸 （小さな呼吸→大きな呼吸→無呼吸を繰り返す）	30秒以上呼吸が止まること（無呼吸）もあるが、再開するのであわてずに観察する
下顎呼吸 （呼吸の際に肩や顎だけが動き、喘いでいるようにみえる）	呼吸が止まる間際のものなので、臨終が近い（1〜2時間で亡くなることが多い）。家族と一緒に見守るようにする
チアノーゼ （血圧が低下して血液循環が悪くなり、手足の先端が青紫色になって冷たくなり、脈がふれにくくなる）	自然な変化なので、あわてず観察する。臨終が近いことを意味するので、家族と一緒に見守る

服薬

問題 187

服薬について、より適切なものはどれか。3つ選べ。

1 高齢者では、副作用により QOL が低下することがある。

2 高齢者は腎機能が低下しているため、薬の副作用が減弱することが多い。

3 医療用医薬品と健康食品の併用で有害な相互作用が生じることがある。

4 口腔内で溶ける OD（Oral Disintegrant）錠は、口腔粘膜からそのまま吸収される薬剤である。

5 服用する薬剤数が多くなると、副作用のリスクは増大する。

解説 頻出

1 ○ 高齢者の薬物療法は、薬の作用のほかに、**QOL**（生活の質）や ADL（日常生活動作）を低下させる原因になる有害事象（**副作用**）に十分に注意し、治療薬を選択する必要がある。

2 × 高齢者は腎機能が低下しているため、薬の副作用が**増強**することが多い。

3 ○ 医療用医薬品と健康食品の併用で**有害な相互作用**が生じる可能性が**ある**。

4 × OD 錠とは、口腔内崩壊錠であり、口腔内に入れると唾液で溶けるが、口腔粘膜からそのまま吸収されることは**ない**。

5 ○ 高齢者は一人で多くの病気をもっているケースが多いため、**多剤併用**をすることが多く、その影響で副作用が**出やすい**とされている。

解答 **1・3・5**

食品と薬剤の相互作用の例

食品名	医薬品名	効能	相互作用の内容
納豆 クロレラ	ワルファリンカリウム	抗凝血薬	納豆やクロレラの成分であるビタミン K が、ワルファリンの血液を固まりにくくする作用を妨げる
グレープフルーツジュース	カルシウム拮抗薬	降圧薬	グレープフルーツジュースにより、左記の薬剤の肝臓での代謝が遅れて、主作用や副作用が通常よりも強く現れる
	タクロリムス シクロスポリン	免疫抑制薬	
	イトラコナゾール	抗真菌薬	
	ゲフィチニブ	抗がん薬	
牛乳	エトレチナート	角化症治療薬	牛乳によって、薬剤の体内への吸収量が増加し、効果が必要以上に出てしまう

服薬

問題 188

服薬について、より適切なものはどれか。3つ選べ。

1 効果が感じられなくても、勝手に服薬をやめてはならない。
2 服薬するときは、なるべく少ない量の水で飲むとよい。
3 処方薬の種類が多い場合、一包化することで、薬剤を管理しやすくなる。
4 医師の指示どおり服薬しても、副作用が出る場合がある。
5 薬剤は主に便として排泄される。

解説

1 ○ 服薬の中止は、**医師**の指示なしに行ってはならない。

2 × **十分な量**の水またはぬるま湯で、上半身を起こして服薬するとよい。水の量が少ないと、薬が食道粘膜にはりつき、**食道潰瘍**を起こすことがある。

3 ○ **一包化**とは、服薬のタイミングごとに錠剤等をまとめて1つの袋にパックすることである。薬剤の管理が容易になるため、薬の飲み間違いの多い利用者にも有効である。

薬使用時の工夫等

自助具	服薬に伴う動作を補うために活用する。具体的には、点眼補助具や吸入補助具、錠剤取り出し用自助具などがある。
貼付剤	嚥下困難があるなど、内服が難しい場合に活用する。
一包化	薬剤の管理を容易にして、飲み間違いを防ぐ。
お薬カレンダー	飲み忘れ、飲み間違いを防ぐ。
お薬手帳	処方情報を共有する。

4 ○ 副作用は、薬を服用するすべての人に起こるわけではなく、いつも起こるわけでもない。また、医師の指示どおり服薬しても、**副作用**が出る場合がある。

5 × 薬剤は主に腎臓から**尿**として排泄される。一部の薬剤は便から排泄されるが、主に便からではない。

解答 **1・3・4**

高齢者の栄養・食生活

問題 189 ✓ ✓ ✓

高齢者の栄養・食生活について、より適切なものはどれか。3つ選べ。

1 食欲不振は、消炎鎮痛剤等の薬剤が原因のこともある。
2 高齢になると、味覚が低下していくことが多い。
3 食べることは、高齢者と家族や近隣の人々との双方向的コミュニケーションにもかかわる。
4 加工食品やレトルト食品の利用は控える。
5 栄養障害に伴う皮膚・粘膜の症状は、ビタミンKの欠乏が原因である。

解説

1 ○ 消炎鎮痛剤の副作用として、胃部不快感や腹痛、嘔吐、**食欲不振**などがあげられる。

2 ○ 高齢者は加齢、疾病の後遺症などが原因で、味覚、嗅覚、視覚などの感覚が**低下**する。また、味覚などの感覚が低下すると、食欲や食事量も低下する。

3 ○ 在宅における介護予防の視点においても、「食べること」は、単なる生活機能の自立を目指すことにとどまらず、社会活動に参画できる意欲ある高齢者の実現を可能にする。そのため、高齢者と家族や近隣の人々との**双方向的コミュニケーション**にも関与する。

4 × 高齢者世帯などでは、**加工食品**や**レトルト食品**の活用もよい手段の1つである。エネルギーやたんぱく質がやや少ないレトルト食品であっても、そこに卵や牛乳、生クリームなどを加えることで効果的に栄養補給ができる。

5 × 栄養障害によって引き起こされる皮膚・粘膜の症状は、ビタミンKの欠乏ではなく、**ビタミン B_2 やビタミン B_6** の欠乏が原因である。

解答 **1・2・3**

低栄養

問題 190

低栄養について、より適切なものはどれか。3つ選べ。

1 低栄養によって浮腫がみられることはない。

2 低栄養状態は感染リスクを高める。

3 上腕や下腿の周囲長は、寝たきりなどで体重測定が難しい場合の低栄養の判定に使われる。

4 栄養状態の悪化は、褥瘡の発生リスクを高めない。

5 低栄養状態では、筋力の低下により転倒しやすい。

解説 頻出

1 × 浮腫とは、皮下組織に余分な水分が貯留している状態を指す。浮腫は、**低栄養**、**心不全**、肝硬変、腎臓病、悪性腫瘍などでみられる。

2 ○ 低栄養状態に陥ると**免疫機能**が低下し、感染リスクが**高まる**とされている。同じ病院に同じ病気で入院している患者について、低栄養状態の患者は、栄養状態に問題のない患者に比べて病状の回復が遅れ、肺炎や手術後の合併症にもかかりやすく、死亡率が高くなり、低栄養状態の入院者では、在院日数は長期化し、医療費も増大することが明らかになってきている。

3 ○ 上腕や下腿の周囲長は筋肉量や体脂肪量を反映しているため、**低栄養**状態の目安となる。

4 × 栄養状態が悪化していることが必ずしも褥瘡を発生させるわけではないが、栄養状態の悪化が皮膚や筋肉の耐久性を低下させることにより、これに体圧が加われば、褥瘡リスクが相乗的に**高まる**。

5 ○ 高齢者が低栄養状態になると、生活機能が低下したり、免疫力が低下して感染症にかかりやすくなったりするなど、QOL は著しく低下する。また、筋力が低下するため転倒しやすくなり、転倒による骨折は要介護状態となる要因の1つである。

解答 **2・3・5**

食事

問題 191

✓ ✓ ✓

食事について、より適切なものはどれか。3つ選べ。

1 食事の目的には、生命及び生命活動を維持するために不可欠な基本的欲求を満たすことが含まれる。
2 個別性を重視するため、食事の介護のアセスメントの範囲は限定される。
3 食事の介護のアセスメントには、福祉用具専門相談員がかかわることがある。
4 食事の介護のアセスメントでは、家族介護者の状態について把握する必要がある。
5 食事の介護のアセスメントでは、精神状態の確認は必要ない。

解説

1 ○ 選択肢のとおりである。食事の目的には以下の2つがある。

食事の目的

> ①排泄、睡眠などと同様に、生命及び生命活動を維持するために不可欠な基本的（生理的）欲求を満たすこと
> ②生命維持の基本的（生理的）欲求の充足を基に、より高次の身体的、心理的、社会的欲求を満たすことを通して、その人がその人らしい生活を維持すること

2 × 食事は、人間の生存に不可欠な基本的欲求であるとともに、生活の質にかかわるものでもあることから、食事の介護のアセスメントの範囲は**広範囲に及ぶ**。

3 ○ 食事の介護のアセスメントには、医師、看護師、歯科医師、歯科衛生士、理学療法士、作業療法士、言語聴覚士、管理栄養士、薬剤師、介護福祉士、さらに、**福祉用具専門相談員**等がかかわることがある。

4 ○ 食事の介護のアセスメントでは、本人の状態と併せて、**家族介護者の状態**（家族介護者の状況、身体・精神機能、介護負担など）や、食事に関連する手段等（住居・食事環境、外出・買い物などの交通手段、食に関する地域資源など）についても把握する必要がある。

5 × 食事の介護のアセスメントでは、①身体機能、②**精神状態**、③嗜好・嗜癖・習慣・食生活状況、④食に関する意欲、⑤食に関する知識・技術などの生活能力をとらえる必要がある。

解答 1・3・4

摂食・嚥下プロセス

問題 192

摂食・嚥下プロセスについて、より適切なものはどれか。2つ選べ。

1 先行期では、食物であることを認知し、唾液が分泌される。

2 準備期の障害では、口腔内に食塊が残りやすく、誤嚥することがある。

3 口腔期の障害では、食物を嚥下しやすい形にかみ砕けないことがある。

4 咽頭期では、食塊は、舌と上顎に挟まれ、咽頭に運ばれる。

5 食道期では、食塊が食道に入ると、蠕動運動により胃に送られる。

解説

1 ○ **先行期（認知期）**は、食物を取り込む前の過程であり、目（視覚）、手（触覚）、香り（嗅覚）等で食物であることを認知し、唾液が分泌される。

2 × **準備期**の障害では、咀嚼機能低下から食物を嚥下しやすい形にかみ砕けないことがある。

3 × **口腔期**の障害では、口腔や顎関節の機能低下から、口腔内に食塊が残りやすく、誤嚥することがある。

4 × **咽頭期**では、咽頭に送り込まれた食塊を嚥下反射により、食道の方向に送り込む。いわゆる嚥下の段階である。食塊が舌と上顎に挟まれ、咽頭に運ばれるのは、**口腔期**である。

5 ○ **食道期**では、食塊が食道に入ると、蠕動運動により胃に送られ、食塊が逆流しないように食道の入り口が閉じられる。

解答 **1・5**

摂食・嚥下プロセスと摂食・嚥下障害

摂食・嚥下プロセス	内容	摂食・嚥下障害
①先行期（認知期）	食物を認識する	食物を認識できない
②準備期	食物を咀嚼し、まとめて食塊にする	食物を嚥下しやすい形にかみ砕けない
③口腔期	食塊を咽頭に送り込む	口腔内に残った食塊を誤嚥する
④咽頭期	咽頭に送り込まれた食塊を嚥下反射により、食道の方向に送り込む	咽頭に残った食塊を誤嚥する
⑤食道期	食道に送り込まれた食塊を蠕動運動により、胃の方向に送り込む	食塊の送り込みが遅れたり、逆流したりしたものを誤嚥する

排泄

問題 193 ✓ ✓ ✓

排泄について、より適切なものはどれか。 2つ選べ。

1 咳やくしゃみで漏れてしまう失禁を、切迫性尿失禁という。

2 認知症によって、適切に排尿行為を行うことができないために起こる失禁を、機能性尿失禁という。

3 抗うつ剤の使用により、便秘になることはない。

4 おむつ使用中は、皮膚トラブルに注意する。

5 ケアプラン作成において、日中の活動状況の確認は不要である。

解説 頻出

1 × 咳やくしゃみで漏れてしまう失禁を、**腹圧性尿失禁**という。**切迫性尿失禁**は、我慢できずに漏れてしまう失禁をいう。

2 ○ 認知症や手足の麻痺などによって、適切に排尿行為を行うことができないために起こる失禁を、**機能性尿失禁**という。

排尿障害の種類

種類	特徴	対応
腹圧性尿失禁	咳やくしゃみで漏れる	骨盤底筋訓練などで骨盤底筋群の筋力を高める
切迫性尿失禁	我慢できずに漏れる	薬剤療法や尿を計画的にためる膀胱訓練を行う
溢流性尿失禁	前立腺肥大などで、たまった尿が少しずつ出続ける	尿道の閉塞を解決したり、残尿をなくす
機能性尿失禁	認知症や麻痺などによりトイレに間に合わない	一連の日常生活動作の問題点を見極め、間に合うように環境を整える
神経因性膀胱	神経障害により尿が出ない	導尿やバルーンカテーテルを使用する
頻尿	トイレが近く、特に夜間に頻繁にトイレに行く	水分や薬剤での調整を行う

3 × 高齢になると腸管の機能の低下から、運動不足、脱水、食事量の減少、常用薬、特に抗生剤や**抗うつ剤**の使用などで**便秘**になりやすくなる。

4 ○ おむつを使用する場合には、使用目的、形状、素材、吸収量、経済性（助成等を含む）等を考慮のうえ選択し、使用中は**尿路感染**や**皮膚トラブル**の予防に留意する。

5 × ケアプランを作成するにあたり、排泄リズムを作り出すために、多職種と連携し、**食事内容**、**日中の活動状況**なども確認することが必要となる。

解答 **2・4**

排泄

問 題 194

排泄について、より適切なものはどれか。 3つ選べ。

1 排便周期の確認は、排便コントロールに必要である。
2 介護職により、摘便が行われることがある。
3 利用者の排泄介助に伴い、家族介護者は腰痛や睡眠不足などの身体的影響を受けることがある。
4 ポータブルトイレを使用する場合には、安定感を調整すれば、住環境への留意は必要ない。
5 利用者の自立度や排泄障害の状況に応じて、適切な排泄用具を選択する。

解 説

1 ○ 排便コントロールでは、食事内容や摂取量、排便時間・排便量等、生活時間の過ごし方や生活習慣と**排便周期**等を介護職と連携しながら把握する必要がある。

2 × 摘便は**医療行為**となるため、介護職は摘便を行うことが**できない**。

3 ○ 利用者の排尿障害・排便障害は、家族介護者に対してさまざまな影響を与えることがある。例えば、排泄介助やおむつ交換に伴い、腰痛、睡眠不足、慢性疲労などの**身体的影響**などが考えられる。よって、家族介護者の負担を軽減できるような具体的な助言をすることも大切となる。

4 × ポータブルトイレを使用する場合には、安定感、高さ、背もたれや手すり等の調整、便座の保温や排泄物の処置、消音、消臭等のほか、**使用場所の住環境**や使用のタイミングにも留意する必要がある。

5 ○ 利用者の自立度や排尿障害・排便障害の状況に応じて、**ポータブルトイレ**使用、**おむつ**使用、**尿便器**使用など、適切な排泄用具と排泄場所を選択する。

解答 **1・3・5**

入浴・清潔

問題 195 ✓ ✓ ✓

入浴・清潔について、より適切なものはどれか。2つ選べ。

1 清拭では、利用者の身体を冷やさないように注意する必要がある。

2 手浴・足浴を行うだけでは、爽快感を得ることはできない。

3 入浴には、血液循環や新陳代謝を促進する効果はない。

4 洗面台でのシャワーによる洗髪は、利用者の負担となるため避ける。

5 入浴や清拭の介助は、皮膚の観察を行う機会となる。

解説

1 ○ 清拭では、居室等の温度や環境調整を行うことで、清拭している間に利用者の身体を**冷やさない**よう注意する必要がある。

2 × 手浴・足浴は、手と足の指と指の間を洗って清潔になるとともに、血液の循環がよくなることで、**爽快感**を得ることができる。

3 × 入浴は、全身の保清を図り、**血液循環**や**新陳代謝**を促進する。入浴の介護の際には、全身の血液循環の状態への影響が大きい点に留意する必要がある。

4 × 洗髪は、頭皮及び毛髪の保清を図り、血液循環を良好に保つとともに、利用者の精神的な満足感も期待できる。洗面台のシャワー機能を使う洗髪は、利用者の身体への負担が**少なくすむ**方法である。

5 ○ 入浴や清拭の介助は、利用者の身体状況を確認する機会となるため、皮膚に**発赤**がないか、ぶつけた痕がないか、不自然なあざがないかなどを観察する。

解答 1・5

入浴・清潔の目的

	目的
入浴	・全身の保清 ・血液循環や新陳代謝を促進 ・リラクゼーション ・心身の爽快
清拭	・清拭範囲の保清 ・血液循環や新陳代謝を促進 ・心身の爽快
手浴・足浴	・手部・足部の保清 ・血液循環の促進 ・心身の爽快
洗髪	・頭皮及び毛髪の保清 ・血液循環を良好に保つ ・心身の爽快

口腔機能・口腔ケア

問題 196

口腔機能や口腔ケアについて、より適切なものはどれか。3つ選べ。

1 口腔内・口腔周囲を動かすことは、オーラルフレイル予防につながる。

2 舌苔は、口臭の原因となる。

3 かみ合わせが整っていなくても、平衡感覚は低下しない。

4 口腔内を清掃する際は、義歯をはずす。

5 不顕性誤嚥とは、誤嚥をしても肺炎を起こさないことである。

解説

1 ○ 口腔内が清潔であり、動かすことができる状態に保つことが**オーラルフレイル予防**の1つである。

2 ○ 口臭の予防には**プラーク（歯垢）**や**舌苔**を除去することが原則である。

3 × う蝕（虫歯）や歯周病の進行により歯を喪失すると、整ったかみ合わせでなくなり、**咀嚼機能**が低下する。また、かみ合わせが整っていないことで発音や表情への影響、**平衡感覚**の低下等につながる。

4 ○ 食後は義歯を**はずして**口腔内を清掃し、義歯はブラシを使用して**流水**で洗う。

5 × 不顕性誤嚥とは、誤嚥しても**むせ**が生じないことである。

解答 1・2・4

口腔の役割

咀嚼	口に入った食物を歯でかみ砕き、唾液と混ぜて食塊を形成する。
嚥下	嚥下反射によって、咽頭から食道に食塊を送る。
発音・発声	吐き出す息が声帯を振動させて、咽頭、口腔などで共鳴して生じる。口唇、舌、頬等を動かして音をつくる。
呼吸	息を吸ったり吐いたりする。

口腔ケアの効果

問題 197

口腔ケアの効果について、より適切なものはどれか。 3つ選べ。

1 口臭の予防となる。
2 唾液分泌が減少する。
3 う蝕の予防となる。
4 誤嚥性肺炎の予防となる。
5 嚥下反射を減退させる。

解説

1 ○ 口腔からの病的な口臭の要因は舌苔及び歯周疾患によるものであるため、口臭の予防には、口腔ケアにより**プラーク（歯垢）**や**舌苔**を除去することが原則である。

2 × 舌や粘膜への汚れの停滞、細菌の繁殖、唾液量の減少等が起こると、味を感じにくくなる。口腔ケアにより汚れを除去し清潔に保つことや、刺激により唾液の分泌を**促す**ことで、味覚を正常に保つことができる。

3 ○ 口腔ケアにより、う蝕・歯周疾患の原因となる**細菌の栄養（食物残渣）**を除去することで、罹患することを防ぐ。

4 ○ 誤嚥性肺炎の発症には、口腔内が不衛生であることなどが影響するため、口腔ケアにより口腔内の環境を整え、正常な動きを保つことが**肺炎のリスクを下げる**こととなる。

5 × 口腔ケアにより、口腔内・口腔周囲を動かすこと、嚥下反射を**促す**ことで廃用を防ぎ、口腔機能を維持・向上させる。

解答 1・3・4

口腔ケアの効果

- ・う蝕・歯周疾患の予防
- ・口臭の予防
- ・粘膜疾患の予防・改善
- ・味覚を正常に保つ（唾液分泌を促す）
- ・オーラルフレイル予防
- ・口腔機能・嚥下機能の維持・向上
- ・**誤嚥性肺炎の予防**

❶ 介護支援分野

❷ 保健医療サービス分野

❸ 福祉サービス分野

褥瘡

問題 198

褥瘡について、より適切なものはどれか。2つ選べ。

1 感覚障害のある人は、褥瘡を生じやすい。
2 褥瘡防止マットレスを使用した場合には、体位変換を行う必要はない。
3 座位では、肩甲骨部には発生しない。
4 薬剤投与は、褥瘡発生の全身的要因の1つである。
5 指定介護老人福祉施設において、褥瘡マネジメント加算は算定できない。

解説 頻出

1 ○ 感覚障害が重度になると、温度や痛みを感じないため、やけどや**褥瘡**を生じやすい。

2 × 褥瘡防止マットレスは長時間、同一部位にかかる圧力を減少させるための**体圧分散用具**として使用されるが、すべての体圧を除去できるわけではないため、**体位変換**を行う必要はある。

3 × 座位では、**肩甲骨部**、**肘関節部**、**殿部**に発生しやすい。

褥瘡の好発部位

仰臥位	後頭部、肩甲骨部、肘関節部、仙骨部、踵骨部
側臥位	耳介部、肩鎖関節部、側胸部、大転子部、膝関節外側部、足関節外果部
ファーラー位	後頭部、肩甲骨部、仙骨部、殿部、踵骨部
座位（車いす）	肩甲骨部、肘関節部、殿部

4 ○ 褥瘡の発生要因として、低栄養ややせ、加齢や基礎疾患、薬剤投与などの**全身的要因**、加齢による皮膚の変化や摩擦・ずれ、失禁、局所の皮膚疾患などの**局所的要因**、そして、介護力不足や経済力不足などの**社会的要因**がある。

褥瘡の発生要因

5 × 施設サービスでは、褥瘡リスクに対して適切な管理を行った場合、**褥瘡マネジメント加算**が算定できる。

解答 **1・4**

訪問看護

問題 199

訪問看護について正しいものはどれか。 3つ選べ。

1 指定訪問看護事業者は、主治の医師に訪問看護計画書を提出しなければならない。
2 既に居宅サービス計画が作成されている場合、その計画に沿って訪問看護計画書を作成しなければならない。
3 気管カニューレを使用している者に対する特別訪問看護指示書は、月に1回まで交付することができる。
4 指定訪問看護ステーションから、言語聴覚士によりサービスを提供されることもある。
5 緊急の訪問看護開始時には、訪問看護指示書は不要である。

解説

1 ○ 指定訪問看護事業者は、訪問看護の提供の開始に際し、主治の医師による指示を文書で受けなければならない。また、主治の医師に**訪問看護計画書及び訪問看護報告書**を提出しなければならない。

2 ○ 運営基準において、「看護師等は、既に居宅サービス計画等が作成されている場合は、**当該計画の内容に沿って**訪問看護計画書を作成しなければならない」と定められている。

3 × 急性増悪などの場合に交付される特別訪問看護指示書は、**14**日間を限度とし、月1回までの交付が原則であるが、気管カニューレを使用している者や真皮を越える褥瘡のある者に対しては、月2回まで交付することができる。特別訪問看護指示書の交付があった場合、**医療保険**の給付対象となる。

訪問看護指示書と特別訪問看護指示書

	有効期間
訪問看護指示書	6か月以内
特別訪問看護指示書	診療の日から14日以内

4 ○ 指定訪問看護ステーションには、理学療法士・作業療法士・言語聴覚士を実情に応じた適当数配置することとされており、**理学療法士**、**作業療法士**、**言語聴覚士**などの専門職も訪問看護を提供する。

5 × 訪問看護は、医師の指示によってサービスが提供されるため、緊急時であっても、訪問看護開始時には主治の医師が記載した訪問看護指示書が**必要**である。

解答 1・2・4

訪問看護

問 題 200

訪問看護について正しいものはどれか。 2つ選べ。

1　薬剤の管理は行うことができない。
2　同居家族に対するサービス提供を行うことができる。
3　特殊な看護は行ってはならない。
4　利用者の病状や心身の状況及びその置かれている環境を把握する必要がある。
5　食事・排泄の援助は行わない。

解 説

1 ✕　訪問看護では、**服薬管理、浣腸・摘便**などの診療の補助も業務内容に含まれる。

2 ✕　指定訪問看護事業者は、看護師等に同居家族である利用者に対するサービスの提供を**させてはならない**とされている。

3 ◯　運営基準の具体的取扱方針には、**特殊な看護等**（広く一般に認められていない看護等）は行ってはならないと定められている。

4 ◯　訪問看護を提供するにあたっては、常に**利用者の病状、心身の状況及びその置かれている環境**の的確な把握に努めなければならない。

5 ✕　訪問看護では、**食事の援助**や**排泄の援助**などの療養上の世話も業務内容に含まれる。

解答　**3・4**

訪問看護の業務内容

①病状の観察と情報収集
②療養上の世話（清潔、排泄援助、移動、食事栄養援助、衣服の交換）
③診療の補助（服薬管理、浣腸・摘便、褥瘡の予防）
④精神的支援
⑤リハビリテーション
⑥家族支援
⑦療養指導
⑧在宅での看取りの支援

訪問看護

問 題 201

訪問看護について正しいものはどれか。２つ選べ。

1 病院または診療所が行う場合、常勤換算 2.5 人以上の看護職員を配置しなければならない。

2 指定訪問看護事業者は、看護師等に身分を証する書類を携行するように指導しなければならない。

3 指定訪問看護ステーションの管理者は、医師でなければならない。

4 保険医療機関の指定を受けている診療所は、介護保険の指定訪問看護事業者の指定があったものとみなされる。

5 看護師等は、提供した看護内容等について主治の医師に口頭で報告していれば、訪問看護報告書を作成する必要はない。

解 説 頻出

1 × 病院または診療所が訪問看護を行う場合、看護職員（保健師・看護師・准看護師）の配置は**適当数**でよい。指定訪問看護ステーションが行う場合、常勤換算で **2.5** 人以上かつ **1** 人は常勤である看護職員を配置しなければならない。

訪問看護の人員に関する基準

職　種	資格要件・配置基準等	
	指定訪問看護ステーション	病院または診療所
管理者	原則として保健師または看護師（常勤）	──
看護職員（保健師・看護師・准看護師）	常勤換算で 2.5 人以上（1 人は常勤）	適当数
理学療法士・作業療法士・言語聴覚士	指定訪問看護ステーションの実情に応じた適当数	──

2 ○ 指定訪問看護事業者は、看護師等に**身分を証する**書類を携行させ、初回訪問時及び利用者またはその家族から求められたときは、これを提示すべき旨を指導しなければならない。

3 × 指定訪問看護ステーションの管理者は、原則として常勤専従である**保健師**または**看護師**である。

4 ○ 保険医療機関の指定を受けている病院及び診療所、保険薬局の指定を受けている薬局については、介護保険法に基づく指定申請を行うことなく、指定訪問看護事業者とみなされる。

5 × 看護師等は、提供した看護内容等を記載した**訪問看護報告書**を作成し、指定訪問看護事業者は主治の医師に提出する必要がある。

解答 **2・4**

訪問看護

問題 202

訪問看護について正しいものはどれか。3つ選べ。

1 すべての訪問看護事業者は、24時間連絡体制が義務づけられている。

2 利用者やその家族等の同意を得て、利用者の身体的理由により、同時に複数の看護師等が訪問看護を行った場合には、複数名訪問加算を算定できる。

3 利用者が短期入所療養介護を利用している場合には、訪問看護費は算定できない。

4 緊急時訪問看護加算は、1人の利用者に対し、複数の事業所について算定できる。

5 ターミナルケア加算は、その死亡日及び死亡日前14日以内に2日以上ターミナルケアを実施した場合に算定できる。

 解 説 頻出

1 × **緊急時訪問看護加算**、**ターミナルケア加算**を算定する訪問看護事業者は、24時間連絡体制が義務づけられているが、すべての訪問看護事業者が義務づけられているわけではない。

2 ○ 利用者やその家族等の同意を得て、利用者の身体的理由や暴力行為があることなどにより、同時に複数の看護師等が訪問看護を行った場合、または看護師等が看護補助者と同時に訪問看護を行った場合には、**複数名訪問加算**を算定できる。

3 ○ 利用者が短期入所生活介護、短期入所療養介護もしくは特定施設入居者生活介護または定期巡回・随時対応型訪問介護看護（一体型に限る）、認知症対応型共同生活介護、地域密着型特定施設入居者生活介護、地域密着型介護老人福祉施設入所者生活介護もしくは複合型サービスを利用している場合、訪問看護費を同時に**算定することはできない**。

4 × 緊急時訪問看護加算は、1人の利用者に対し、1か所の事業所に限り算定することができる。

5 ○ ターミナルケア加算は、その死亡日及び死亡日前14日以内に2日（末期の悪性腫瘍等の場合は1日）以上ターミナルケアを実施した場合に算定できる。

解答 **2・3・5**

訪問看護

問題 203 ✓ ✓ ✓

訪問看護について正しいものはどれか。 3つ選べ。

1 訪問看護の根拠法には、高齢者の医療の確保に関する法律も含まれる。

2 訪問看護の提供の終了に際しては、福祉サービスを提供する者との密接な連携は求められていない。

3 サービス提供中に利用者の病状が急変したときには、臨時応急の手当を行うとともに、主治の医師へ連絡を行い指示を求める。

4 指定訪問看護事業者は、広告を行うことができない。

5 訪問看護の提供にあたっては、家族に対しても適切な指導を行う。

解説

1 ○ 高齢者の医療の確保に関する法律の後期高齢者医療制度には、**訪問看護**が規定されている。

2 × 指定訪問看護事業者は、訪問看護の提供の終了に際しては、利用者またはその家族に対して適切な指導を行うとともに、主治の医師及び居宅介護支援事業者に対する情報の提供ならびに保健医療サービスまたは福祉サービスを提供する者との**密接な連携**に努めなければならない。

3 ○ 看護師等は、訪問看護の提供を行っているときに利用者の病状が急変した場合は、必要に応じて臨時応急の手当を行うとともに、速やかに**主治の医師**へ連絡を行い指示を求める。

4 × 指定訪問看護事業者は、**広告**を行うことができるが、その内容が虚偽または誇大なものであってはならないとされている。

5 ○ 訪問看護の提供にあたっては、利用者またはその**家族**に対し、療養上必要な事項について理解しやすいように**指導**または**説明**を行うとされている。

解答 1・3・5

医療保険の訪問看護

問題 204

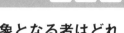

要介護認定を受けていても、医療保険の訪問看護の対象となる者はどれか。3つ選べ。

1 認知症の者
2 多発性硬化症の者
3 脳血管障害の者
4 人工呼吸器を使用している状態の者
5 末期の悪性腫瘍の患者

解説

1 × 認知症の者が訪問看護を受ける場合は、**介護保険**の訪問看護の対象となる。

2 〇 多発性硬化症の者は、**医療保険**における訪問看護の対象となる。

3 × 脳血管障害の者は、**介護保険**の訪問看護の対象となる。

4 〇 人工呼吸器を使用している状態の者は、**医療保険**における訪問看護の対象となる。

5 〇 末期の悪性腫瘍の患者は、**医療保険**の訪問看護の対象となる。

解答 **2・4・5**

訪問看護が医療保険の給付となる場合の疾病

①末期の悪性腫瘍
②多発性硬化症
③重症筋無力症
④スモン
⑤筋萎縮性側索硬化症（ALS）
⑥脊髄小脳変性症
⑦ハンチントン病
⑧進行性筋ジストロフィー症
⑨パーキンソン病関連疾患（進行性核上性麻痺、大脳皮質基底核変性症及びパーキンソン病（ホーエン・ヤールの重症度分類がステージ3以上であって生活機能障害度がⅡ度またはⅢ度のものに限る））
⑩多系統萎縮症（線条体黒質変性症、オリーブ橋小脳萎縮症及びシャイ・ドレーガー症候群）

⑪プリオン病
⑫亜急性硬化性全脳炎
⑬ライソゾーム病
⑭副腎白質ジストロフィー
⑮脊髄性筋萎縮症
⑯球脊髄性筋萎縮症
⑰慢性炎症性脱髄性多発神経炎
⑱後天性免疫不全症候群
⑲頸髄損傷
⑳人工呼吸器を使用している状態

訪問リハビリテーション

問題 205

☑ ☑ ☑

訪問リハビリテーションについて適切なものはどれか。3つ選べ。

1 指定訪問リハビリテーション事業者は、リハビリテーション会議を開催し、利用者に関する情報を会議の構成員と共有するように努める。

2 移行支援加算は、目標を作成しなくても、通所介護等に移行すれば算定することができる。

3 指定訪問リハビリテーション事業者が理学療法士、作業療法士または言語聴覚士を配置する場合、非常勤の者でもよい。

4 理学療法士、作業療法士または言語聴覚士は、サービスの実施状況及びその評価について、診療記録を作成し、医師に報告する。

5 訪問リハビリテーションの短期集中リハビリテーション実施加算は、退院・退所時、もしくは要介護認定の認定日から6か月以内に行われた場合に算定できる。

解説

1 ○ 指定訪問リハビリテーション事業者は、**リハビリテーション会議**を開催し、リハビリテーションに関する専門的な見地から、利用者の状況等に関する情報を会議の構成員と共有するように努め、利用者に対し、適切なサービスを提供すると規定されている。

2 × 移行支援加算におけるリハビリテーションは、訪問リハビリテーション計画に家庭や社会への参加を可能とするための**目標を作成したうえで**、利用者の ADL 及び IADL を向上させ、通所介護等に移行させるものであることと規定されている。

3 ○ 指定訪問リハビリテーション事業者は、理学療法士、作業療法士または言語聴覚士を1人以上配置しなければならないが、常勤・非常勤等の定めは**ない**。

4 ○ 理学療法士、作業療法士または言語聴覚士は、訪問リハビリテーション計画に従ったサービスの実施状況及びその評価について、速やかに**診療記録**を作成するとともに、**医師に報告**すると規定されている。

5 × 訪問リハビリテーションの短期集中リハビリテーション実施加算は、退院・退所時、もしくは要介護認定の認定日から**3か月以内**に行われた場合に算定できる。

解答 1・3・4

居宅療養管理指導

問題 206 ✓✓✓

居宅療養管理指導について正しいものはどれか。 2つ選べ。

1 虐待の防止のための措置に関する事項を定めなければならない。
2 配置される管理栄養士は、常勤でなければならない。
3 利用者の要介護状態の軽減または悪化の防止に資するよう、計画的に行わなければならない。
4 医師または歯科医師が行う居宅療養管理指導において、診療録への記載は必要ない。
5 サービス担当者会議は、医師または歯科医師が所属する医療機関で開催しなければならない。

解説

1 ○ 指定居宅療養管理指導事業者は、**運営規程**として、①**事業の目的及び運営の方針**、②**従業者の職種、員数及び職務の内容**、③**営業日及び営業時間**、④**居宅療養管理指導の種類及び利用料その他の費用の額**、⑤**通常の事業の実施地域**、⑥**虐待の防止のための措置に関する事項**、⑦**その他運営に関する重要事項**を定めなければならない。

2 × 配置される管理栄養士は、常勤である必要は**なく**、要件に適合した指導が行われていれば算定できる。

3 ○ 居宅療養管理指導は、利用者の**要介護状態の軽減または悪化の防止**に資するよう、計画的に行われなければならない。

4 × 医師または歯科医師が行う居宅療養管理指導において、それぞれの利用者について、提供した居宅療養管理指導の内容について、速やかに**診療録に記録する**とされている。

5 × 医師または歯科医師が居宅療養管理指導を行う場合、その情報提供または助言については、原則として、**サービス担当者会議**に参加することにより行わなければならない。サービス担当者会議を行う場所については、特段規定がないため、医師または歯科医師の訪問に合わせて利用者の**自宅で開催することもできる**。

解答 **1・3**

居宅療養管理指導の人員・設備に関する基準

従業者の員数	病院・診療所	①医師または歯科医師
		②薬剤師、歯科衛生士または管理栄養士：提供するサービスの内容に応じた適当数
	薬局	薬剤師
設備・備品等	①病院、診療所、薬局であること	
	②必要な広さ、サービス提供に必要な設備・備品等を備えていること	

居宅療養管理指導

問題 207

居宅療養管理指導について正しいものはどれか。3つ選べ。

1 区分支給限度基準額が適用されないサービスである。

2 栄養指導は、栄養士によって行われる。

3 事業者は、通常の事業の実施地域でのサービスの提供について、交通費を受け取ることができない。

4 歯科衛生士は、口腔内の清掃または有床義歯の清掃に関する指導を行う。

5 准看護師も、居宅療養管理指導を行うことができる。

解説 頻出

1 ○ 居宅療養管理指導は、区分支給限度基準額が**適用されない**サービスである。

2 × 居宅療養管理指導で行われる栄養指導は、**管理栄養士**によって行われる。

3 × 居宅療養管理指導では、事業者は通常の事業の実施地域か否かにかかわらず、交通費を**受け取ることができる**。

4 ○ 歯科衛生士は、訪問歯科診療を行った歯科医師の指示と訪問指導計画に基づき、要介護者の居宅で実施される**口腔内の清掃または有床義歯の清掃に関する指導**を行う。

5 ○ 訪問歯科診療を行った歯科医師の指示と訪問指導計画に基づき、歯科衛生士のほか、保健師、看護師、**准看護師**もサービス提供（口腔内の清掃または有床義歯の清掃に関する指導）を行うことができる。

解答 **1・4・5**

居宅療養管理指導のサービス担当者とサービス内容

サービス担当者	サービス内容
医師／歯科医師	要介護者の居宅を訪問して行う計画的かつ継続的な医学的管理または歯科医学的管理に基づき、居宅介護支援事業者等に居宅サービス計画策定等に必要な情報提供を行い（サービス担当者会議への参加等）、要介護者または家族にサービス利用上の留意点や介護方法等について指導及び助言。
薬剤師	医師または歯科医師の指示（薬局の薬剤師の場合は薬学的管理指導計画）に基づき、要介護者の居宅で実施される薬学的な管理及び指導。
歯科衛生士／保健師／看護師／准看護師	訪問歯科診療を行った歯科医師の指示と訪問指導計画に基づき、要介護者の居宅で実施される口腔内の清掃または有床義歯の清掃に関する指導。
管理栄養士	計画的な医学的管理を行う医師の指示に基づき、要介護者の居宅で行われる栄養指導。

❶ 介護支援分野

❷ 保健医療サービス分野

❸ 福祉サービス分野

居宅療養管理指導

問題 208

居宅療養管理指導について正しいものはどれか。 3つ選べ。

1 保険医療機関の指定を受けている診療所は、居宅サービス事業者の指定があったものとみなされる。

2 医師が行う居宅療養管理指導において、医師がサービス担当者会議への参加が困難な場合には、原則として、情報提供または助言を文書により行わなければならない。

3 医師が行う居宅療養管理指導において、医師は、利用者の家族に対して介護方法等の指導及び助言を行う。

4 薬剤師が行う居宅療養管理指導にあたっては、医師または歯科医師の指示がなくても、介護支援専門員に情報提供を行うことができる。

5 薬局の薬剤師は、居宅療養管理指導を行うことができない。

解説

1 ○ 保険医療機関の指定を受けている**病院・診療所**、または保険薬局の指定を受けている**薬局**は、介護保険法に基づく指定事業者の指定申請をすることなく、居宅療養管理指導などの一部の居宅サービスに限り、居宅サービス事業者の指定があったものとみなされる。

2 ○ 医師が行う居宅療養管理指導において、居宅介護支援事業者または居宅サービス事業者に対する情報提供または助言については、原則として、医師がサービス担当者会議に参加することにより行わなければならないが、サービス担当者会議への参加が困難な場合には、原則として、情報提供または助言の内容を記載した**文書**を交付して行わなければならない。

3 ○ 医師が行う居宅療養管理指導において、医師は、計画的かつ継続的な医学的管理に基づいて、居宅介護支援事業者に居宅サービス計画の策定等に必要な情報提供を行い、要介護者・家族にサービス利用上の留意事項や**介護方法等**について**指導及び助言**を行う。

4 × 薬剤師が行う居宅療養管理指導にあたっては、医師または歯科医師の**指示に基づき**、介護支援専門員に情報提供を行うことができる。

5 × 居宅療養管理指導の薬学的な管理及び指導は、病院または診療所の薬剤師と、**薬局の薬剤師**が行うことができる。

解答 **1・2・3**

居宅療養管理指導

問題 209

居宅療養管理指導について正しいものはどれか。3つ選べ。

1 居宅療養管理指導は、通院が困難な在宅の利用者に対して提供されるサービスである。
2 歯科医師の指示のもと、看護師が口腔内の清掃の指導を実施することがある。
3 管理栄養士は、行うことができない。
4 介護老人福祉施設に入所している要介護者についても、一定の条件を満たせば、居宅療養管理指導を提供することができる。
5 小規模多機能型居宅介護を利用している要介護者についても、一定の条件を満たせば、居宅療養管理指導を提供することができる。

解説

1 ○ 居宅療養管理指導は、**通院が困難な在宅の利用者**に対して、利用者の居宅を訪問し、心身の状況や環境等を踏まえて療養上の管理及び指導を行うサービスである。

2 ○ 居宅療養管理指導において、歯科衛生士・保健師・看護師・准看護師は、訪問歯科診療を行った歯科医師の指示と訪問指導計画に基づき、要介護者の居宅で実施される**口腔内の清掃・有床義歯の清掃に関する指導**を行う。

3 × 管理栄養士は、居宅療養管理指導を**行うことができる**（問題 207 の表（209 頁）参照）。

4 × 居宅療養管理指導は居宅サービスであるため、介護老人福祉施設に入所している要介護者については、居宅療養管理指導を**提供することができない**。

5 ○ 小規模多機能型居宅介護を利用している要介護者については、通院が困難である等の条件を満たした場合、居宅療養管理指導を**提供することができる**。

解答 **1・2・5**

通所リハビリテーション

問題 210

通所リハビリテーションについて正しいものはどれか。3つ選べ。

1 IADL の維持・回復は、通所リハビリテーションの目的に含まれない。

2 認知症高齢者は対象となる。

3 医師を配置しなければならない。

4 管理栄養士を配置しなければならない。

5 介護老人保健施設で提供する場合、専らリハビリテーションの提供にあたる理学療法士、作業療法士、言語聴覚士を、利用者が 100 人またはその端数を増すごとに1人以上配置しなければならない。

解 説 **頻出**

1 × 通所リハビリテーションの目的には、利用者の**心身機能の維持回復**、ADL や IADL の維持・回復などがある。

2 ○ 通所リハビリテーションの対象者に、認知症高齢者は**含まれる**。通所リハビリテーション利用者は、以下のとおりである。

通所リハビリテーションの利用対象者

①脳血管障害やパーキンソン病、関節リウマチなどで身体機能に障害がある人
② BPSD（認知症の行動・心理症状）があったり、理解力や判断力が低下している認知症の人
③ ADL、IADL の維持・回復を図りたい人
④摂食・嚥下障害、口腔機能が低下している人
⑤言語障害などでコミュニケーションに問題がある人
⑥低栄養状態にあり、体力が低下している人
⑦閉じこもりがちで社会交流の機会が乏しい人

3 ○ 指定通所リハビリテーション事業所には、医師を1人以上配置しなければならない。

	配置基準
病院 介護老人保健施設 介護医療院	常勤の医師を1人以上
診療所	・利用者数が同時に 10 人以下の場合 医師を1人以上。医師1人に対して、利用者数は1日 48 人以内 ・利用者数が同時に 10 人を超える場合 常勤の医師を1人以上

4 × 管理栄養士を配置する規定は**ない**。

5 ○ 病院・介護老人保健施設・介護医療院で提供する場合、専らリハビリテーションの提供にあたる理学療法士、作業療法士、言語聴覚士を、利用者が **100** 人またはその端数を増すごとに1人以上配置しなければならない。

解答 **2・3・5**

通所リハビリテーション

問題 211

通所リハビリテーションについて正しいものはどれか。3つ選べ。

1 通所リハビリテーション計画は、管理者が作成しなければならない。

2 通所リハビリテーション計画は、すでに居宅サービス計画が作成されている場合には、その計画の内容に沿って作成しなければならない。

3 通所リハビリテーション計画があれば、医師の指示は必要ない。

4 通所リハビリテーション従業者は、それぞれの利用者について、通所リハビリテーション計画に従ったサービスの実施状況及びその評価を診療記録に記載する。

5 個々の利用者に応じて作成された通所リハビリテーション計画に基づいて行われるが、グループごとにサービス提供を行うことができる。

解説

1 × 通所リハビリテーション計画は、**医師**及び**理学療法士**、**作業療法士**その他専ら指定通所リハビリテーションの提供にあたる**通所リハビリテーション従業者**が**共同**して作成しなければならない。

2 ○ 通所リハビリテーション計画は、すでに**居宅サービス計画**が作成されている場合には、その計画の内容に沿って作成しなければならない。

3 × 通所リハビリテーションの提供にあたっては、**医師の指示**及び通所リハビリテーション計画に基づいて行う。

4 ○ 通所リハビリテーション従業者は、それぞれの利用者について、通所リハビリテーション計画に従ったサービスの**実施状況**及びその**評価**を**診療記録**に記載する。

5 ○ 通所リハビリテーションは、個々の利用者に応じて作成された通所リハビリテーション計画に基づいて行われるものであるが、グループごとにサービス提供が行われることを**妨げるものではない**とされている。

解答 **2・4・5**

通所リハビリテーションのサービス内容

・送迎
・バイタルチェック（体温、血圧、脈拍などの測定）
・食事や入浴などの介護サービス
・運動器具を使用した機能向上訓練
・栄養改善の指導
・口腔機能向上の指導
・ゲームや創作など、レクリエーション活動の実施

通所リハビリテーション

問題 212

通所リハビリテーションについて正しいものはどれか。3つ選べ。

1 介護報酬は、事業所の規模によって異なる。

2 3m² に利用定員を乗じた面積以上の通所リハビリテーションを行うにふさわしい専用の部屋等が必要である。

3 リハビリテーション会議の構成員には、介護支援専門員は含まれない。

4 送迎加算を算定することができる。

5 リハビリテーションマネジメント加算は、SPDCA サイクルの構築を通じて、多職種協働によりリハビリテーションの質の管理を行うことを目的としている。

解説

1 ○ 通所リハビリテーションの介護報酬は、①**事業所の規模**、②介護の所要時間、③要介護度に応じて単位が決められる。

2 ○ 通所リハビリテーションを行うにふさわしい専用の部屋等であって、**3m² に利用定員を乗じた面積以上のもの**が必要である。

3 × リハビリテーション会議の構成員は、医師、理学療法士、作業療法士、言語聴覚士、**介護支援専門員**、指定居宅サービス担当者などとされ、利用者及びその家族の参加を基本とする。

4 × 通所リハビリテーションの送迎にかかる費用は、利用料に**含まれている**ため、送迎加算を**算定することはできない**。なお、利用者の送迎を行わない場合には、所定単位数から減算される。

5 ○ 選択肢のとおりである。**リハビリテーションマネジメント加算**は、利用者ごとに行われるケアマネジメントの一環として実施されるものであり、リハビリテーションの質の向上を図るため、利用者の状態や生活環境等を踏まえた**多職種協働**による通所リハビリテーション計画の作成、計画に基づく適切なリハビリテーションの提供、提供内容の評価とその結果を踏まえた計画の見直し等といった **SPDCA サイクル**の構築を通じて、継続的に**リハビリテーションの質の管理**を行った場合に加算されるものである。なお、SPDCA とは、調査（Survey）、計画（Plan）、実行（Do）、評価（Check）及び改善（Action）をいう。

解答 **1・2・5**

短期入所療養介護

問題 213 ✓ ✓ ✓

短期入所療養介護について正しいものはどれか。 3つ選べ。

1 介護医療院は、提供することができる。
2 短期入所療養介護をおおむね4日以上利用する場合は、居宅サービス計画に沿って短期入所療養介護計画を作成する。
3 ターミナルケアは、実施することができない。
4 利用者の家族の身体的及び精神的な負担軽減のための利用はできない。
5 短期入所療養介護の利用者と入所サービスの利用者を合わせた数が、施設全体の定員を超えなければ、それぞれの定員を定める必要はない。

解説 頻出

1 ○ 短期入所療養介護は、**介護老人保健施設、介護医療院、療養病床を有する病院・診療所、診療所**で提供される。短期入所療養介護は、居宅要介護者について、上記の施設に短期間入所させ、**看護、医学的管理**の下における介護及び機能訓練その他必要な医療ならびに日常生活上の世話を行うことである。

2 ○ 指定短期入所療養介護事業所の管理者は、相当期間（おおむね4日）以上にわたり継続して入所することが予定される利用者については、利用者の心身の状況、病状、希望及びその置かれている環境ならびに医師の診療の方針に基づき、サービスの目標、当該目標を達成するための具体的なサービスの内容等を記載した**短期入所療養介護計画**を作成しなければならない。なお、短期入所療養介護計画は、すでに**居宅サービス計画**が作成されている場合は、その計画の内容に**沿って**作成しなければならない。

3 × 短期入所療養介護の内容には、**ターミナルケア**の実施も含まれる。短期入所療養介護の内容は以下のとおりである。

短期入所療養介護の内容

・疾病に対する医学的管理	・緊急時の受け入れ
・装着された医療機器の調整・交換	・急変時の対応
・リハビリテーション	・ターミナルケア
・認知症患者への対応	

4 × 短期入所療養介護の対象者は、①利用者の心身の状況・病状、②利用者の家族の疾病・冠婚葬祭・出張等、③**利用者の家族の身体的・精神的な負担の軽減**等のために、一時的に入所して看護、医学的管理の下における介護及び機能訓練その他必要な医療等を受ける必要がある者である。

5 ○ 短期入所療養介護は、一般に**空床利用型**といわれる運用がされ、短期入所療養介護の利用者と入所サービスの利用者を合わせた数が、短期入所療養介護を運営する施設全体の定員を超えなければ、それぞれの定員を定める**必要はない**。

解答 1・2・5

短期入所療養介護

問題214 ✓ ✓ ✓

短期入所療養介護について正しいものはどれか。2つ選べ。

1 利用者から理美容代の支払いを受けることができる。

2 利用者には、検査、投薬、注射、処置等の診療を行うことができない。

3 送迎加算は、算定できない。

4 喀痰吸引や酸素療法が必要な要介護者は、利用できない。

5 特定短期入所療養介護は、難病などのある中重度者やがん末期の要介護者を対象とした日帰り利用を行うサービスである。

解説

1 ○ 短期入所療養介護では、法定自己負担額のほかに、①食事の提供、②滞在、③特別な居室の提供、④特別な食事の提供、⑤送迎（送迎加算算定の場合を除く）、⑥**理美容**に関する費用、⑦その他日常生活においても通常必要となるものに関する費用の**支払い**を受けることができる。

2 × 短期入所療養介護では、診療の方針として、検査、投薬、注射、処置等は、利用者の病状に照らして**妥当適切に行う**ものとされている。

3 × 利用者の心身の状態、家族等の事情等から、送迎を行うことが必要と認められる利用者に対して送迎を行った場合、**送迎加算**を算定することができる。

4 × 指定短期入所療養介護事業所には医師が配置され、看護職員の配置も手厚いため、喀痰吸引や酸素療法など**医療ニーズが高い**要介護者も利用することができる。

5 ○ 特定短期入所療養介護は、在宅で生活している、**難病**などのある中重度者や**がん末期**の要介護者を対象とした、指定短期入所療養介護事業所において**日帰り**利用を行うサービスである。

解答 1・5

短期入所療養介護

問題 215 ✓ ✓ ✓

短期入所療養介護について正しいものはどれか。 3つ選べ。

1 日常生活の自立を助けるため、必要なリハビリテーションを行わなければならない。
2 利用者が短期入所療養介護を利用している場合においても、訪問リハビリテーション費は算定できる。
3 家族の疾病、冠婚葬祭、出張等の理由で、利用することができる。
4 居宅サービス計画において、あらかじめ位置づけられていない場合でも、緊急時に利用することができる。
5 介護老人福祉施設に入所している要介護者も、利用することができる。

解 説

1 ○ 指定短期入所療養介護事業者は、利用者の心身の諸機能の維持回復を図り、日常生活の自立を助けるため、必要な理学療法、作業療法その他必要な**リハビリテーション**を行わなければならない。

2 × 利用者が短期入所療養介護を利用している場合には、訪問リハビリテーション費は**算定できない**。

3 ○ 短期入所療養介護は、利用者の心身の状況や病状だけでなく、**利用者の家族の疾病**、**冠婚葬祭**、**出張**等の理由により、または利用者の家族の身体的・精神的な負担の軽減等を図るために、利用することができる。

4 ○ 短期入所療養介護は、居宅サービス計画において、あらかじめ位置づけられていない場合でも、**緊急時**に利用することができる。

5 × 介護老人福祉施設に入所している要介護者は、短期入所療養介護などの居宅サービスを利用することができない。

解答 **1・3・4**

短期入所療養介護の利用者

> ①医療的なニーズをもった利用者
> ②リハビリテーションに対するニーズをもった利用者
> ③介護者の介護負担の軽減（レスパイトケア）に対するニーズをもった利用者
> ④緊急事態に対するニーズをもった利用者

❶ 介護支援分野

❷ 保健医療サービス分野

❸ 福祉サービス分野

定期巡回・随時対応型訪問介護看護

問題 216

定期巡回・随時対応型訪問介護看護について正しいものはどれか。2つ選べ。

1 提供するサービスは、定期巡回サービス、随時対応サービス及び訪問看護サービスの3つである。
2 准看護師は、オペレーターになることができない。
3 管理者は、常勤でなくてもよい。
4 介護福祉士は、計画作成責任者になることができる。
5 ケアコール端末を配布しなくてもよい場合がある。

解説

1 × 定期巡回・随時対応型訪問介護看護において提供するサービスは、①**定期巡回サービス**、②**随時対応サービス**、③**随時訪問サービス**、④**訪問看護サービス**の4つである。

定期巡回・随時対応型訪問介護看護のサービスの種類

種類	内容
定期巡回サービス	訪問介護員等が、定期的に利用者の居宅を巡回して行う日常生活上の世話
随時対応サービス	あらかじめ利用者の心身の状況、その置かれている環境等を把握したうえで、随時、利用者またはその家族等からの通報を受け、通報内容等をもとに相談援助を行う、または訪問介護員等の訪問もしくは看護師等（保健師、看護師、准看護師、理学療法士、作業療法士または言語聴覚士をいう）による対応の要否等を判断するサービス
随時訪問サービス	随時対応サービスにおける訪問の要否等の判断に基づき、訪問介護員等が利用者の居宅を訪問して行う日常生活上の世話
訪問看護サービス	看護師等が医師の指示に基づき、利用者の居宅を訪問して行う療養上の世話または必要な診療の補助

2 × オペレーターは、**看護師**、**介護福祉士**、**医師**、**保健師**、**准看護師**、**社会福祉士**、**介護支援専門員**がなることができる。

3 × 指定定期巡回・随時対応型訪問介護看護事業者は、指定定期巡回・随時対応型訪問介護看護事業所ごとに**常勤専従**（管理上支障がない場合は他の職務との兼務可）の**管理者**を置かなければならない。

4 ○ 計画作成責任者は、従業者である**看護師**、**介護福祉士**、**医師**、**保健師**、**准看護師**、**社会福祉士**、**介護支援専門員**から1人以上選任しなければならないとされている。

5 ○ 利用者が援助を必要とする状態となったときに適切にオペレーターに随時通報を行うことができる端末機器（ケアコール端末や携帯電話）を配布しなければならないが、利用者が適切に随時の通報ができる場合には、利用者が所有している家庭用電話や携帯電話で**代用してもよい**とされている。

解答 4・5

定期巡回・随時対応型訪問介護看護

問題 217

定期巡回・随時対応型訪問介護看護について正しいものはどれか。2つ選べ。

1 随時訪問サービスは、随時の通報から、おおむね30分以内に居宅に駆けつけられる体制確保に努めなければならない。

2 介護・医療連携推進会議を設置し、おおむね12か月に1回以上、サービスの提供状況等を報告し、評価を受けなければならない。

3 介護・医療連携推進会議の会議記録は、守秘義務の観点から公表してはならない。

4 サービス提供の日時は、居宅サービス計画にかかわらず、当該事業所の計画作成責任者が決定できる。

5 区分支給限度基準額が適用されないサービスである。

解説 頻出

1 ○ 随時訪問サービスは、随時の通報があってから、**おおむね30分以内**の間に駆けつけられるような体制確保に努めることとされている。

2 × 指定定期巡回・随時対応型訪問介護看護事業者は、介護・医療連携推進会議（テレビ電話装置等を活用して行うことができる。利用者または家族が参加する場合は、その活用について同意を得なければならない）を設置し、おおむね**6**か月に1回以上、サービスの提供状況等を報告し、評価を受けるとともに、必要な要望、助言等を聴く機会を設けなければならない。

3 × 指定定期巡回・随時対応型訪問介護看護事業者は、介護・医療連携推進会議の報告、評価、要望、助言等についての記録を作成するとともに、**公表しなければならない**。

4 ○ 定期巡回・随時対応型訪問介護看護計画は、すでに居宅サービス計画が作成されている場合は、その内容に沿って作成しなければならない。ただし、サービスを提供する**日時等**については、居宅サービス計画に定められた日時等にかかわらず、居宅サービス計画の内容及び利用者の日常生活全般の状況及び希望を踏まえ、計画作成責任者が決定することが**できる**。

5 × 定期巡回・随時対応型訪問介護看護は、区分支給限度基準額が**適用される**サービスである。

解答 **1・4**

定期巡回・随時対応型訪問介護看護の2つの類型

類型	特徴
介護・看護一体型	1つの事業所で訪問介護と訪問看護のサービスを一体的に提供する
介護・看護連携型	訪問介護を行う事業所が**地域の訪問看護事業所と連携**をしてサービスを提供する

219

看護小規模多機能型居宅介護

問題 218

看護小規模多機能型居宅介護について正しいものはどれか。 3つ選べ。

1 通いサービスの利用者が、登録定員に比べて著しく少ない状態が続いてはならない。

2 登録者の居宅サービス計画は、居宅介護支援事業所の介護支援専門員が作成する。

3 事業者は、看護サービスの提供の開始に際し、主治の医師の指示を文書で受けなければならない。

4 運営推進会議をおおむね6か月に1回開催しなければならない。

5 登録者は、福祉用具貸与を利用することができる。

 解説 頻出

1 ◯ 看護小規模多機能型居宅介護は、通いサービスの利用者が登録定員に比べて著しく少ない状態が続くものであってはならないとされている。

2 × 指定看護小規模多機能型居宅介護事業所の登録者に関する居宅サービス計画は、**指定看護小規模多機能型居宅介護事業所**の介護支援専門員が作成する。

3 ◯ 指定看護小規模多機能型居宅介護事業者は、看護サービスの提供の開始に際し、主治の医師による指示を**文書**で受けなければならない。

4 × 指定看護小規模多機能型居宅介護事業者は、運営推進会議（テレビ電話装置等を活用して行うことができる。利用者または家族が参加する場合は、その活用について同意を得なければならない）を設置し、おおむね**2**か月に1回以上、通いサービス及び宿泊サービスの提供回数等の活動状況を報告し、評価を受けるとともに、必要な要望、助言等を聴く機会を設けなければならない。

5 ◯ 指定看護小規模多機能型居宅介護事業所の登録者は、居宅サービスのうち、訪問リハビリテーション、居宅療養管理指導、**福祉用具貸与**を利用することができる。

解答 **1・3・5**

ONE POINT

看護小規模多機能型居宅介護の目的

看護小規模多機能型居宅介護には以下のような目的がある。

①医療ニーズが高い利用者であっても、可能な限り住み慣れた居宅で能力に応じ自立した日常生活を継続すること。

②通いサービス、宿泊サービスを利用することで外出の機会を増やし、社会との接点を維持すること。

③サービス提供により生活リズムを確保すること。

看護小規模多機能型居宅介護

問題 219 ✓✓✓

看護小規模多機能型居宅介護について正しいものはどれか。 3つ選べ。

1 介護支援専門員は、厚生労働大臣が定める研修を修了していなければならない。
2 従業者のうち1人以上は、常勤の保健師または看護師でなければならない。
3 事業所の管理者は、看護小規模多機能型居宅介護計画を作成しなければならない。
4 事業者の代表者には、特段の要件は定められていない。
5 事業所の登録定員は、29人以下である。

解説

1 ○ 指定看護小規模多機能型居宅介護事業所に配置される介護支援専門員は、**厚生労働大臣が定める研修修了者**でなければならない。

2 ○ 従業者のうち1人以上は、常勤の保健師または看護師でなければならない。また、従業者のうち、看護職員（保健師、看護師、准看護師）を常勤換算方法で **2.5** 人以上置かなければならない。

3 × 指定看護小規模多機能型居宅介護事業所の管理者は、**介護支援専門員**に、看護小規模多機能型居宅介護計画の作成に関する業務を担当させる。**介護支援専門員**は、利用者の心身の状況、希望及びその置かれている環境を踏まえて、他の看護小規模多機能型居宅介護従業者と協議のうえ、援助の目標、当該目標を達成するための具体的なサービスの内容等を記載した看護小規模多機能型居宅介護計画を作成する。

4 × 指定看護小規模多機能型居宅介護事業者の代表者は、事業所などで認知症ケアに従事した経験がある者、または保健医療サービス、福祉サービスの経営に携わった経験のある者で、厚生労働大臣が定める**研修修了者**または**保健師**、**看護師**とされている。

5 ○ 指定看護小規模多機能型居宅介護事業所の登録定員は、**29** 人以下である。ただし、サテライト型の場合は、**18** 人以下である。

解答 **1・2・5**

ONE POINT

主治の医師との関係を理解しよう!

・看護サービスの提供の開始に際しては、主治の医師による指示を文書で受けなければならない。
・事業者は、主治の医師に看護小規模多機能型居宅介護計画及び看護小規模多機能型居宅介護報告書を提出しなければならない。

21 介護老人保健施設

介護老人保健施設

問題 220

介護老人保健施設について正しいものはどれか。2つ選べ。

1 開設しようとする者は、市町村長の許可を受けなければならない。
2 開設者は、地方公共団体、医療法人、社会福祉法人その他厚生労働大臣が定める者に限られる。
3 ユニット型の提供はない。
4 介護医療院に併設されている定員29人以下の介護老人保健施設は、医療機関併設型小規模介護老人保健施設に分類される。
5 要介護者であって、主として長期にわたり療養が必要である者に対してサービスを行う施設と定義されている。

解 説 **頻出**

1 × 介護老人保健施設を開設しようとする者は、**都道府県知事**の許可を受けなければならない。

2 ○ 介護老人保健施設の開設者は、**地方公共団体、医療法人、社会福祉法人**その他**厚生労働大臣が定める者（国、日本赤十字社、健康保険組合、共済組合等）**に限られている。

3 × 個室の療養室と、入居者が交流し共同で日常生活を営むための共同生活室により一体的に構成されるユニットごとに入居者の日常生活が営まれる介護老人保健施設をユニット型介護老人保健施設という。**1つのユニットの入居定員**は、原則として**おおむね10人以下**で、**15人を超えないもの**と定められている。

4 ○ 医療機関併設型小規模介護老人保健施設は、介護医療院または病院・診療所に併設されている**定員29人以下の小規模な介護老人保健施設**である。

5 × **介護老人保健施設**は、「要介護者であって、主として**その心身の機能の維持回復を図り、居宅における生活を営むことができるようにするための支援が必要である者**に対し、施設サービス計画に基づいて、看護、医学的管理の下における介護及び機能訓練その他必要な医療ならびに日常生活上の世話を行うことを目的とする施設」と定義されている。

ユニット型介護老人保健施設	少数の療養室（居室）とそれに近接する共同生活室により一体的に構成される「ユニット」ごとに入居者の日常生活が営まれる介護老人保健施設。1つのユニットの入所定員は、原則としておおむね10人以下とし、15人を超えない
サテライト型小規模介護老人保健施設	当該施設以外の介護老人保健施設、介護医療院または病院・診療所（これらを「本体施設」という）と密接に連携しつつ、本体施設とは別の場所で運営される定員29人以下の介護老人保健施設
医療機関併設型小規模介護老人保健施設	介護医療院または病院・診療所に併設される定員29人以下の介護老人保健施設で、サテライト型小規模介護老人保健施設以外のもの
分館型介護老人保健施設	複数の医師を配置している病院または診療所に併設している基本型介護老人保健施設との一体的な運営を条件として独立開設した介護老人保健施設
介護療養型老人保健施設	既設の病院の療養病床などを介護老人保健施設に転換した施設

解答 **2・4**

介護老人保健施設

問題 221

介護老人保健施設について正しいものはどれか。2つ選べ。

1 療養室の定員は1人である。
2 要介護1の者は入所できない。
3 入所者に往診を求めることはできない。
4 特殊な療法を行ってはならない。
5 感染症または食中毒の予防及びまん延の防止のための対策を検討する委員会をおおむね3月に1回以上開催しなければならない。

解説 頻出

1 × 介護老人保健施設における1つの療養室の定員は**4人以下**とされている。

2 × 介護老人保健施設の対象者は、**要介護1～5**に認定されていて、**病状が安定**し入院治療の必要がないこと、リハビリテーションが必要なこととされている。

3 × 介護老人保健施設の医師は、必要に応じて協力病院等への入院または他の医師の往診を求める等診療について**適切な措置を講じなければならない**。

4 ○ 特殊な療法、新しい療法等については、厚生労働大臣が定めるもののほか**行ってはならない**。また、別に厚生労働大臣が定める医薬品以外の医薬品を入所者に施用し、または処方してはならない。

5 ○ 介護老人保健施設では、感染症または食中毒の予防及びまん延の防止のための対策を検討する委員会をおおむね3月に1回以上開催することとされている。

解答 4・5

① 介護支援分野

② 保健医療サービス分野

③ 福祉サービス分野

介護老人保健施設

問題 222

介護老人保健施設について正しいものはどれか。3つ選べ。

1 介護老人保健施設は、あらかじめ協力病院を定めている場合には、医師を置く必要はない。

2 非常災害に関する具体的計画を立て、定期的に避難や救出等の訓練を行わなければならない。

3 入所者の心身の諸機能の維持回復を図り、日常生活の自立を助けるため、リハビリテーションを計画的に行わなければならない。

4 施設サービス計画には、地域住民による自発的な活動によるサービス等の利用を位置づけるよう努めなければならない。

5 災害その他のやむを得ない事情がある場合でも、入所定員を超えて入所させてはならない。

解説 頻出

1 × 介護老人保健施設は、入所者の病状の急変等に備えるため、あらかじめ、**協力病院**を定めておかなければならない。また、あらかじめ協力病院を定めている場合においても、入所者100人に対して常勤換算で**1人以上の医師**を置く必要がある。

2 ○ 介護老人保健施設は、**非常災害**に関する具体的計画を立て、**非常災害**時の関係機関への通報及び連携体制を整備し、それらを定期的に従業者に周知するとともに、定期的に避難、救出その他必要な**訓練**を行わなければならない。

3 ○ 介護老人保健施設は、入所者の心身の諸機能の維持回復を図り、日常生活の自立を助けるため、**理学療法、作業療法その他必要なリハビリテーション**を計画的に行わなければならない。

4 ○ 介護老人保健施設における施設サービス計画の作成にあたっては、入所者の日常生活全般を支援する観点から、**地域住民による自発的な活動によるサービス等の利用**も含めて施設サービス計画上に位置づけるよう努めなければならない。

5 × 介護老人保健施設は、入所定員及び療養室の定員を超えて入所させてはならない。ただし、**災害、虐待その他のやむを得ない事情**がある場合は、定員を超えて入所させることができる。

解答 **2・3・4**

介護医療院

問題 223

介護医療院について正しいものはどれか。2つ選べ。

1 要介護3以上の者のみが利用できる。
2 原則として、個室である。
3 社会福祉法人は開設することができない。
4 医療法の医療提供施設に該当する。
5 必要な医療の提供が困難な場合には、他の医師の対診を求める等適切な措置を講じ
なければならない。

解説 頻出

1 × 介護医療院は、**要介護者**（要介護1以上）が入所することができる施設である。新規入所者が原則要介護3以上の者と規定されているのは、**介護老人福祉施設**である。

2 × 介護医療院の施設基準では、療養室の定員は4人以下とされている。

3 × 介護医療院は、**地方公共団体・医療法人・社会福祉法人その他厚生労働大臣が定める者**が開設許可を受けることができる。

4 ○ 介護医療院は、介護老人保健施設と同様に、医療法上の**医療提供施設**の1つとして位置づけられている。

5 ○ 介護医療院の医師は、入所者の病状からみて当該介護医療院において自ら必要な医療を提供することが困難であると認めたときは、協力病院その他適当な病院もしくは診療所への入院のための措置を講じ、または**他の医師の対診**を求める等診療について適切な措置を講じなければならない。

解答 **4・5**

介護医療院

問題 224

介護医療院について適切なものはどれか。3つ選べ。

1 長期にわたり療養が必要な者が対象である。
2 支援相談員を配置しなければならない。
3 施設サービス計画に関する業務を担当する介護支援専門員は、入所者のモニタリングを定期的に行う。
4 身体的拘束等の適正化のための対策を検討する委員会を開催しなければならない。
5 入所者のためのレクリエーション行事を行わなければならない。

解説

1 ○ 介護医療院は、**長期にわたり療養が必要である者**に対し、施設サービス計画に基づいて、療養上の管理、看護、医学的管理の下における介護及び機能訓練その他必要な医療ならびに日常生活上の世話を行うことにより、その者がその有する能力に応じ自立した日常生活を営むことができるようにするものでなければならないとされている。

2 × 介護医療院には、支援相談員を配置する**必要はない**。なお、介護老人保健施設には支援相談員を1人以上配置しなければならないとされている。

3 ○ 施設サービス計画に関する業務を担当する介護支援専門員は、モニタリングにあたっては、入所者及びその家族ならびに担当者との連絡を継続的に行うこととし、特段の事情のない限り、**定期的**に入所者に面接し、**定期的**にモニタリングの結果を記録しなければならないとされている。

4 ○ 介護医療院は、身体的拘束等の適正化を図るため、**身体的拘束等の適正化のための対策を検討する委員会**を3か月に1回以上開催するとともに、その結果について、介護職員その他の従業者に周知徹底を図ることなどの措置を講じなければならないとされている。

5 × 介護医療院は、適宜入所者のための**レクリエーション行事**を行うよう**努める**ものとされている。

解答 **1・3・4**

介護医療院

問題 225

介護医療院について正しいものはどれか。3つ選べ。

1 機能訓練は行われない。
2 あらゆる特殊な療法を行うことができる。
3 理学療法士、作業療法士または言語聴覚士を実情に応じた適当数配置しなければならない。
4 身体合併症を有する認知症高齢者等を入所させるⅠ型療養床がある。
5 療養室は、入所者のプライバシーの確保に配慮した療養床を備えなければならない。

解説

1 × 介護医療院では、長期にわたり療養が必要である者に対し、施設サービス計画に基づいて、療養上の管理、看護、医学的管理の下における介護及び**機能訓練**その他必要な医療ならびに日常生活上の世話が提供される。

2 × 介護医療院は、特殊な療法、新しい療法等については、厚生労働大臣が定めるもののほか**行ってはならない**とされている。

3 ○ 介護医療院には、理学療法士、作業療法士または言語聴覚士を**実情に応じた適当数**配置しなければならないとされている。併設型小規模介護医療院の場合、併設される医療機関の職員により、当該介護医療院の入所者の処遇が適切に行われると認められるときは、置かないことができるとされている。

4 ○ 選択肢のとおりである。介護医療院の療養床は、①**Ⅰ型療養床**と②**Ⅱ型療養床**に分けることができる。

Ⅰ型療養床	主として長期にわたり療養が必要である者であって、重篤な身体疾患を有する者、身体合併症を有する認知症高齢者等を入所させるための療養床
Ⅱ型療養床	療養床のうち、Ⅰ型療養床以外のもの

5 ○ 療養室については、定員を**4人以下**とし、入所者1人あたりの床面積は8 m^2 以上とすること、地階に設けてはならないこと、出入口は、避難上有効な空地、廊下または広間に直接面して設けること、入所者の**プライバシーの確保に配慮した療養床**や、入所者の身の回り品を保管することができる設備を備えること、ナース・コールを設けることなどが義務づけられている。

解答 3・4・5

3

福祉サービス分野

訪問介護

問題 226 ☑ ☑ ☑

介護保険における訪問介護について正しいものはどれか。2つ選べ。

1 利用者宅の窓ガラス磨きは、生活援助として算定できる。

2 薬の受け取りは、生活援助として算定できる。

3 利用者が飼育している犬に餌をあげることは、生活援助として算定できる。

4 一人暮らしの利用者宅の庭の草むしりは、生活援助として算定できる。

5 ゴミ出しは、生活援助として算定できる。

解 説 頻出

1 × 窓ガラス磨きは、**日常的に行われる家事の範囲を超える行為**と考えられ、生活援助として**算定できない**。

2 ○ 薬の受け取り（処方薬の受け取り）は、**生活援助**として**算定できる**。

3 × 利用者が飼育しているペットに餌をあげることや犬の散歩等のペットの世話は、訪問介護員が行わなくても**日常生活を営むのに支障が生じないと判断される行為**であり、生活援助として**算定できない**。

4 × 一人暮らしかどうかにかかわらず、庭の草むしりは、訪問介護員が行わなくても**日常生活を営むのに支障が生じないと判断される行為**であり、生活援助として**算定できない**。

5 ○ ゴミ出しは、掃除の一部に該当するため、**生活援助**として**算定できる**。

解答 **2・5**

生活援助

生活援助とは、身体介護以外の訪問介護。本人や家族が行うことが困難な掃除、洗濯、調理などの日常生活の援助。本人の代行的なサービス。
- 掃除（ゴミ出し等）
- 洗濯
- ベッドメイク（シーツ交換等）
- 衣類の整理（夏・冬物等の入れ替え等）
- 被服の補修（ボタン付け等）
- 一般的な調理
- 配下膳
- 買い物
- 薬の受け取り

生活援助の範囲に含まれないもの

1 「直接本人の援助」に該当しない行為
- 利用者以外の者の洗濯、調理、買い物、布団干し
- 利用者が使用する居室等以外の掃除
- 来客の応接
- 自家用車の洗車・清掃
2 「日常生活の援助」に該当しない行為
① 訪問介護員が行わなくても日常生活を営むのに支障が生じないと判断される行為
- 草むしり
- 花木の水やり
- 犬の散歩等ペットの世話
② 日常的に行われる家事の範囲を超える行為
- 家具・電気器具等の移動、修繕、模様替え
- 大掃除、窓のガラス磨き、床のワックスがけ
- 室内外家屋の修理、ペンキ塗り
- 植木の剪定等の園芸
- 正月、節句等のために特別な手間をかけて行う調理

訪問介護

問題 227 ✓ ✓ ✓

介護保険における訪問介護について正しいものはどれか。2つ選べ。

1 利用者の息子の食事をつくることは、生活援助として算定できる。
2 利用者の洋服にボタンを付ける等の被服の補修は、生活援助として算定できる。
3 認知症の高齢者と一緒に冷蔵庫の中の整理等を行うことにより、生活歴の喚起を促すことは、身体介護として算定できる。
4 嚥下困難な利用者のための流動食の調理は、生活援助として算定できる。
5 ゴミの分別がわからない利用者と一緒に分別し、ゴミ出しのルールを理解してもらうよう援助することは、生活援助として算定できる。

解説 頻出

1 × 「直接本人の援助」に該当しない行為は、生活援助に含まれない（問題226の表（230頁）参照）。利用者以外の者（同居者等）にかかる行為は、生活援助として算定できない。

2 ○ 利用者の洋服にボタンを付ける等の被服の補修は、生活援助として算定できる（問題226の表（230頁）参照）。

3 ○ 認知症の高齢者と一緒に冷蔵庫の中の整理等を行うことにより、生活歴の喚起を促すことは、自立生活支援・重度化防止のための見守り的援助に該当し、身体介護として算定できる。なお、生活援助のうち、訪問介護員等が代行するのではなく、安全を確保しつつ常時介助できる状態で見守りながら行うものであって、日常生活動作向上の観点から、利用者の自立支援に資するものは、身体介護に該当する。

4 × 嚥下困難な利用者のための流動食や糖尿病食の調理など、特段の配慮をもって行う調理は、身体介護として算定できる。

5 × ゴミの分別がわからない利用者と一緒に分別し、ゴミ出しのルールを理解してもらうよう援助することは、自立生活支援・重度化防止のための見守り的援助に該当し、身体介護として算定できる。

解答 2・3

ONE POINT

自立生活支援・重度化防止のための見守り的援助について
（身体介護として算定できる）

自立生活支援・重度化防止のための見守り的援助（自立支援、ADL・IADL・QOL向上の観点から安全を確保しつつ常時介助できる状態で行う見守り等）については、以下のようなものもある。
・認知症等の高齢者に対して、ヘルパーが声かけと誘導で食事・水分摂取を支援する
・洗濯物を一緒に干したりたたんだりすることにより自立支援を促すとともに、転倒予防等のための見守り・声かけを行う
・車いす等での移動介助を行って店に行き、本人が自ら品物を選べるよう援助する　等

訪問介護

問題 228

介護保険における訪問介護について正しいものはどれか。2つ選べ。

1 指定訪問介護事業所の管理者は、介護福祉士でなければならない。

2 訪問介護計画は、指定訪問介護事業所の管理者が作成する。

3 管理者には、サービス担当者会議への出席等により、居宅介護支援事業者等と連携を図ることが業務として位置づけられている。

4 サービス提供責任者には、訪問介護員等に対する研修、技術指導等を実施することが業務として位置づけられている。

5 サービス提供責任者には、居宅介護支援事業者に対し、サービス提供にあたり把握した利用者の服薬状況、口腔機能その他の利用者の心身の状態及び生活の状況にかかる必要な情報の提供を行うことが業務として位置づけられている。

解 説

1 × 指定訪問介護事業所の管理者は、特段の専門資格は**不要**である。指定訪問介護事業者は、指定訪問介護事業所ごとに職務に専従する**常勤**の管理者を1名配置しなければならない。

2 × 訪問介護計画は、指定訪問介護事業所の**サービス提供責任者**が居宅サービス計画に沿って作成する。

3 × 選択肢の内容は、管理者ではなく、**サービス提供責任者**の業務として位置づけられている（表参照）。

4 ○ 選択肢のとおりである（表参照）。

5 ○ 選択肢のとおりである（表参照）。

解答 **4・5**

サービス提供責任者の業務（運営基準第28条第3項）

①利用の申し込みにかかる調整
②利用者の状態の変化やサービスに関する意向の定期的な把握
③居宅介護支援事業者等に、把握した利用者の服薬状況、口腔機能その他の利用者の心身の状態及び生活の状況にかかる必要な情報の提供
④サービス担当者会議への出席等による、居宅介護支援事業者等との連携
⑤訪問介護員等に、具体的な援助目標及び援助内容の指示とともに、利用者の状況の情報の伝達
⑥訪問介護員等の業務の実施状況の把握
⑦訪問介護員等の能力や希望を踏まえた業務管理の実施
⑧訪問介護員等に対する研修、技術指導等の実施
⑨その他サービス内容の管理に必要な業務

訪問介護

問題 229

介護保険における訪問介護について正しいものはどれか。 3つ選べ。

1 指定訪問介護事業者は、感染症や非常災害の発生時において、利用者に指定訪問介護の提供を継続的に実施する等のための業務継続計画を策定し、必要な措置を講じなければならない。

2 指定訪問介護は、利用者の要介護状態の軽減または悪化の防止に資するよう、その目標を設定し、計画的に行われなければならない。

3 介護支援専門員は、一定回数以上の生活援助中心型の訪問介護を居宅サービス計画に位置づける場合には、その居宅サービス計画を市町村に届け出なければならない。

4 指定訪問介護事業所の広告をすることは禁じられている。

5 指定訪問介護事業者は、事業所の現員からは利用申込に応じきれない場合であっても、サービスの提供を拒むことはできない。

解説

1 ○ 感染症や非常災害が発生した場合であっても、利用者に必要なサービスが継続的に提供される体制を構築する観点から、指定訪問介護事業者だけでなく、すべての介護サービス事業者に、2021（令和3）年4月以降、下記の内容が課された。これは2024（令和6）年3月31日までは努力義務であったが、2024（令和6）年4月1日より義務化されることとなっている。

業務継続計画の策定等	・感染症や非常災害の発生時において、利用者に対するサービスの提供を継続的に実施するための、及び非常時の体制で早期の業務再開を図るための計画（業務継続計画）を策定し、当該業務継続計画に従い必要な措置を講じなければならない ・事業者は、従業員に対し、業務継続計画について周知するとともに、必要な研修及び訓練（シミュレーション）を定期的に実施しなければならない　等

2 ○ 指定訪問介護は、利用者の要介護状態の軽減または悪化の防止に資するよう、その目標を設定し、計画的に行われなければならない。

3 ○ 介護支援専門員は、居宅サービス計画に一定回数以上の**生活援助**中心型の訪問介護を位置づける場合には、その利用の妥当性を検討し、居宅サービス計画に訪問介護が必要な理由を記載するとともに、その居宅サービス計画を**市町村**に届け出なければならない。

4 × 広告をすること自体は**禁じられていない**。指定訪問介護事業者は、指定訪問介護事業所について広告をする場合には、その内容が虚偽または誇大なものであってはならない。

5 × 指定訪問介護事業者は、**正当な理由なく**指定訪問介護の提供を拒んではならない。ただし、①事業所の現員からは利用申込に応じきれない場合、②利用申込者の居住地が事業所の通常の実施地域外である場合、③その他利用申込者に対し自ら適切な指定訪問介護を提供することが困難な場合には、サービスの提供を拒むことが**できる**。

解答 **1・2・3**

訪問介護

問 題 230

介護保険における訪問介護について正しいものはどれか。 3つ選べ。

1 利用回数が少ない利用者であっても、訪問介護計画を作成しなければならない。

2 訪問介護計画は、計画の内容を利用者またはその家族に対して説明し、利用者の同意を得たうえで、家族に交付する。

3 障害福祉制度における重度訪問介護の指定を受けた事業所のみが、共生型訪問介護の指定を受けられる。

4 指定訪問介護事業者は、法定代理受領サービスに該当しないサービスの利用料の支払を受けた場合には、サービス提供証明書を利用者に交付しなければならない。

5 訪問介護員が自動血圧測定器により利用者の血圧を測定することは、医行為にあたらないため、身体介護として算定できる。

解 説

1 ◯ 利用回数の多少にかかわらず、すべての利用者に対して訪問介護計画を作成しなければならない。

2 ✕ 訪問介護計画は、家族ではなく、**利用者**に交付する。サービス提供責任者は、訪問介護計画の内容を利用者またはその家族に対して説明し、利用者の同意を得たうえで、**利用者**に交付しなければならない。

3 ✕ 障害福祉制度における**居宅介護**、**重度訪問介護**の指定を受けた事業所であれば、基本的には、介護保険制度の**共生型訪問介護**の指定を**受けることができる**。

4 ◯ 指定訪問介護事業者は、法定代理受領サービスに該当しない指定訪問介護にかかる利用料の支払を受けた場合は、提供した指定訪問介護の内容、費用の額その他必要と認められる事項を記載した**サービス提供証明書**を利用者に対して交付しなければならない。

5 ◯ 選択肢のとおりである。下記の行為は**医行為でない**とされており、**身体介護として算定できる**。

---

①水銀体温計・電子体温計により腋下で**体温を計測**すること、及び耳式電子体温計により外耳道で**体温を測定**すること

②自動血圧測定器により**血圧を測定**すること

③新生児以外の者であって入院治療の必要がないものに対して、動脈血酸素飽和度を測定するため、パルスオキシメータを装着すること

④軽微な切り傷、擦り傷、やけど等について、専門的な判断や技術を必要としない処置をすること（汚物で汚れたガーゼの交換を含む）

⑤一定条件下での医薬品の使用介助（軟膏の塗布（褥瘡の処置を除く）、湿布の貼付、点眼薬の点眼、一包化された内用薬の内服、肛門からの坐薬挿入、鼻腔粘膜への薬剤噴霧）

⑥爪を爪切りで切ること及び爪ヤスリでやすりがけすること

⑦歯ブラシや綿棒または巻き綿子などを用いて、歯、口腔粘膜、舌に付着している汚れを取り除き、清潔にすること

⑧耳垢を除去すること（耳垢塞栓の除去を除く）

⑨**ストーマ装具のパウチ**にたまった排泄物を捨てること

⑩自己導尿を補助するため、カテーテルの準備、体位の保持などを行うこと

⑪市販の浣腸を使用すること

解答 **1・4・5**

訪問介護

問題 231

介護保険における訪問介護について正しいものはどれか。2つ選べ。

1 1人の利用者に対して、同時に2人の訪問介護員が訪問介護を行った場合には、所定単位数に100分の50に相当する単位数を加算する。

2 通院のための乗車または降車の介助は、往路と復路それぞれに対して、1回につき所定の単位数を算定する。

3 提供時間が20分未満の安否確認のための訪問は、身体介護として算定できない。

4 生活援助中心の場合、サービス提供時間の区分は、20分以上45分未満、45分以上90分未満、90分以上の3区分となっている。

5 指定訪問介護事業所の管理者が必要と認めた場合に、緊急に行った指定訪問介護については、緊急時訪問介護加算を算定できる。

解説

1 × 選択肢1の場合には、報酬は**倍**（所定単位数の**100分の200**）になる。

2 ○ 要介護1～5と認定された通院等の必要のある利用者に対して、通院のための乗車または降車の介助が中心である場合には、**往路と復路それぞれ**について、1回につき所定の単位数を**算定する**。ただし、要支援者は対象となっていない。

通院等のための乗車または降車の対象区間

往路	通院等を行う場合、利用者の居宅内から目的地内までの間で移動など必要なサービスが終了するまでの援助
復路	医療機関などから利用者の居宅内までの間で、移動など必要なサービスが終了するまでの援助

3 ○ 20分未満の身体介護中心型については、訪問介護の内容が、単なる本人の**安否確認**や健康チェックで、それに伴い若干の身体介護を行った場合には、**算定できない**。

4 × 生活援助が中心である場合、サービス提供時間の区分は、**20分以上45分未満**と**45分以上**の2区分となっている。

5 × 緊急時訪問介護加算は、**身体介護**について、利用者またはその家族等からの要請に基づき、**サービス提供責任者**と**介護支援専門員**が連携し、**介護支援専門員**が必要であると認め、訪問介護員等が利用者の居宅サービス計画において**計画的に訪問することになっていない**指定訪問介護を**緊急**に行った場合に、1回につき所定の単位数を加算するものである。

解答 **2・3**

235

訪問入浴介護

問題 232

介護保険における訪問入浴介護について正しいものはどれか。2つ選べ。

1 利用者の居宅を訪問して、その居宅の浴槽を利用して入浴の介護を行う。

2 訪問入浴サービスを提供する居宅に介護者がいない場合であっても、サービスの提供を行うことは可能である。

3 入浴中に利用者の病状が急変した場合には、速やかに訪問入浴介護事業者の本部に連絡をして、その指示を仰がなければならない。

4 看護職員・介護職員のうちの1人が、サービスの提供の責任者を務める。

5 使用した浴槽は、1日のなかで最後の利用者のサービスが終わった後に消毒しなければならない。

解 説 **頻出**

1 × 訪問入浴介護は、自宅の浴槽での入浴が困難な利用者の居宅を訪問して、**専用の浴槽を提供**して行われる入浴の介護である。訪問時に事業者が持参する浴槽を使用する。これは介護予防訪問入浴介護でも同様である。

2 ○ 利用者が**一人暮らし**で介護者がいない場合や、**認知症等**で入浴を嫌がるような場合であっても、個別に対応することで訪問入浴介護のサービス提供を行うことが**できる**。

3 × 入浴中に利用者の病状が急変した場合には、訪問入浴介護事業者の本部ではなく、速やかに、**主治の医師（主治医）**または**協力医療機関**への連絡を行う等の必要な措置を講じなければならない。

4 ○ 訪問入浴介護の提供は、原則として看護職員1人、介護職員2人の計3人で実施するが、そのうち1人が**サービスの提供の責任者**を務める。なお、サービスの提供の責任者は、入浴介護に関する知識や技術を有した者でなければならない。

5 × サービスの提供に用いる設備、器具その他の用品の使用に際して、安全及び清潔の保持に留意し、特に利用者の身体に接触する設備、器具その他の用品は、**サービスの提供ごと（利用者の入浴が終わるごと）**に洗浄・消毒したものを使用する。

解答 **2・4**

ONE POINT

訪問入浴介護

・訪問入浴介護は、利用する要介護者が終末期であっても、主治医の意見を確認するなどして安全に配慮すれば、サービス提供を行える。

・指定訪問入浴介護事業所には、事業の運営を行うために必要な広さを有する専用の区画（受付や相談等に対応するスペース）を設けるほか、指定訪問入浴介護の提供に必要な浴槽等の設備及び備品等を備えなければならない。

① 介護支援分野　② 保健医療サービス分野　❸ 福祉サービス分野

訪問入浴介護

問題233

介護保険における訪問入浴介護について正しいものはどれか。２つ選べ。

1 訪問入浴介護の提供は、原則、看護職員２人と介護職員１人で行う。

2 訪問入浴介護費は、サービスの提供時間別に設定されている。

3 管理者は、特段の専門資格は不要とされている。

4 指定訪問入浴介護事業者は、利用者の選定により提供される特別な浴槽水等の費用の支払を受けることができる。

5 膀胱留置カテーテルを使用している場合には、訪問入浴介護を利用できない。

解説 頻出

1 × 訪問入浴介護は、原則、看護職員１人と介護職員２人の計３人でサービスを提供する。ただし、利用者の身体の状況が安定していること等から、入浴により利用者の身体の状況等に支障を生ずるおそれがないと認められる場合は、主治の医師の意見を確認したうえで、看護職員に代えて介護職員を充てることができる。

訪問入浴介護と介護予防訪問入浴介護のサービス提供体制

訪問入浴介護	原則、看護職員１人と介護職員２人の計３人
介護予防訪問入浴介護	原則、看護職員１人と介護職員１人の計２人

※看護職員または介護職員のうち１人以上は、**常勤**でなければならない。

2 × 訪問入浴介護費は、**１種類**の設定である。サービス提供時間にかかわらず、訪問１回あたりの所定単位数となっている。

3 ○ 指定訪問入浴介護事業所の管理者は、特段の専門資格は**不要**である。管理者は、事業所ごとに**常勤・専従**で１人以上置く。管理上支障がなければ、事業所の他の職務や同一敷地内にある他の事業所・施設等の職務に従事することができる。

4 ○ 指定訪問入浴介護事業者は、利用者または家族に、あらかじめ**特別な浴槽水**等の使用と、その費用についての説明を行い、利用者の同意を得て、利用者が特別な浴槽水等を選定した場合に、それにかかる費用の支払を受けることが**できる**。

5 × **医療依存度が高い**場合であっても、利用者の状態が安定していれば、主治の医師から意見を聴き、注意事項を確認するなどして、ほとんどの場合、訪問入浴介護を利用することができる。

解答 **3・4**

訪問入浴介護及び介護予防訪問入浴介護

問題 234

介護保険における訪問入浴介護及び介護予防訪問入浴介護について正しいものはどれか。 3つ選べ。

1 主治医意見書にいう「特別な医療」を行っている利用者（点滴の管理や中心静脈栄養をしている者等）は、訪問入浴介護を利用できない。
2 指定訪問入浴介護事業所には、サービス提供に必要な浴槽等の設備及び備品等を備えなければならない。
3 指定訪問入浴介護事業者は、通常の事業の実施地域を運営規程に定めておかなければならない。
4 介護予防訪問入浴介護の提供は、原則、介護職員3人で行われる。
5 指定介護予防訪問入浴介護事業者は、サービスの提供にあたり、介護予防支援事業者その他保健医療サービスまたは福祉サービスを提供する者との密接な連携に努めなければならない。

解説

1 × 主治医意見書における「特別な医療」を行っている利用者であっても、利用者の状態が安定していれば、ほとんどの場合、入浴は**可能**である。

主治医意見書における特別な医療

> 点滴の管理、中心静脈栄養、透析、ストーマの処置、酸素療法、レスピレーター、気管切開の処置、疼痛の看護、経管栄養、モニター測定（血圧、心拍、酸素飽和度等）、褥瘡の処置、カテーテル（コンドームカテーテル、留置カテーテル等）といった医療処置を必要とする状況

2 ○ 指定訪問入浴介護事業所には、事業の運営を行うために必要な広さを有する**専用の区画**を設けるほか、指定訪問入浴介護の提供に必要な**浴槽等の設備及び備品等**を備えなければならない。

3 ○ 選択肢のほか、指定訪問入浴介護事業者は、事業の目的及び運営の方針、**サービスの利用に当たっての留意事項**、虐待の防止のための措置に関する事項などを**運営規程**に定めておかなければならない。

4 × 介護予防訪問入浴介護の提供は、原則、看護職員1人と介護職員1人の計2人で行われる。ただし、利用者の身体の状況が安定していること等から、入浴により利用者の身体の状況等に支障を生ずるおそれがないと認められる場合には、主治の医師の意見を確認したうえで、看護職員に代えて介護職員を充てることができる。この場合は、介護職員が2人となる。

5 ○ 指定介護予防訪問入浴介護事業者は、サービスの提供にあたっては、介護予防支援事業者その他保健医療サービスまたは福祉サービスを提供する者との密接な連携に努めなければならない。

解答 **2・3・5**

訪問入浴介護

問題 235 ☑ ☑ ☑

介護保険における訪問入浴介護について正しいものはどれか。3つ選べ。

1 利用者の身体の状況等に支障がない場合、主治の医師の意見を確認したうえで、介護職員3人でサービスを提供することができる。

2 短期入所療養介護を利用している間でも、訪問入浴介護費は算定できる。

3 利用者の心身の状況から全身入浴が困難であり、利用者の希望により清拭や部分浴を実施したときは、全身入浴と同じ単位数を算定することができる。

4 利用者の皮膚に直接触れるタオル等は、利用者1人ごとに取り替えるなど、安全清潔なものを使用する。

5 緊急時の対応のため、協力医療機関は、事業の通常の実施地域内にあることが望ましい。

解説

1 ○ 選択肢のとおりである。利用者の身体の状況が安定していること等から、入浴により利用者の身体の状況等に支障を生ずるおそれがないと認められる場合においては、**主治の医師の意見**を確認したうえで、看護職員に代えて**介護職員**を充てることができ、この場合は介護職員3人でサービスを提供することができる。

2 × 訪問入浴介護費については、短期入所を含む入所系のサービスや多機能系のサービスなどを利用している間は算定**できない**。

訪問入浴介護費と同時に算定できないサービス

・短期入所生活介護	・看護小規模多機能型居宅介護
・短期入所療養介護	・認知症対応型共同生活介護
・特定施設入居者生活介護	・地域密着型特定施設入居者生活介護
・小規模多機能型居宅介護	・地域密着型介護老人福祉施設入所者生活介護

3 × 利用者の心身の状況等から全身入浴が困難であり、利用者の希望によって**清拭**または**部分浴**を実施したときは、所定単位数が**減算**される。

4 ○ 利用者の皮膚に直接触れるタオル等については、利用者1人ごとに取り替えるか個人専用のものを使うなど、安全清潔なものを使用する。

5 ○ 指定訪問入浴介護の提供中に利用者の病状が急変した場合には、速やかに**主治の医師**または**協力医療機関**への連絡を行う等の必要な措置を講じなければならない。協力医療機関は、緊急時の対応のため、**事業の通常の実施地域内**にあることが望ましい。

解答 **1・4・5**

通所介護

問題 236

介護保険における通所介護について正しいものはどれか。2つ選べ。

1 通所介護の目的には、家族の身体的及び精神的負担の軽減が含まれる。

2 通所介護費は、介護の所要時間によって4つに分けて設定されている。

3 通所介護計画は、事業所の管理者が作成しなければならない。

4 送迎加算があり、距離に応じた設定となっている。

5 若年性認知症の要介護者を受け入れた場合には、認知症加算に加えて、若年性認知症利用者受入加算を算定できる。

解説 頻出

1 ○ 通所介護の目的には、「利用者の社会的孤立感の解消及び心身の機能の維持」と「**家族の身体的及び精神的負担の軽減**」がある。

2 × 通所介護費は、①事業所の規模、②介護の所要時間、③要介護度の3つの組合わせで設定されている。そのうち介護の所要時間については、**6**つに分けて設定されている。

通所介護費の設定

❶事業所の規模	通常規模型、大規模型（Ⅰ）、大規模型（Ⅱ）の3つ
❷介護の所要時間	3時間以上4時間未満、4時間以上5時間未満、5時間以上6時間未満、6時間以上7時間未満、7時間以上8時間未満、8時間以上9時間未満の6つ
❸要介護度	要介護1～5の5つ

3 ○ 通所介護計画は、利用者の心身の状況、希望及びその置かれている環境を踏まえて、指定通所介護事業所の**管理者**が作成しなければならない。なお、事業所に介護支援専門員の資格を有する者がいる場合、その者に計画のとりまとめを行わせることが望ましい。

4 × 利用者の送迎については、基本サービスの一環として位置づけられているため、介護報酬の加算の**対象とはならない**。送迎を行わない場合には、片道につき47単位が**減算される**。

5 × 認知症加算を算定している場合、若年性認知症利用者受入加算は**算定できない**。

認知症加算及び若年性認知症利用者受入加算の算定要件

認知症加算	①配置基準で必要とされている職員数に加え、介護職員または看護職員を2名以上確保、②利用者における認知症高齢者の日常生活自立度Ⅲ以上の利用者の割合が100分の20以上、③サービス提供時間帯を通じて認知症介護に関する研修を修了したものを1名以上配置のすべての要件を満たした事業所において、認知症の利用者に対してサービスを提供した場合は、1日につき所定の単位数を加算。ただし、共生型通所介護の場合は算定しない。
若年性認知症利用者受入加算	若年性認知症（40～65歳未満）の利用者を受け入れ、利用者ごとに個別に担当者を定めて、利用者の特性やニーズに応じたサービスを提供した場合は、1日につき所定の単位数を加算。ただし、認知症加算を算定している場合は算定しない。

解答 **1・3**

通所介護

問題 237

介護保険における通所介護について正しいものはどれか。 3つ選べ。

1 サービス提供時間が9時間以上の場合は、延長加算を算定できる。

2 共生型通所介護の指定を受けることができるのは、基本的に障害福祉制度における生活介護の指定を受けた事業所のみである。

3 おむつ代は、利用料以外の料金として利用者から支払いを受けることができる。

4 夜間及び深夜に指定通所介護以外のサービスを提供する場合、その開始前に国民健康保険団体連合会へ届け出をしなければならない。

5 一定の基準に適合している事業所において、管理栄養士が介護職員等と共同して栄養アセスメントを行った場合は、栄養アセスメント加算を算定できる。

解説

1 ○ 通所介護の所要時間が通算して9時間以上になった場合は、延長時間に応じた所定の単位数を5時間を限度として加算できる（延長加算）。ただし、利用者が当該事業所の設備を利用して宿泊する場合等は、算定しない。

2 × 2018（平成30）年4月から、地域共生社会の実現に向けた取り組みの1つとして、介護保険と障害福祉の両方の制度に新たに共生型サービスが位置づけられた。障害福祉制度における**生活介護**、**自立訓練**、**児童発達支援**、**放課後等デイサービス**の指定を受けた事業所であれば、基本的に共生型通所介護の指定を受けることができる。

3 ○ **おむつ代**、**食事の費用**、**日常生活費**、**通常の事業の実施地域以外**の地域に居住する利用者を送迎する費用、通常の時間を超えるサービス（**預かりサービス**）の費用の支払いを利用者から受けることができる。

4 × 指定通所介護事業所は、夜間及び深夜に指定通所介護以外のサービスを提供する場合には、その開始前に**都道府県知事**に届け出なければならない。国民健康保険団体連合会は、市町村からの委託を受けて、主に介護給付費（介護報酬）の審査・支払業務を行う団体である。

5 ○ 選択肢のとおりである。栄養アセスメント加算は、2021（令和3）年度の介護報酬の改定で新しく加わった加算である。

栄養アセスメント加算	①事業所の従業者としてまたは外部との連携により**管理栄養士**を1名以上配置しており、②利用者ごとに、**管理栄養士**が介護職員、看護職員、生活相談員等と共同して、栄養アセスメントを実施し、利用者や家族に対し、その結果を説明し、相談等に必要に応じ対応し、③利用者ごとの栄養状態等の情報を**厚生労働省**に提出し、栄養管理の実施にあたって、当該情報その他栄養管理の適切かつ有効な実施のために必要な情報を活用している場合に、1月につき所定の単位数を加算する。

解答 **1・3・5**

通所介護

問題 238

介護保険における通所介護について正しいものはどれか。2つ選べ。

1 看護職員の配置が義務づけられている。

2 機能訓練指導員は、理学療法士でなければならない。

3 介護職員は、介護福祉士でなければならない。

4 管理者は、社会福祉士の資格がなければならない。

5 生活相談員は、利用定員数にかかわらず配置しなければならない。

解説 頻出

1 ○ 指定通所介護事業所には、**管理者、生活相談員、看護職員、介護職員、機能訓練指導員**の配置が義務づけられている。

2 × 通所介護の機能訓練指導員として、**理学療法士、作業療法士、言語聴覚士、看護職員、柔道整復師、あん摩マッサージ指圧師**、一定の実務経験を有する**はり師**及び**きゅう師**が認められている。

3 × 通所介護における介護職員の資格要件は、**特に定められていない**。

4 × 通所介護の人員に関する基準において、管理者の資格要件は**特に定められていない**。事業所ごとに**常勤・専従**の管理者を置かなければならないが、管理上支障がない場合は、事業所の他の職務または同一敷地内にある他の事業所、施設等の職務に従事できる。

5 ○ 指定通所介護事業所には、生活相談員を**配置しなければならない**。

通所介護の人員に関する基準

職種	資格要件・配置基準等
管理者	特段の専門資格は不要　事業所ごとに常勤・専従で1人以上 ※管理上支障がない場合は、事業所の他の職務または同一敷地内にある他の事業所、施設等の職務に従事できる
生活相談員	社会福祉士、精神保健福祉士、社会福祉主事任用資格等（都道府県により異なる） 事業所ごとにサービス提供時間に応じて専従で1人以上
看護職員	看護師、准看護師　単位ごとに専従で1人以上
介護職員	特段の専門資格は不要 ① 単位ごとにサービス提供時間に応じて専従で次の数以上（常勤換算方式） 　ア　利用者の数が15人まで　1人以上 　イ　利用者の数が16人以上　（利用者数－15）÷5＋1人以上 ② 単位ごとに常時1人配置されること ③ 利用者の処遇に支障がない場合は、当該事業所の他の単位における介護職員として従事することができる
機能訓練指導員	理学療法士、作業療法士、言語聴覚士、看護職員、柔道整復師、あん摩マッサージ指圧師、一定の実務経験を有するはり師、きゅう師　1人以上
生活相談員または介護職員のうち1人以上は常勤	

解答 **1・5**

通所介護

問題 239

介護保険における通所介護について正しいものはどれか。3つ選べ。

1 指定通所介護事業所と同一建物に居住する利用者にサービスを提供する場合であっても、通所介護費は減算にならない。

2 送迎時に利用者に対して実施した居宅内の介助は、1日30分以内を限度に、通所介護費算定の基準となる所要時間に含めることができる。

3 指定通所介護事業所には、相談室は設けなくてもよい。

4 通所介護従業者は、それぞれの利用者に対して、通所介護計画に従ったサービスの実施状況及び目標の達成状況の記録を行う。

5 入浴介助を適切に行うことができる人員及び設備を有する事業所が入浴介助を行った場合には、入浴介助加算を算定できる。

解説

1 × 指定通所介護事業所と同一建物に居住する利用者に対してサービスを行った場合には、原則として1日につき94単位を所定単位数から**減算する**。ただし、傷病その他やむを得ない事情により送迎が必要であると認められる利用者に対して送迎を行った場合は**減算されない**。

2 ○ 通所介護費算定の基準となる所要時間は、指定通所介護事業所に滞在する時間であり、送迎に要する時間は**含まれない**。ただし、居宅サービス計画及び通所介護計画に位置づけたうえで、利用者の居宅において、一定の資格を有する者が支援を行った場合は、1日30分以内を限度に、通所介護を行うのに要する時間に**含めることができる**。

3 × 指定通所介護事業所には、相談室を**設けなければならない**。相談室は、遮へい物の設置等により相談の内容が漏えいしないよう配慮されている必要がある。

4 ○ 選択肢のとおりである。通所介護従業者は、それぞれの利用者について、通所介護計画に従ったサービスの実施状況及び目標の達成状況の**記録**を行う。

5 ○ 入浴介助を適切に行うことができる人員及び設備を有する事業所が入浴介助を行った場合には、1日につき入浴介助加算を算定**できる**。

入浴介助加算（Ⅰ）	入浴介助を適切に行うことができる人員及び設備を有し、入浴介助を行う。	1日40単位
入浴介助加算（Ⅱ）	利用者が居宅において、自身または家族等の介助により入浴を行うことができるよう、利用者の身体状況や医師等※が訪問により把握した利用者の居宅の浴室環境を踏まえた個別の入浴計画を作成し、同計画に基づき事業所において、個別の入浴介助を行う。	1日55単位

※医師等…医師、理学療法士、作業療法士、介護福祉士、介護支援専門員等

解答 2・4・5

短期入所生活介護

問題 240

介護保険における短期入所生活介護について正しいものはどれか。2つ選べ。

1 短期入所生活介護は、「単独型」、「併設型」の2つに区分される。
2 「単独型」と「併設型」の指定短期入所生活介護事業所の利用定員は、20人未満でもよい。
3 おむつ代は、保険給付の対象となる。
4 1つの居室の定員は、2人以下としなければならない。
5 緊急短期入所受入加算は、居宅サービス計画にない短期入所生活介護を緊急に行う必要があると担当する介護支援専門員が認めた場合に算定できる。

解説

1 × 短期入所生活介護は、運営形態によって以下の3つに区分される。

類型	概要	定員
単独型	老人短期入所施設など、単独で短期入所ができる施設	20人以上
併設型	特別養護老人ホーム等と一体的に運営が行われるもの。併設本体施設の事業に支障が生じない場合で、かつ夜間における介護体制を含めて指定短期入所生活介護が提供できる場合	20人未満でも可
空床利用型	特別養護老人ホームにおいて、入所者に利用されていない居室またはベッドを利用して、短期入所生活介護を行うもの（人員基準などの運営の基本は「併設型」の方法をとる）	

2 × 「単独型」の指定短期入所生活介護事業所の利用定員は、**20人以上**と定められている。「**併設型**」と「**空床利用型**」の利用定員は**20人未満**でもよいとされている。

3 ○ おむつ代は、**短期入所生活介護**、**短期入所療養介護**、**施設サービス**、**地域密着型介護老人福祉施設入所者生活介護**では、保険給付の対象となっている。

4 × 短期入所生活介護の設備に関する基準では、居室について次のように定められている。

> ①1つの居室の定員は4人以下
> ②利用者1人あたりの床面積が10.65m^{2}以上
> ③日照、採光、換気等利用者の保健衛生、防災等について十分考慮されていること

5 ○ 緊急短期入所受入加算は、利用者の状態や家族等の事情により、居宅サービス計画にない短期入所生活介護を**緊急**に行う必要があると担当する**介護支援専門員**が認めた場合に算定できる（問題242 選択肢5の表（246頁）参照）。

解答 **3・5**

短期入所生活介護

問題 241

介護保険における短期入所生活介護について正しいものはどれか。3つ選べ。

1 管理者は、常勤でなければならないが、管理上支障がない場合には、当該事業所の他の職務に従事することができる。
2 生活相談員は、利用定員 20 人未満の併設事業所においては非常勤でもよい。
3 栄養士は、必ず配置しなければならない。
4 機能訓練指導員は、理学療法士、作業療法士又は言語聴覚士でなければならない。
5 医師は、必ず配置しなければならない。

解説

1 ○ 管理者は、事業所ごとに**専従**で**常勤**の者を 1 人以上配置しなければならない。ただし、管理上支障がない場合は、当該事業所の他の職務に従事したり、同一敷地内にある他の事業所や施設等の職務に従事したりすることができる。

2 ○ 生活相談員は、1 人以上は**常勤**でなければならない。ただし、利用定員が 20 人未満である併設事業所の場合は、**非常勤**でもよいとされている。

3 × 栄養士は、通常 1 人以上配置しなければならないが、利用定員 40 人を超えない事業所では、他施設の栄養士との連携があり、利用者の処遇に支障がないときは、**配置しなくてもよい**ことになっている。

4 × 機能訓練指導員は、理学療法士、作業療法士、言語聴覚士のほか、看護職員、柔道整復師、あん摩マッサージ指圧師、一定の実務経験を有するはり師またはきゅう師とされている。ただし、利用者の日常生活やレクリエーション、行事等を通じて行う機能訓練については、当該事業所の生活相談員または介護職員が兼務して行っても差し支えない。

5 ○ 医師は 1 人以上配置しなければならない。なお、併設事業所については、併設本体施設の事業に支障をきたさない場合は、併設本体施設に勤務する医師が兼務することができる。

解答 1・2・5

ONE POINT

短期入所生活介護の人員基準

上記の問題で問われたもののほかに、以下の人員基準についても定められている。

介護職員または看護職員	・常勤換算方法で、利用者の数が 3 人に 1 人の割合で配置しなければならない。 ・1 人以上は常勤でなければならない。ただし、利用定員 20 人未満である併設事業所の場合は、非常勤でもよいとされている。 ・看護職員を配置しなかった場合であっても、利用者の状態像に応じて必要がある場合には、病院、診療所または指定訪問看護ステーション等との密接な連携により看護職員を確保する必要がある。
調理員その他	・実情に応じた適当数とされている。

短期入所生活介護

問題242 ☑ ☑ ☑

介護保険における短期入所生活介護について正しいものはどれか。 ２つ選べ。

1 家族の出張や趣味活動への参加などを理由とした利用は可能である。
2 短期入所生活介護計画は、居宅サービス計画を作成した介護支援専門員が作成する。
3 １泊２日の短期入所であっても短期入所生活介護計画を作成しなければならない。
4 食事の提供に関する費用は、法定自己負担額のほかに利用者から受け取ることができる。
5 緊急短期入所受入加算と認知症行動・心理症状緊急対応加算は、同時に算定できる。

解 説 頻出

1 ○ 短期入所生活介護は、家族の疾病、冠婚葬祭、出張等の社会的理由に加え、趣味活動への参加などの私的理由でも利用は**可能である**。

2 × 短期入所生活介護計画は、事業所の**管理者**が作成する。短期入所生活介護計画は、すでに**居宅サービス計画**が作成されている場合は、その内容に沿って作成しなければならない。

3 × 短期入所生活介護計画は、おおむね４日以上連続して利用する予定の者について作成される。４日未満の利用者については、利用者を担当する居宅介護支援事業者等と連携をとることで、利用者の心身の状況等を踏まえて、他の短期入所生活介護計画を作成した利用者に準じて、必要な介護及び機能訓練等の援助を行うことになっている。

4 ○ 法定自己負担額のほかに利用者から、①**食事**の提供、②**滞在**、③特別な居室の提供、④特別な食事の提供、⑤送迎（送迎加算算定の場合を除く）、⑥理美容に関する費用、⑦その他日常生活においても通常必要となるものに関する費用の支払いを受けることができる。なお、①～④に関する費用にかかる同意は文書によって得ることが必要となっている。

5 × 認知症行動・心理症状緊急対応加算を算定している場合は、**緊急短期入所受入加算**や**若年性認知症利用者受入加算**は算定できない。

認知症行動・心理症状緊急対応加算	認知症の行動・心理症状が認められるため、在宅での生活が困難であり、緊急に指定短期入所生活介護を利用することが適当であると医師が判断した利用者については、利用を開始した日から起算して７日を限度として、１日につき所定の単位数を加算する。
緊急短期入所受入加算	利用者の心身の状態や家族等の事情により、居宅サービス計画にない指定短期入所生活介護を緊急に行った場合は、利用開始から起算して原則として７日を限度として、１日につき所定の単位数を加算する。

解答 **1・4**

短期入所生活介護

問題 243 ✓ ✓ ✓

介護保険における短期入所生活介護について正しいものはどれか。３つ選べ。

1 利用者の心身の状態等から、送迎が必要と認められる利用者に対して送迎を行う場合には、送迎加算を算定できる。

2 利用者が短期入所生活介護を利用している間も、訪問入浴介護費を算定できる。

3 障害福祉制度における短期入所の指定を受けた併設型と空床利用型の事業所は、共生型短期入所生活介護の指定を受けることができる。

4 連続して 30 日を超えて同一の事業所に入所してサービスを受けている利用者がいる場合には、30 日を超える日以降については加算を算定できる。

5 看護職員を配置しなかった場合でも、利用者の状態像に応じて、病院や訪問看護ステーション等との密接な連携により看護職員を確保する必要がある。

解説

1 ○ 利用者の心身の状態、家族等の事情等から送迎が必要と認められる利用者に対して送迎を行った場合には、**送迎加算**として、片道につき所定の単位数を加算できる。

2 × 利用者が短期入所生活介護を利用している間は、訪問介護費、訪問入浴介護費、訪問看護費、訪問リハビリテーション費、通所介護費、通所リハビリテーション費、定期巡回・随時対応型訪問介護看護費、夜間対応型訪問介護費、地域密着型通所介護費、認知症対応型通所介護費を算定**できない**。

3 ○ 共生型短期入所生活介護については、障害福祉制度の短期入所の指定を受けた事業所のうち**「単独型」**は、介護保険制度と比較して相当程度基準が緩いことから、共生型の対象となっていない。障害福祉制度の短期入所の指定を受けた事業所のうち、**「併設型」「空床利用型」**のみ対象となっている。つまり、障害福祉制度における短期入所の指定を受けた**「併設型」**及び**「空床利用型」**の事業所であれば、基本的に共生型短期入所生活介護の指定を受けることができる。

4 × 短期入所生活介護費は、連続して 30 日までしか算定することができないため、**30 日**を超える日以降については算定することができない。なお、自費利用を挟み同一事業所を連続して 30 日を超えて利用している利用者がいる場合には、１日あたり 30 単位が**減算**される。

5 ○ 2021（令和 3）年の基準改正により、選択肢のとおりとなった。改正前は、看護職員の配置基準は、定員 20 人以上で常勤 1 人以上とされ、定員 19 人以下では配置基準が設けられていなかった。改正後は、利用定員にかかわらず、看護職員を配置**しなくてもよい**こととなったが、その場合であっても、利用者の状態像に応じて必要がある場合には、外部との密接かつ適切な連携で看護職員を確保することとなった。外部とは、**病院**、**診療所**、**訪問看護ステーション**を指している。

解答 **1・3・5**

特定施設入居者生活介護

問題 244

特定施設入居者生活介護について正しいものはどれか。3つ選べ。

1 特定施設は、有料老人ホーム、養護老人ホーム及び軽費老人ホームである。
2 サービスの開始にあたっては、事前に入居及びサービスに関する契約内容を文書にして、契約を締結しなければならない。
3 介護の開始時、一般居室から介護居室に移らなければならない施設にあっては、契約書に居室移動の意思確認を行うなどの必要な手続きを明記しなければならない。
4 サービス提供は、居宅サービス計画に基づいて行われる。
5 介護サービスについては、委託先の外部の居宅サービス事業者が提供する類型はない。

解説

1 ○ 特定施設は、**有料老人ホーム**、**養護老人ホーム**、**軽費老人ホーム**と定められている。なお、有料老人ホームや軽費老人ホーム等の特定施設は、介護保険制度では「居宅」(居住の場所)とされており、特定施設入居者生活介護も**居宅サービス**として位置づけられている。

2 ○ 指定特定施設入居者生活介護事業者は、サービスの開始にあたり、入居申込者または家族に、**事前に**入居及びサービスに関する契約内容を**文書**にして、契約を締結しなければならない。

3 ○ 介護の開始時、一般居室から介護居室や一時介護室に移らなければならない施設にあっては、契約書に居室移動の意思確認を行うなど必要な手続きを行うことを**明記しなければならない**。

4 × 特定施設入居者生活介護は、**特定施設サービス計画**に基づいてサービスが提供される。計画作成担当者である**介護支援専門員**が特定施設サービス計画を作成する。

5 × 特定施設の職員が特定施設サービス計画の作成、安否の確認などの基本サービスを行い、介護サービスや機能訓練などについては、委託先の外部の指定居宅サービス事業者が訪問介護や通所介護などを提供する**外部サービス利用型特定施設入居者生活介護**がある。

解答 **1・2・3**

ONE POINT

特定施設入居者生活介護の契約について

指定特定施設入居者生活介護事業者は、サービスを開始するにあたって、入居申込者またはその家族に対し、あらかじめ重要事項を記した文書を交付して説明を行い、入居及びサービスの提供に関する契約を文書により締結することが義務づけられている。契約書の作成を義務づけられているのは、特定施設入居者生活介護と地域密着型特定施設入居者生活介護だけなので、しっかり覚えておこう。

特定施設入居者生活介護

問題 245

特定施設入居者生活介護等について正しいものはどれか。 2つ選べ。

1 特定施設入居者生活介護では、機能訓練を行う必要はない。

2 一時介護室は、設置しなくてもよい場合がある。

3 国が示している有料老人ホームの施設類型は、介護付、住宅型、健康型に分けられ、健康型においては、特定施設入居者生活介護が提供される。

4 特定施設には、介護支援専門員を配置する必要はない。

5 特定施設には、生活相談員を配置しなければならない。

解説

1 × 利用者の心身の状況等を踏まえ、必要に応じて、日常生活を送るうえで必要な生活機能の改善、維持のための**機能訓練**を行わなければならない。

2 ○ **一時介護室**は、他に利用者を一時的に移して介護を行うための室が確保されている場合にあっては、設置しなくてもよい。

3 × 国が示している有料老人ホームの施設類型は、以下の表のとおりである。**介護付**有料老人ホームにおいては、特定施設入居者生活介護が提供される。

有料老人ホームの類型

類型	類型の説明
介護付有料老人ホーム（一般型特定施設入居者生活介護）	介護等のサービスが付いた高齢者向けの居住施設。介護が必要になれば、当該ホームが提供する特定施設入居者生活介護を利用しながら生活を継続できる。介護サービスは有料老人ホームの職員が提供する。
介護付有料老人ホーム（外部サービス利用型特定施設入居者生活介護）	介護等のサービスが付いた高齢者向けの居住施設。介護が必要になれば、有料老人ホームの職員が安否確認や特定施設サービス計画の作成等を実施し、介護サービスは委託先の介護サービス事業者が提供する。
住宅型有料老人ホーム	生活支援等のサービスが付いた高齢者向けの居住施設。介護が必要になれば、入居者自身の選択により、地域の訪問介護等の介護サービスを利用しながら生活を継続することができる。
健康型有料老人ホーム	食事等のサービスが付いた高齢者向けの居住施設。介護が必要になれば、契約を解除し退去しなければならない。

4 × 特定施設には、計画作成担当者が配置されなければならない。計画作成担当者は、専従の**介護支援専門員**であり、利用者100人につき1人を標準として1人以上配置される。

5 ○ 特定施設には、**生活相談員**を利用者100人につき1人以上配置しなければならない。

解答 **2・5**

福祉用具貸与

問題 246

介護保険の福祉用具貸与の対象となるものとして正しいものはどれか。2つ選べ。

1 エアマット
2 入浴用介助ベルト
3 浴槽用手すり
4 一本杖（T字杖）
5 スライディングボード

解説

1 ○ エアマット（送風装置または空気圧調整装置を備えたもの）、体圧を分散するために水、ゲル、シリコンなどさまざまな材質が入ったマットは、**床ずれ防止用具**である。**床ずれ防止用具**は、体圧を分散し床ずれを防止するために身体の下に敷いて用いるものであり、**福祉用具貸与**の対象となる。

2 × 入浴用介助ベルトは、**特定福祉用具販売**の対象となる。なお、特殊寝台からの立ち上がりや移乗するときに用いる介助用ベルトは、特殊寝台付属品として**福祉用具貸与**の対象となる。

3 × 浴槽用手すりは、**入浴用いす**や**入浴台**などとともに、**入浴補助用具**として、**特定福祉用具販売**の対象である。浴槽用手すりは、浴槽の縁を挟んで固定する手すりで、浴槽を立ってまたぐときにバランスを保持するために用いる。

4 × 一本杖（T字杖）は、価格が安いので福祉用具貸与の対象とならない。福祉用具貸与の種目である**歩行補助つえ**は、**松葉杖**、**カナディアン・クラッチ**、**ロフストランド・クラッチ**、**プラットホームクラッチ及び多点杖**に限定されている。

5 ○ 移乗や位置交換するための用具として、利用者の身体を滑らせるスライディングボードやスライディングマットは**特殊寝台付属品**であるため、**福祉用具貸与**の対象となる。**特殊寝台付属品**は、マットレス、利用者の落下防止のためのサイドレールやテーブルなどがあるが、スライディングマットや介助用ベルトも含まれることに注意を要する。

解答 **1・5**

福祉用具貸与の種目

①車いす	⑥体位変換器	⑪認知症老人徘徊感知機器
②車いす付属品	⑦手すり	⑫移動用リフト
③特殊寝台	⑧スロープ	（つり具の部分を除く）
④特殊寝台付属品	⑨歩行器	⑬自動排泄処理装置
⑤床ずれ防止用具	⑩歩行補助つえ	

特定福祉用具販売

問題 247

介護保険の特定福祉用具販売について正しいものはどれか。2つ選べ。

1 特定福祉用具販売事業所には、福祉用具専門相談員を1人置かなければならない。

2 移動用リフトのつり具の部分は、特定福祉用具販売の対象である。

3 体位変換器は、特定福祉用具販売の対象である。

4 自動排泄処理装置の専用パッドは、特定福祉用具販売の対象である。

5 居宅介護福祉用具購入費の支給は、原則として同一年度で1種目につき1回に限られている。

解説 頻出

1 × 特定福祉用具販売事業所及び福祉用具貸与事業所には、福祉用具専門相談員を**2人以上**置かなければならない。

2 ○ 移動用リフトのつり具の部分は、**特定福祉用具販売**の対象である。なお、移動用リフト(取付に住宅の改修を伴うものを除く)は、**福祉用具貸与**の対象となる。

3 × 利用者の身体の下に挿入して、体位の変換を容易にする機能のある体位変換器は、**福祉用具貸与**の対象である。また、枕やクッションなど体位保持のみを目的とするものは福祉用具貸与の対象と**ならない**ので、注意すること。

4 × 自動排泄処理装置の**専用パッド**、**洗浄液**等の消耗品や**専用パンツ**等の関連製品は、特定福祉用具販売の対象ではなく、**自費購入**となっている。なお、自動排泄処理装置の交換可能部品(レシーバー、チューブ、タンク等のうち、尿や便の経路となるもので、居宅要介護者等または介護者が容易に交換できるもの)は、**特定福祉用具販売**の対象となる。

5 ○ 居宅介護福祉用具購入費の支給は、原則として同一年度で1種目につき1回に限られているが、福祉用具の破損や介護の必要の程度が高くなったときなどの特別の事情がある場合で、市町村が必要と認めるときは、同一種目であっても支給される。なお、居宅介護福祉用具購入費は、厚生労働大臣により設定される居宅介護福祉用具購入費支給限度基準額(**10万円**)の9割(8割または7割)に相当する額が支給される。

解答 **2・5**

ONE POINT

特定福祉用具販売について

特定福祉用具販売については、6種目覚えてしまうと、福祉用具貸与等を問われた場合でも消去法で解くことができる。ぜひ覚えておこう!

①腰掛便座:ポータブルトイレ(水洗機能付きのものもある)

②自動排泄処理装置の交換可能部品:本体は**貸与**、交換可能部品は**販売**、消耗品は**自費**

③入浴補助用具:入浴用いす、浴槽用手すり、浴槽内いす、入浴用介助ベルトなど

④簡易浴槽:空気式や折りたたみ式など

⑤移動用リフトのつり具の部分:本体部分は福祉用具貸与

⑥排泄予測支援機器

福祉用具

問題 248

介護保険における福祉用具について正しいものはどれか。2つ選べ。

1 福祉用具専門相談員は、福祉用具貸与計画を作成した際には、当該福祉用具貸与計画を利用者及び地域包括支援センターに交付しなければならない。

2 介護支援専門員は、福祉用具貸与の継続が必要な場合には、その理由を居宅サービス計画に記載しなければならない。

3 複数の福祉用具を貸与する場合、通常の貸与価格から減額して貸与することができる。

4 手すりは、取付工事の有無にかかわらず、福祉用具貸与の対象となる。

5 手すりと歩行器は、要支援1・2と要介護1の利用者は貸与を受けられない。

解説 頻出

1 ✕ 利用者に福祉用具を貸与する場合は、福祉用具貸与事業所の**福祉用具専門相談員**が福祉用具貸与計画を作成し、**利用者及び介護支援専門員**に福祉用具貸与計画を交付しなければならない。

2 ○ 居宅介護支援事業所の介護支援専門員は、居宅サービス計画に福祉用具貸与を位置づける場合は、その利用の妥当性を検討し、当該計画に福祉用具貸与が必要な**理由**を記載するとともに、必要に応じて随時サービス担当者会議を開催し、継続して福祉用具貸与を受ける必要性について検証しなければならない。そのうえで、継続して福祉用具貸与を受ける必要性がある場合には、その**理由**を居宅サービス計画に記載しなければならない。

3 ○ **複数**の福祉用具を貸与する場合、あらかじめ都道府県等に減額の規定を届け出ることにより、通常の貸与価格から**減額**して貸与することが可能となっている。

4 ✕ **取付工事**を伴わない手すりやスロープは、**福祉用具貸与**の対象となる。手すりは、居室の床に置いて使用するもの、天井と床に突っ張らせて固定するものなどがある。また、便器やポータブルトイレを囲むように据え置くものも福祉用具貸与の対象である。**取付工事**を伴う手すりやスロープは、**住宅改修**の対象である。

5 ✕ 福祉用具貸与では、軽度者（要支援1・2、要介護1の利用者）について、その状態像から利用が想定しにくい以下の種目については、原則として保険給付の対象と**ならない**（福祉用具を貸与できない）。手すりと歩行器については、貸与を**受けられる**。

要支援1・2、要介護1の利用者が原則として保険給付の対象とならない福祉用具

> 車いす、車いす付属品、特殊寝台、特殊寝台付属品、床ずれ防止用具、体位変換器、認知症老人徘徊感知機器、移動用リフト、自動排泄処理装置（尿のみを自動的に吸引する機能のものを除く）※
> ※自動排泄処理装置（尿のみを自動的に吸引する機能のものを除く）については、要介護2と要介護3の利用者も対象外

解答 **2・3**

福祉用具

問題 249

介護保険における福祉用具について正しいものはどれか。3つ選べ。

1 福祉用具貸与事業の目的の1つに、利用者を介護する者の負担の軽減がある。

2 自動排泄処理装置（尿のみを自動的に吸引する機能のもの）の貸与対象者は、要介護4以上の利用者である。

3 福祉用具専門相談員は、福祉用具貸与の提供にあたっては、貸与しようとする福祉用具の特徴や貸与価格に加え、全国平均貸与価格を利用者に説明しなければならない。

4 障害者総合支援法の補装具における車いすや歩行器などは、介護保険で貸与するか、障害者総合支援法で給付するかを選択することができる。

5 排泄予測支援機器は、特定福祉用具販売の対象である。

解説

1 ○ 福祉用具貸与事業の目的には、利用者の日常生活上の便宜を図ることや、利用者を介護する者の**負担の軽減**を図ることなどがある。

2 × 自動排泄処理装置（尿のみを自動的に吸引する機能のもの）は、要支援1・2、要介護1・2・3の利用者にも給付できる。なお、便を自動的に吸引する機能を有するものについては、貸与の対象者は、原則として、要介護4・5の利用者に限られる。

3 ○ 福祉用具専門相談員は、福祉用具貸与の提供にあたり、貸与しようとする福祉用具の特徴や貸与価格に加え、**全国平均貸与価格**を利用者に説明しなければならない。また、貸与しようとする福祉用具の**機能**や**価格帯**の異なる複数の福祉用具に関する情報を利用者に提供しなければならない。

4 × 介護保険で貸与される福祉用具には、障害者総合支援法の補装具と同様の種目である、**車いす**、**歩行器**、**歩行補助つえ**がある。障害者総合支援法と介護保険法が重なった場合は、**介護保険**優先のため、これらは、原則として介護保険の福祉用具として給付される。ただし、介護保険で給付される福祉用具は標準的な既製品であるため、医師や身体障害者更生相談所などにより障害者の身体状況に個別に対応することが必要と判断される場合は、障害者総合支援法に基づく補装具としての給付になる。

5 ○ 2022（令和4）年4月より特定福祉用具販売に**排泄予測支援機器**が追加された。排泄予測支援機器は、福祉用具貸与の対象ではなく、**特定福祉用具販売**の対象であることに注意が必要である。

排泄予測支援機器

> 膀胱内の状態を感知し、尿量を推定するものであって、排尿の機会を居宅要介護者等またはその介護を行う者に通知するもの

解答 **1・3・5**

住宅改修

問題 250

介護保険における住宅改修について正しいものはどれか。３つ選べ。

1 和式便器から洋式便器への取り替えは、住宅改修費の支給対象となる。

2 昇降機等動力により段差を解消する機器にかかる工事の費用は、住宅改修費の支給対象にはならない。

3 浴室の床のかさ上げは、住宅改修費の支給対象とならない。

4 スロープの設置に関して取付工事を行う場合には、住宅改修費の支給の対象になる。

5 手すりの取り付けのための壁の下地補強は、住宅改修費の支給対象にはならない。

解説　頻出

1 ○ 洋式便器等への便器の取り替え（**和式便器を洋式便器に取り替える工事**）は、**住宅改修費**の支給対象である。ただし、特定福祉用具販売の「腰掛便座」の設置は除かれる。和式便器から、暖房便座、洗浄機能等が付加されている洋式便器への取り替えもできる。また、**便器の位置や向きの変更も対象となる**。ただし、**水洗化の費用**は**保険給付の対象にならない**。

2 ○ **昇降機、リフト、段差解消機等動力により段差を解消する機器**を設置する工事は、住宅改修費の支給対象にされていない。

3 × 居室、廊下、トイレ、浴室、玄関等の各室間の床の段差の解消、玄関から道路までの通路等の段差や傾斜を解消するための**段差の解消**は、**住宅改修費**の支給対象となる。具体的には、**浴室の床のかさ上げ**、敷居を低くする工事、スロープを設置する工事等である。

4 ○ **工事を伴うスロープ**の設置は**住宅改修費の支給対象になる**が、工事を伴わないスロープの設置は、福祉用具貸与の対象となる。

5 × **手すりの取り付けのための壁の下地補強**は、**その他住宅改修に付帯して必要となる住宅改修**として、**住宅改修費の支給対象になる**。このほか、扉の取り替えに伴う壁または柱の改修工事や便器の取り替えに伴う給排水設備工事（水洗化または簡易水洗化にかかるものを除く）なども「その他住宅改修に付帯して必要となる住宅改修」として、住宅改修費の支給対象となる。

解答　1・2・4

住宅改修の種類

①手すりの取り付け	④引き戸等への扉の取り替え
②段差の解消	⑤洋式便器等への便器の取り替え
③滑りの防止及び移動の円滑化等のための床または通路面の材料の変更	⑥その他①～⑤の住宅改修に付帯して必要となる住宅改修

住宅改修

問題 251

☑ ☑ ☑

介護保険における住宅改修について正しいものはどれか。2つ選べ。

1 初回に10万円の住宅改修を行った場合には、その後は残りの10万円を住宅改修費として使うことはできない。
2 住宅改修が必要な理由書は、介護支援専門員のみが作成することができる。
3 住宅改修は、原則として償還払いとなっている。
4 転居前に住宅改修費の支給を受けていた場合でも、転居後の住宅については住宅改修費の支給を再度受けることができる。
5 要支援2から要介護3に変更になった場合には、再度住宅改修費の支給を受けることができる。

解説

1 × 住宅改修費の支給限度基準額は、要介護状態にかかわらず、**同一の住宅**において総額20万円が**上限**になっている。**20万円**以内であれば何回かに分けて住宅改修費の支給申請をすることができる。初回に10万円の住宅改修を行った場合、その後は残り10万円までが住宅改修費の対象となる。

2 × 住宅改修が必要な理由書は、基本的に**介護支援専門員**が作成するが、市町村が認める場合には、**福祉・保健・医療**等の専門家も作成することができる。

3 ○ 住宅改修は、原則として**償還払い**である。利用者が改修工事の費用を工事施工業者に全額支払った後に、保険者である市町村から改修費用の9割（8割または7割）に相当する額が支給される。利用者負担は1割（2割または3割）相当額となる。

4 ○ 転居した場合には、転居前の住宅に対する住宅改修費の支給状況にかかわらず、**転居後の住宅**について、支給限度基準額の20万円まで**支給の申請をすることができる**。

5 × 再度住宅改修費の支給を受けることが可能な場合は、「介護の必要の程度」の段階が**3段階以上**上がった場合と**転居**した場合である。なお、「介護の必要の程度」の段階では、**要支援2**と**要介護1**は同一段階であることに注意が必要である。

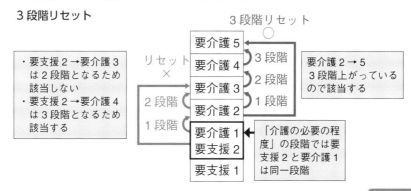

解答 **3・4**

夜間対応型訪問介護

問題 252

夜間対応型訪問介護について正しいものはどれか。 2つ選べ。

1 夜間対応型訪問介護が一括して提供できるサービスは、オペレーションセンターサービスと随時訪問サービスの2つである。

2 夜間対応型訪問介護計画作成後に居宅サービス計画が作成された場合は、夜間対応型訪問介護計画を必要に応じて変更する。

3 看護師及び介護福祉士はオペレーターになることができるが、面接相談員になることはできない。

4 対象者は、居宅要介護者である。

5 事業者は、利用者へ必ずケアコール端末を配布しなければならない。

解・説 **頻出**

1 × 夜間対応型訪問介護が一括して提供するサービスは、下記の3つである。

夜間対応型訪問介護が一括して提供するサービス

種類	サービスの内容
定期巡回サービス	利用者の要介護状態の軽減または悪化を防止するように目標を設定して計画的に行われる。訪問介護員等が定期的に利用者の居宅を巡回して夜間対応型訪問介護を行う
オペレーションセンターサービス	オペレーションセンター従業者が利用者からの随時の通報を受け、通報内容などをもとに、訪問介護員等の訪問の要否などを判断する
随時訪問サービス	オペレーションセンター等からの随時の連絡に対応して、訪問介護員等が夜間対応型訪問介護を行う。随時訪問サービスを適切に行うため、オペレーションセンター従業者は利用者の面接と1～3か月に1回程度の利用者宅への訪問を行う

2 ○ 夜間対応型訪問介護計画は、**居宅サービス計画に沿って作成**されなければならない。夜間対応型訪問介護計画の作成後に居宅サービス計画が作成された場合は、夜間対応型訪問介護計画を**必要に応じて変更**する。

3 × 夜間対応型訪問介護事業所の面接相談員は、**オペレーター**と同資格、または同等の知識経験をもつ者とされている。看護師及び介護福祉士は、面接相談員になることが**できる**。

4 ○ 夜間対応型訪問介護の対象者は、**居宅要介護者**となっている（要支援者は対象ではない）。夜間対応型訪問介護の間違えやすい対象者として、一人暮らしの高齢者や高齢者のみの世帯などが問われることがあるが、世帯状態に制限されるものではない。

5 × ケアコール端末は、利用者が援助を必要とする状態になったときに、簡単にオペレーターに随時通報を行うことができるように**原則として配布**することになっているが、利用者が適切に随時通報できる場合は、利用者が所有している家庭用電話や携帯電話で代用してもよい。なお、利用者へ配布するケアコール端末にかかる設置料、リース料、保守料の費用は、事業者が負担しなければならない。

解答 **2・4**

夜間対応型訪問介護

問題 253 ✓ ✓ ✓

夜間対応型訪問介護について正しいものはどれか。 3つ選べ。

1 サービスの提供時間は各事業所において設定できるが、最低限 22 時から翌朝 6 時までは含まなければならない。

2 オペレーターは、定期巡回サービスに従事することができるが、随時訪問サービスには従事することができない。

3 利用者から合鍵を預かる場合、その管理を厳重に行うとともに、紛失した場合の対処方法等を記載した文書を利用者に交付する。

4 オペレーションセンター従業者は、利用者の面接及び年に 1 回程度の利用者宅への訪問を行わなければならない。

5 夜間だけでなく 1 日を通じて、同じ事業所による 24 時間のサービス提供ができる場合がある。

解説

1 ○ 夜間対応型訪問介護を提供する時間帯は、各事業所において設定することになるが、夜間におけるサービス提供という性格を踏まえ、**22 時から翌朝 6 時**までの間は最低限含むものとしている。

2 × オペレーターは**専らその職務に従事する者**でなければならないが、利用者の処遇に支障がない場合は、**定期巡回サービス**等に従事することができ、また、利用者に対するオペレーションセンターサービスの提供に支障がない場合は、**随時訪問サービス**に従事することができる。このほか、事業所の同一敷地内に介護老人福祉施設等がある場合は、その施設等の職員をオペレーターとして充てることができる。

3 ○ 利用者から合鍵を預かる場合には、その**管理**を厳重に行うとともに、管理方法、紛失した場合の対処方法その他必要な事項を記載した**文書**を利用者に交付する。

4 × 随時訪問サービスを適切に行うため、オペレーションセンター従業者は、利用者の面接及び **1 か月ないし 3 か月**に 1 回程度の利用者の居宅への訪問を行い、随時利用者の心身の状況、その置かれている環境等の的確な把握に努め、利用者またはその家族に対し、適切な相談及び助言を行う。

5 ○ **24 時間通報対応加算**[※] を選択している事業所であれば、夜間だけでなく 1 日を通じて同じ事業所による 24 時間のサービス提供も可能となっている。

※緊急時の連絡体制を確保し、日中においてオペレーションセンターサービスを行う等の要件を満たす場合には、24 時間通報対応加算を算定できる。

解答 1・3・5

認知症対応型通所介護

問題254

認知症対応型通所介護について正しいものはどれか。3つ選べ。

1 認知症対応型共同生活介護事業所の食堂等を活用して提供される認知症対応型通所介護は、共用型認知症対応型通所介護である。

2 ユニット型地域密着型介護老人福祉施設で行われる共用型認知症対応型通所介護の利用定員数は、施設ごとに1日あたり3人以下である。

3 認知症対応型通所介護計画は、管理者が作成する。

4 認知症対応型通所介護は、一般の通所介護と同じ時間帯に同一の空間で一体的な形により行うことができる。

5 利用者、家族へのサービスの提供方法等の説明には、認知症対応型通所介護計画の目標及び内容や利用日の行事及び日課も含まれる。

解説 ─ 頻出

1 ○ 選択肢のとおりである。認知症対応型通所介護の類型は3つある。

認知症対応型通所介護の類型

単独型	特別養護老人ホーム、養護老人ホーム、病院、診療所、介護老人保健施設、介護医療院、社会福祉施設、特定施設に併設されていない事業所が単独で行う（定員12人以下）
併設型	特別養護老人ホームや養護老人ホームなど、上記単独型に示されている施設に併設して行う（定員12人以下）
共用型	指定認知症対応型共同生活介護事業所（指定介護予防認知症対応型共同生活介護事業所）の居間や食堂を活用して、共同生活住居ごとに1日あたり3人以下、または指定地域密着型特定施設や指定地域密着型介護老人福祉施設の食堂や共同生活室を活用して、施設ごとに1日あたり3人以下で行う。ユニット型地域密着型介護老人福祉施設を活用する場合は、ユニットごとにその入居者の数と共用型認知症対応型通所介護の利用者数の合計が1日あたり12人以下で行う

2 × ユニット型地域密着型介護老人福祉施設で行われる共用型認知症対応型通所介護の利用定員数は、**ユニット**ごとにその入居者の数と共用型認知症対応型通所介護の利用者数の合計が1日あたり12人以下である。上記の表で確認してほしい。

3 ○ **管理者**が認知症対応型通所介護計画を作成する。認知症対応型通所介護計画は、すでに居宅サービス計画が作成されている場合は、当該居宅サービス計画の内容に沿って作成しなければならない。

4 × 認知症対応型通所介護は、対象者を認知症の者に限定し、その特性に配慮したサービス形態であるため、一般の通所介護と**一体的な形で実施することができない**。一般の通所介護と同じ事業所で認知症対応型通所介護を同じ時間帯に行う場合には、パーティション等で間を仕切るなど、サービスを提供する空間、利用者、職員を**明確に区別**する必要がある。

5 ○ 利用者、家族へのサービスの提供方法等の説明には、認知症対応型通所介護計画の目標及び内容や利用日の行事及び日課なども**含まれる**。

解答 **1・3・5**

認知症対応型通所介護

問題 255

認知症対応型通所介護について正しいものはどれか。 2つ選べ。

1 居宅で要介護認定を受けている若年性認知症の者は、対象となる。

2 送迎時に実施した居宅内での介助等に要した時間は、サービス提供時間に含まれない。

3 認知症対応型通所介護には、機能訓練が含まれない。

4 単独型・併設型認知症対応型通所介護事業所の管理者は、必要な知識及び経験を有する者であって、厚生労働大臣が定める研修を修了している者でなければならない。

5 すでに居宅サービス計画が作成されている場合には、認知症対応型通所介護計画の内容について利用者の同意を得なくてもよい。

解説

1 ○ 認知症対応型通所介護は、**要介護者**であって、**認知症**である者が対象となり、若年性認知症の者は、要介護認定を受けている者（居宅要介護者）であれば利用することが**できる**。ただし、認知症の原因となる疾患が急性の状態にある者は対象とならない。なお、要支援者は、介護予防認知症対応型通所介護を利用することができる。

2 × 送迎時に実施した居宅内での介助等に要する時間は、一定の要件を満たす場合、**1日30分以内を限度**として、サービス提供時間に含めることが**できる**。

3 × 認知症対応型通所介護事業者には、**機能訓練指導**を行うことが規定されており、**機能訓練指導員**の配置が必要である。

4 ○ 選択肢のとおりである。単独型・併設型認知症対応型通所介護事業所の管理者は、必要な知識及び経験を有する者であって、厚生労働大臣が定める研修（認知症対応型サービス事業管理者研修）を修了している者でなければならない。

5 × 認知症対応型通所介護計画は、すでに居宅サービス計画が作成されている場合は、当該**居宅サービス計画の内容に沿って**作成しなければならず、認知症対応型通所介護計画の内容について利用者または家族に対して説明し、利用者の同意を**得なければならない**。

解答 **1・4**

小規模多機能型居宅介護

問題 256

小規模多機能型居宅介護について正しいものはどれか。2つ選べ。

1 宿泊サービスを中心として、訪問サービスや通所サービスを利用者の希望や様態に応じて、組み合わせて提供するものである。

2 登録者の居宅サービス計画は、居宅介護支援事業所の介護支援専門員が作成する。

3 登録定員は、29人以下である。

4 災害等やむを得ない事情がある場合には、登録定員を超えてサービス提供を行うことができる。

5 一の宿泊室の定員は、1人しか認められていない。

解説 頻出

1 × 小規模多機能型居宅介護は、利用者が住み慣れた地域で暮らしていくことを目指して、**通所サービスを中心**として、**訪問サービス**、**宿泊サービス**を利用者の希望や様態に応じて、柔軟に組み合わせて提供する。3つのサービスがそれぞれに提供されるのではなく、生活全体を見渡し、利用者の生活状況に合わせて提供される。

2 × 小規模多機能型居宅介護事業所の管理者は、介護支援専門員に、登録者の居宅サービス計画の作成に関する業務を担当させるものとされている。すなわち、**小規模多機能型居宅介護事業所の介護支援専門員**が、登録者の居宅サービス計画を作成する。

3 ○ 小規模多機能型居宅介護事業所の登録定員は、**29**人以下である。また、サテライト型小規模多機能型居宅介護事業所の登録定員は、**18**人以下である。なお、1日あたりの利用定員は、下記の表のとおりである。

サービスごとの利用定員（1日あたり）

通いサービス	登録定員（25人まで）の2分の1から15人まで（サテライト型小規模多機能型居宅介護事業所は登録定員の2分の1から12人まで） 登録定員が25人を超える場合には、登録定員26〜27人では16人、28人では17人、29人では18人
宿泊サービス	通いサービスの利用定員の3分の1から9人まで（サテライト型小規模多機能型居宅介護事業所は通いサービスの利用定員の3分の1から6人まで）

4 ○ 登録定員、通いサービスと宿泊サービスの利用定員を超えてサービス提供をしてはならないが、**災害等やむを得ない事情がある場合**には、この限りでない。また、利用者の希望等により特に必要があると認められる場合は、一時的に利用定員を超えることはやむを得ない。

5 × 一の宿泊室の定員は1人となっているが、利用者の処遇上必要と認められる場合は、一の宿泊室の定員を2人とすることができる。

解答 **3・4**

小規模多機能型居宅介護

問題 257

小規模多機能型居宅介護について正しいものはどれか。2つ選べ。

1 利用者の負担により、利用者の居宅において他の事業者による介護を受けさせることができる。
2 利用者は2か所まで小規模多機能型居宅介護事業所に登録することができる。
3 登録者が通いサービスを利用していない日には、可能な限り、訪問サービスの提供等を行い、居宅における生活を支えるため、適切なサービスを提供しなければならない。
4 サービス提供にかかる費用のほか、おむつ代を利用者から受けることができる。
5 訪問リハビリテーションを利用することはできない。

解説

1 × **利用者の負担によって**、利用者の居宅やサービスの拠点で他の事業者による介護を**受けさせてはならない**。

2 × 小規模多機能型居宅介護では、利用者と従業員がなじみの関係を築きながらサービスを提供するという観点から、利用者は1か所の事業所に限り利用登録ができる。

3 ○ 登録者が通いサービスを利用していない日には、可能な限り、**訪問サービス**の提供、電話連絡による**見守り**等を行うことによって、居宅における生活を支えるために適切なサービスを提供しなければならない。

4 ○ サービス提供にかかる費用のほか、**おむつ代**、利用者の選択により通常の事業の実施地域以外の地域の居宅において訪問サービスを提供する場合に要した**交通費**などを利用者から受けることが**できる**。

5 × 訪問リハビリテーションは利用することが**できる**。小規模多機能型居宅介護の利用者が利用できる介護保険のサービスは、下記の表のとおりである。

小規模多機能型居宅介護の利用者が利用できる介護保険のサービス

①訪問看護 ④福祉用具貸与
②訪問リハビリテーション ⑤特定福祉用具販売
③居宅療養管理指導 ⑥住宅改修

※上記を除く指定居宅サービス費、指定地域密着型サービス費にかかる費用の額を算定することはできない。

解答 **3・4**

小規模多機能型居宅介護

問題 258

小規模多機能型居宅介護について正しいものはどれか。2つ選べ。

1 従業者のうち1人以上は、介護福祉士でなければならない。

2 介護支援専門員は、常勤でなければならない。

3 管理者は、保健師でなければならない。

4 運営推進会議は、小規模多機能型居宅介護事業者が設置する。

5 小規模多機能型居宅介護の本体事業所とサテライト事業所の距離は、自動車などでおおむね20分以内の距離でなければならない。

解説

1 × 従業者のうち1人以上は、介護福祉士でなければならないという決まりは**ない**。人員基準では、従業者のうち1人以上は、**看護師**または**准看護師**でなければならないとされている。

2 × 小規模多機能型居宅介護事業所の介護支援専門員は、**非常勤**でも差し支えない。また、**利用者の処遇に支障がない場合**は、当該事業所等の他の職務に従事することが**できる**。管理者との**兼務**も認められている。

3 × 管理者は、事業所などで**3年以上認知症ケアに従事した経験がある者**で、厚生労働大臣が定める**研修を修了している者**である必要がある。保健師と決められていない。

4 ○ **運営推進会議**は、**小規模多機能型居宅介護事業者**が設置する。小規模多機能型居宅介護事業者は、おおむね**2か月に1回以上**、運営推進会議に対し通いサービス及び宿泊サービスの提供回数等の活動状況を報告し、運営推進会議による評価を受けるとともに、運営推進会議から必要な要望、助言等を聴く機会を設けなければならない。なお、一定の要件を満たす場合は、複数の事業所による**合同開催**ができる。

5 ○ サテライト型小規模多機能型居宅介護事業所（サテライト事業所）は、指定居宅サービス事業などに3年以上の経験がある事業者により、本体事業所※との密接な連携を確保しつつ、本体事業所との距離が自動車などでおおむね**20分以内**の近距離であること、1つの本体事業所につきサテライト事業所は**2か所**までという要件を満たしていなければならない。

※本体事業所とは、サテライト事業所への支援機能のある小規模多機能型居宅介護事業所または看護小規模多機能型居宅介護事業所のことをいう。

解答 **4・5**

認知症対応型共同生活介護

問題259　✓✓✓

認知症対応型共同生活介護について正しいものはどれか。3つ選べ。

1 指定認知症対応型共同生活介護事業所で有することのできる共同生活住居の数は、1以上3以下である。
2 複数の計画作成担当者が配置される場合でも、計画作成担当者は、すべて介護支援専門員でなければならない。
3 食事等の家事は、原則として利用者と介護従業者が共同で行うように努める。
4 一の居室の定員は、原則2人となっている。
5 事業所は、住宅地など利用者の家族や地域住民との交流の機会が確保される地域にあるようにしなければならない。

解説

1 ○ 運営基準第93条第1項に、「指定認知症対応型共同生活介護事業所は、共同生活住居を有するものとし、その数は**1以上3以下**※とする」と規定されている。
※サテライト型指定認知症対応型共同生活介護事業所にあっては、1または2

2 × 認知症対応型共同生活介護では、**事業所ごとに計画作成担当者**を置くことになっている。1人を配置する事業所の計画作成担当者は**介護支援専門員**である必要がある。2人以上を配置する事業所においては、計画作成担当者のうち**少なくとも1人は介護支援専門員**でなければならない。計画作成担当者は、保健医療サービスまたは福祉サービスの利用計画の作成に関して知識及び経験があり、**認知症対応型共同生活介護計画**を作成するのに適当と認められる者で、**厚生労働大臣が定める研修修了者**でなければならない。

3 ○ 利用者の**食事その他の家事**等は、原則として**利用者と介護従業者が共同で行う**よう努めるものとされている。利用者が介護従業者と食事や清掃、洗濯、買い物、園芸、農作業、レクリエーション、行事等を共同で行うことによって良好な人間関係に基づく家庭的な生活環境のなかで日常生活が送れるように配慮する。

4 × 一の居室の定員は、原則1人となっている。ただし、利用者の処遇上必要と認められる場合には2人とすることも可能である。例えば、夫婦で居室を利用するほうが認知症ケアにとって有効な場合である。あくまで利用者の都合によるものであり、事業所の都合で一方的に2人部屋とすることは認められていない。

5 ○ 運営基準第93条第6項において、事業所は、「利用者の**家族との交流の機会の確保**や**地域住民との交流**を図る観点から、**住宅地又は住宅地と同程度**に利用者の家族や地域住民との**交流の機会が確保される地域**にあるようにしなければならない」と規定されている。

解答 1・3・5

認知症対応型共同生活介護

問題 260

認知症対応型共同生活介護について正しいものはどれか。 3つ選べ。

1 1つの共同生活住居の入居定員は、原則としておおむね10人以下とし、15人を超えないものとされている。

2 認知症対応型共同生活介護事業者は、提供するサービスの質について、定期的に外部の者による評価または運営推進会議における評価のいずれかの評価を受けなければならない。

3 計画作成担当者は、認知症対応型共同生活介護計画のほかに居宅サービス計画も作成しなければならない。

4 事業者は、利用者の負担により、当該事業所の介護従業者以外の者による介護を受けさせてはならない。

5 おむつ代にかかる費用の支払いを利用者から受けることができる。

解説 **頻出**

1 × 選択肢は、**ユニット型指定介護老人福祉施設**のことである。認知症対応型共同生活介護における1つの共同生活住居（ユニット※）の入居定員は**5人以上9人以下**とされている。
※少数の居室及び居室に隣接して設けられる共同生活室のこと。居室の入居者が交流し、共同で日常生活を営むための場所

2 ○ 認知症対応型共同生活介護事業者は、自らその提供する**サービスの質**の評価を行うとともに、定期的に**外部の者**による評価または**運営推進会議**における評価のいずれかの評価を受け、それらの結果を公表し、常にその改善を図らなければならない。

3 × 認知症対応型共同生活介護を受けている間は、入居中であるため、**居宅サービス計画**を作成する必要はない。

4 ○ 事業者は、利用者に対して、**利用者の負担**で共同生活住居の介護従業者以外の者による介護を**受けさせてはならない**。

5 ○ サービス提供にかかる費用の自己負担分以外に、食材料費、理美容代、**おむつ代**、その他日常生活においても通常必要となるものにかかる費用の支払いを利用者から受けることができる。

解答 **2・4・5**

ONE POINT

認知症対応型共同生活介護の特徴について整理しよう!

認知症対応型共同生活介護においては、事業所の従業者以外の付き添い者による介護や居宅療養管理指導以外の居宅サービスを利用者の負担により利用させることはできない。ただし、事業者の負担であれば、通所介護等のサービスを利用できることとなっている。また、医療保険で訪問看護を受けて入居者がターミナルケアなどの看護師等による医療サービスを利用することもできる。

認知症対応型共同生活介護

問題 261

認知症対応型共同生活介護について正しいものはどれか。3つ選べ。

1 入居者は、医療保険による訪問看護サービスを利用することができる。
2 短期利用を行うことはできない。
3 事業所ごとに、認知症対応型共同生活介護計画の作成を担当する計画作成担当者を置かなければならない。
4 事業所の管理者は、厚生労働大臣が定める研修を修了していれば、実務経験はなくてもよい。
5 3つの共同生活住居がある事業所の場合、一定の要件を満たせば夜勤の職員は2人でもよい。

解説

1 ○ 認知症対応型共同生活介護に入居している利用者は、介護保険による訪問看護は利用できないが、**医療保険**による**訪問看護サービス**を利用することができる。

2 × 一定の要件を満たす認知症対応型共同生活介護の事業所では、**空室**を利用して**短期利用（30日を超えない範囲）** を行うことができる。

3 ○ **事業所**ごとに、認知症対応型共同生活介護計画の作成を担当する計画作成担当者を1人以上置かなければならない。なお、計画作成担当者は、認知症対応型共同生活介護計画の作成に加え、次の業務を行わなければならない。
①当該計画の内容を利用者または家族に説明し、利用者の同意を得たうえで**利用者**に交付する。
②計画の**実施状況の把握**を行い、必要に応じてその計画を**変更**する。

4 × 認知症対応型共同生活介護事業者は、共同生活住居ごとにもっぱらその職務に従事する**常勤の管理者**を置かなければならない。共同生活住居の管理者は、適切なサービスを提供するために必要な知識及び経験を有し、特別養護老人ホーム、老人デイサービスセンター、介護老人保健施設、介護医療院、指定認知症対応型共同生活介護事業所等の従業者または訪問介護員等として、**3年以上認知症である者の介護に従事した経験を有する者**であって、別に厚生労働大臣が定める研修（認知症対応型サービス事業管理者研修）を修了している者でなければならない。

5 ○ 夜勤の職員は、共同生活住居ごとに1人以上が基本となっているが、3つの共同生活住居がある事業所の場合、すべての共同生活住居が同一階に隣接している、安全対策（マニュアルの策定、避難訓練の実施）を講じているなどの一定の要件のもと、例外的に夜勤の職員を2人以上の配置に**緩和**することができる。

解答 **1・3・5**

地域密着型特定施設入居者生活介護

問題 262

地域密着型特定施設入居者生活介護について正しいものはどれか。3つ選べ。

1 地域密着型特定施設とは、特定施設のうち入居定員が 29 人以下の介護専用型特定施設のことをいう。
2 地域密着型特定施設の類型は、継続して入居する形態と、空室を利用して入居となる短期利用とがある。
3 看護職員は、常に利用者の健康の状況に注意する必要はない。
4 計画作成担当者である介護支援専門員を 1 人以上置かなければならない。
5 計画作成担当者は、地域密着型特定施設サービス計画の作成にあたり、その原案の内容について利用者の同意を得なくてもよい。

解説

1 ○ 地域密着型特定施設とは、特定施設（有料老人ホーム、養護老人ホーム、軽費老人ホーム）であって、その入居者が要介護者、その配偶者等に限られる介護専用型特定施設のうち、その**入居定員が 29 人以下**であるものをいう。

2 ○ 地域密着型特定施設の類型は、①**継続して入居する通常の形態**と、②**空室を利用して 30 日以内の入居となる短期利用**とがある。サービス提供については、施設内の職員が行い、外部サービスを利用することはできない。

3 × 指定地域密着型特定施設の看護職員は、**常に利用者の健康の状況に注意する**とともに、健康保持のための適切な措置を講じなければならない。

4 ○ 計画作成担当者である**介護支援専門員を 1 人以上配置**する必要がある。支障がなければ兼務も可となっている。計画作成担当者は、利用者またはその家族の希望、利用者について把握された解決すべき課題に基づき、他の地域密着型特定施設従業者と協議のうえ、サービスの目標及びその達成時期、サービスの内容、サービスを提供するうえでの留意点等を盛り込んだ地域密着型特定施設サービス計画の原案を作成しなければならない。

5 × 計画作成担当者は、地域密着型特定施設サービス計画の作成にあたっては、その原案の内容について**利用者またはその家族に対して説明**し、文書により**利用者の同意を得**なければならない。

解答 **1・2・4**

地域密着型介護老人福祉施設入所者生活介護

問題 263

地域密着型介護老人福祉施設入所者生活介護について正しいものはどれか。2つ選べ。

1 要支援者、要介護1と要介護2の者は、原則として入所することができない。
2 サービスの提供上必要と認められる場合は、ユニット型の居室の定員を3人にすることができる。
3 栄養士または管理栄養士を置かないことができる。
4 地域密着型施設サービス計画には、地域住民による入所者の話し相手、会食などを含めることができない。
5 終身施設としての役割を負っているため、居宅への復帰を念頭に置く必要はない。

解説

1 ○ 介護老人福祉施設と同様に、入所者は原則として**要介護3以上**の者とされている。

2 × 地域密着型介護老人福祉施設入所者生活介護の一の居室の定員は原則**1人**であり、入所者へのサービスの提供上、必要と認められる場合（夫婦入所など）は**2人**とすることができるが、**3人**にすることはできない。

3 ○ 他の社会福祉施設等との連携を図ることにより、施設の効果的な運営を期待することができる場合であって、入所者の処遇に支障がないときは、**栄養士**または**管理栄養士**を置かないことができる。

4 × 地域密着型施設サービス計画は、**地域住民による入所者の話し相手**、**会食**などの自発的な活動によるサービス等も含めて計画に位置づけるよう努めることとなっている。

5 × 運営基準第130条第1項において、地域密着型施設サービス計画に基づき、可能な限り、**居宅における生活への復帰を念頭に置いて**、入浴、排泄、食事等の介護、相談及び援助、社会生活上の便宜の供与その他の日常生活上の世話、機能訓練、健康管理及び療養上の世話を行うことにより、入所者がその有する能力に応じ自立した日常生活を営むことができるようにすることを目指すものでなければならないとされている。

解答 **1・3**

ONE POINT

地域密着型介護老人福祉施設入所者生活介護の設置形態

地域密着型介護老人福祉施設入所者生活介護の設置形態としては、①単独の小規模の介護老人福祉施設、②本体施設のあるサテライト型居住施設、③居宅サービス事業所や地域密着型サービス事業所と併設された小規模の介護老人福祉施設がある。居住形態としては、従来型とユニット型がある。②のサテライト型居住施設は、本体施設（指定介護老人福祉施設、指定地域密着型介護老人福祉施設、介護老人保健施設、介護医療院等）と密接な連携を確保しながら別の場所で運営される指定地域密着型介護老人福祉施設のことをいう。

地域密着型通所介護

問題 264

地域密着型通所介護について正しいものはどれか。3つ選べ。

1 利用定員は、19人未満である。

2 看護職員の配置は、義務づけられていない。

3 運営推進会議は、テレビ電話装置等を活用して行うことは認められていない。

4 食堂、機能訓練室、静養室、相談室及び事務室を有している必要がある。

5 地域密着型通所介護計画に基づき、漫然かつ画一的にならないように、利用者の機能訓練、その者が日常生活を営むことができるよう必要な援助を行う。

解説

1 ○ 地域密着型通所介護事業所の利用定員は、**19人未満**（18人以下）である。

2 × 看護職員は、サービスの単位ごとに、専従の看護職員を**1人以上置かなければならない**。利用定員が10人以下の場合は、提供時間帯の専従の看護職員及び介護職員の勤務時間数の合計を提供単位時間数で除して得た数が1以上確保されるために必要と認められる数の看護職員または介護職員を配置する必要がある。

3 × 運営推進会議は、**テレビ電話装置等を活用して行う**ことができる。利用者または家族が参加する場合は、その活用について同意を得なければならない。地域密着型通所介護事業者は、サービスの提供にあたり、利用者、家族、地域住民の代表者、市町村職員、地域包括支援センター職員等により構成される運営推進会議を設置し、おおむね6か月に1回以上、運営推進会議に対して活動状況を報告して評価を受けるとともに、運営推進会議から必要な要望、助言等を聴く機会を設けなければならない。なお、利用者の抱え込みを防止する役割もある。

4 ○ 地域密着型通所介護事業所は、**食堂、機能訓練室、静養室、相談室及び事務室を有する必要がある**。なお、食堂及び機能訓練室は、食事の提供や機能訓練を行う際に、支障がない広さを確保できる場合には、同一の場所とすることができる。また、消火設備その他の非常災害に際して必要な設備並びに地域密着型通所介護の提供に必要なその他の設備及び備品等を備えなければならない。

5 ○ 地域密着型通所介護の提供にあたっては、**地域密着型通所介護計画**に基づいて、漫然かつ画一的にならないように、利用者の機能訓練及び利用者が日常生活を営むことができるよう**必要な援助**を行う。

解答 **1・4・5**

左側縦書きタブ：
① 介護支援分野
② 保健医療サービス分野
③ 福祉サービス分野

地域密着型通所介護

問題 265

地域密着型通所介護について正しいものはどれか。3つ選べ。

1 地域密着型通所介護事業所の指定は、都道府県知事が行う。

2 地域密着型通所介護事業者は、サービスの提供にあたり、サービス担当者会議等を通じて、利用者の心身の状況等の把握に努めなければならない。

3 対象者は、原則として事業所のある市町村に居住する要介護者に限られる。

4 地域密着型通所介護には、療養通所介護が含まれている。

5 通常の事業の実施地域以外の地域に居住する利用者に対して行う送迎の費用は、利用者から支払いを受けることができない。

解説

1 × 地域密着型通所介護事業所の指定権者は、都道府県知事ではなく、**市町村長**である。

2 ○ 地域密着型通所介護事業者は、サービスの提供にあたっては、**サービス担当者会議**等を通じて、利用者の心身の状況、その置かれている環境、他の保健医療サービスまたは福祉サービスの利用状況等の把握に努めなければならない。

3 ○ 地域密着型通所介護は、基本的には通所介護と同様であるが、利用対象者が原則として**事業所のある市町村に居住する要介護者**に限られていることと、利用定員が**19人未満**である点が異なっている。

4 ○ 療養通所介護は、地域密着型通所介護に**含まれている**。療養通所介護（利用定員が19人未満）は、難病等を有する重度要介護者またはがん末期の者であって、常時看護師による観察が必要な者を対象者としている。

5 × 地域密着型通所介護では、通常の事業の実施地域以外の地域に居住する利用者に対して、**利用者の同意**を得たうえで、**送迎の費用**を請求することができる。また、**地域密着型通所介護計画**では、**送迎の有無**について記入することになっている。

解答 **2・3・4**

ONE POINT

地域密着型通所介護の利用料等の受領について

下記のものについて、利用者から支払いを受けられることを覚えておこう。

・通常の事業の実施地域以外に送迎する費用→○（受けられる）

・食事の費用→○（受けられる）

・おむつ代→○（受けられる）

・通常の時間を超えるサービス（預かりサービス）の費用→○（受けられる）

指定療養通所介護

問 題 **266**

指定療養通所介護について正しいものはどれか。２つ選べ。

1 都道府県知事が、事業者の指定を行う。

2 対象者は、がん末期の者に限られる。

3 利用定員は、18人以下である。

4 管理者は、医師でなければならない。

5 指定療養通所介護は、療養通所介護計画に基づいて提供される。

解 説

1 ✕ 指定療養通所介護は、地域密着型通所介護の一類型であり、事業者の指定は**市町村長**が行う。

2 ✕ 指定療養通所介護は、**常に看護師による観察を必要とする難病、認知症、脳血管疾患後遺症等の重度要介護者またはがん末期患者を対象**としている。

3 〇 利用定員は、18人以下（19人未満）と規定されている。

4 ✕ 指定療養通所介護事業所の管理者は、**常勤専従の看護師**でなければならない。また、適切な療養通所介護を行うために必要な知識及び技能を有する必要がある。

5 〇 指定療養通所介護は、**療養通所介護計画に基づき**、入浴、排泄、食事等の介護その他の日常生活上の世話及び機能訓練を行う。なお、療養通所介護計画は、すでに訪問看護計画書が作成されている場合は、当該訪問看護計画書の内容との整合を図りつつ、指定療養通所介護事業所の管理者が作成しなければならない。

解答 **3・5**

ONE POINT

指定療養通所介護事業所について

2016（平成28）年4月1日から、介護保険法の改正により、都道府県が指定していた通所介護事業所で定員19人未満の事業所が地域密着型通所介護事業所となり、事業所所在地の市町村に指定権限等が移行された。それまで療養通所介護は通所介護の一類型であったが、利用定員が9人以下であったため、地域密着型通所介護に位置づけられた。

2018（平成30）年4月からは、療養通所介護事業所の定員数が9人以下から18人以下（19人未満）に引き上げられた。

指定介護老人福祉施設

問題 267

✓ ✓ ✓

指定介護老人福祉施設について正しいものはどれか。2つ選べ。

1 指定介護老人福祉施設は、老人福祉法における特別養護老人ホームであり、入所者は65歳以上の常時介護を必要とする要介護3以上の高齢者に限られている。

2 指定介護老人福祉施設の事業主体は、社会福祉法人のほか、都道府県、市町村、地方独立行政法人がある。

3 教養娯楽設備を備えなくてもよいが、適宜入所者のためのレクリエーション行事を行わなければならない。

4 終身施設のため、入所者が居宅において日常生活を営むことができるかどうかを検討する必要はない。

5 要介護1の認知症のある利用者であっても、日常生活に支障をきたすような症状・行動や意思疎通の困難さが頻繁にみられる場合には、入所できる。

解 説 頻出 ─────────────────

1 ✕ 指定介護老人福祉施設は、**第1号被保険者**及び**第2号被保険者**である原則**要介護3**以上の者が入所する施設である。したがって、市町村の区域内に住所を有する40歳以上65歳未満の常時介護を必要とする第2号被保険者も対象となる。

2 ○ 指定介護老人福祉施設の事業主体(設置者)は、原則として、**都道府県**、**市町村**、**地方独立行政法人**、**社会福祉法人**に限定されている。指定介護老人福祉施設は、老人福祉法に規定された入所定員30人以上の特別養護老人ホームが、**都道府県知事**の指定を受けたものである。

3 ✕ 指定介護老人福祉施設は、**教養娯楽設備**等を備えるとともに、適宜入所者のための**レクリエーション行事**を行わなければならない。

4 ✕ 指定介護老人福祉施設は、**退所**や**在宅復帰**することを支援する施設としての役割も負っており、居宅での生活が可能かどうか定期的に検討しなければならない。

5 ○ 2015(平成27)年4月1日から、原則として**要介護3**以上の者しか入所できなくなったが、**要介護1**や2の者でも、選択肢のような**やむを得ない**事情により、**居宅での生活が困難であると認められる場合**、**市町村**の適切な関与のもと、特例的に入所が認められる(**特例入所**)。

特例入所者の要件等

①認知症である者であって、日常生活に支障をきたすような症状・行動や意思疎通の困難さが頻繁にみられる。
②知的障害・精神障害等を伴い、日常生活に支障をきたすような症状・行動や意思疎通の困難さ等が頻繁にみられる。
③家族等による深刻な虐待が疑われること等により、心身の安全・安心の確保が困難である。
④単身世帯である、同居家族が高齢または病弱である等により家族等による支援が期待できず、かつ、地域での介護サービスや生活支援の供給が不十分である。

解答 **2・5**

指定介護老人福祉施設

問題 268

指定介護老人福祉施設について正しいものはどれか。 2つ選べ。

1 医師は、常勤でなければならない。

2 介護支援専門員は、常勤の者を1人以上配置しなければならない。

3 生活相談員については、常勤の者を1人以上配置しなければならない。

4 看護職員については、常勤の者を配置しなくてもよい。

5 栄養士または管理栄養士は、入所定員にかかわらず1人以上配置しなければならない。

解説 **頻出**

1 × 医師は**非常勤でも可**とされている。指定介護老人福祉施設において、医師は、入所者に対して健康管理や療養上の指導を行うために必要な数を配置することとされており、その基準数は明示されていない。

2 ○ 指定介護老人福祉施設では、専従常勤の介護支援専門員を1人以上配置しなければならない。ただし、入所者の処遇に支障がない場合は、他の職務との兼務は可能である。なお、入所者100人またはその端数を増すごとに1人を標準とするとされているため、入所者の数が100人以下の場合は1人、101〜200人であれば2人、201〜300人であれば3人の配置が必要となる。

3 ○ 指定介護老人福祉施設において、生活相談員は、入所者100人またはその端数を増すごとに1人以上配置しなければならない。

4 × 看護職員は、常勤の者を1人以上配置しなければならない。ただし、利用者の処遇に支障のない場合においては他の職務を兼務することができる。

看護職員の配置について

入所者の数が30を超えない場合	1人以上
入所者の数が30を超えて50を超えない場合	2人以上
入所者の数が50を超えて130を超えない場合	3人以上
入所者の数が130を超える場合には、3人に、入所者の数が130を超えて50又はその端数を増すごとに1人加えて得た数以上	

5 × 指定介護老人福祉施設において栄養士または管理栄養士は、1人以上配置しなければならないが、入所者の数が**40**人を超えない施設で他の社会福祉施設の栄養士または管理栄養士との連携を図ることにより適切な栄養管理が行われ、入所者の処遇に支障がない場合には、配置しなくてもよい。

解答 **2・3**

指定介護老人福祉施設

問題 269

指定介護老人福祉施設について正しいものはどれか。 2つ選べ。

1 医務室は、医療法に規定する診療所でなければならない。

2 居室の定員は1人となっているが、入所者へのサービス提供上必要と認められる場合には、2人とすることができる。

3 入所者の負担であれば、訪問介護事業所の訪問介護員による介護を受けることができる。

4 ユニット型指定介護老人福祉施設において、1つのユニットの入居定員は、原則としておおむね4人以下とし、6人を超えないものとされている。

5 1週間に1回以上は、入所者を入浴させ、または清拭しなければならない。

解説 頻出

1 ○ 指定介護老人福祉施設に設置する医務室は、**医療法**に規定する診療所でなければならない。

2 ○ 指定介護老人福祉施設の居室の定員は、基本的に1人となっているが、入所者へのサービス提供上必要と認められる場合には、2人とすることができる。

3 × 指定介護老人福祉施設は、入所者に対し、その負担により、**施設の従業者以外**の者による介護を受けさせてはならない。

4 × 個室ユニット型施設の1ユニットの定員について、2021（令和3）年度に見直しが行われた。新たな規定では、「ユニット型指定介護老人福祉施設において、1つのユニットの入居定員は、原則としておおむね**10**人以下とし、**15**人を超えないもの」とされた。また、ユニット型個室的多床室については、感染症やプライバシーに配慮し、個室化を進める観点から、新設することが禁止された。

5 × 指定介護老人福祉施設は、1週間に**2**回以上、適切な方法により、入所者を**入浴**させ、または**清拭**しなければならない。

解答 **1・2**

ONE POINT

指定介護老人福祉施設の食事について

・栄養ならびに入所者の心身の状況及び嗜好を考慮した食事を、適切な時間に提供しなければならない。

・食事時間は適切なものとし、夕食時間は午後6時以降とすることが望ましいが、早くても午後5時以降とすること。

・入所者が可能な限り離床して、食堂で食事を摂ることを支援しなければならない。

指定介護老人福祉施設

問題 270

指定介護老人福祉施設について正しいものはどれか。3つ選べ。

1 入所者の心身の状況等に応じて、日常生活を営むために必要な機能の改善、または
その減退を防止するための訓練を行わなければならない。

2 入所者が外泊した場合でも、基本報酬に代えて1日につき所定の単位数を算定でき
る場合がある。

3 入所者が病院に入院した場合、入院期間にかかわらず、退院の際に円滑に再入所で
きるようにしなければならない。

4 指定介護老人福祉施設の広告をすることは禁じられている。

5 入所者の退所に際し、居宅介護支援事業者に対して情報を提供するほか、保健医療
サービスまたは福祉サービスを提供する者と密接な連携に努めなければならない。

解説

1 ○ 指定介護老人福祉施設は、入所者に対し、その心身の状況等に応じて、**日常生活を営むために必要な機能を改善し、またはその減退を防止するための訓練**を行わなければならない。

2 ○ 入所者が病院または診療所への**入院**を要した場合、及び入所者に対して居宅における**外泊**を認めた場合は、1か月に6日を限度として、基本報酬に代えて1日につき所定の単位数を外泊時費用として算定できる。

3 × 入所者が医療機関に入院しなければならなくなった場合、入院先の医師との確認を行い、3か月以内に退院できる見込みのときには、原則として、退院後**再び**当該施設に円滑に**入所**できるようにしなければならない。

4 × 指定介護老人福祉施設は、広告は行ってよいとされている。ただし、当該施設について広告をする場合は、その内容が**虚偽**または**誇大**なものであってはならない。なお、**介護老人保健施設**では、施設に関する広告の制限がある。

5 ○ 指定介護老人福祉施設は、入所者の退所に際しては、居宅サービス計画の作成等の援助に資するため、**居宅介護支援事業者**に対する情報の提供に努めるほか、保健医療サービスまたは福祉サービスを提供する者との密接な連携に努めなければならない。

解答 **1・2・5**

指定介護老人福祉施設

問題 271

指定介護老人福祉施設について正しいものはどれか。3つ選べ。

1 居宅介護支援事業者に、入所者に関する情報を提供する際には、あらかじめ文書により入所者の同意を得ておかなければならない。

2 あらかじめ協力病院を定めておかなければならない。

3 入所を待っている申込者が多い場合には、申し込んだ順に入所させるように努めなければならない。

4 施設サービス計画には、入所者のプライバシー保護の観点から、地域住民による自発的な活動等の利用を位置づけてはならない。

5 身体的拘束等の適正化のための対策を検討する委員会は、テレビ電話装置その他の情報通信機器を活用して行うことができる。

解 説 頻出 ─────────────

1 ○ 運営基準第30条第3項に、「指定介護老人福祉施設は、居宅介護支援事業者等に対して、入所者に関する情報を提供する際には、**あらかじめ文書により入所者の同意を得ておかなければならない**」と規定されている。

2 ○ 指定介護老人福祉施設は、入院治療を必要とする入所者のために、あらかじめ、協力病院**を定めておかなければならない**。なお、協力歯科医療機関については、あらかじめ、**定めておくよう努めなければならない**とされている。

3 × 指定介護老人福祉施設は、入所を待っている申込者がいる場合には、**介護の必要の程度**や**家族**等の状況を勘案し、指定施設サービスを受ける必要性が高いと認められる者を**優先的**に入所させるよう努めなければならない。

4 × 運営基準第12条第2項に、施設サービス計画を作成する介護支援専門員（計画担当介護支援専門員）は、「施設サービス計画の作成に当たっては、入所者の日常生活全般を支援する観点から、当該地域の住民による**自発的な活動**によるサービス等の利用も含めて施設サービス計画上に位置づけるよう努めなければならない」と規定されている。

5 ○ 指定介護老人福祉施設は、身体的拘束等の適正化を図るため、次に掲げる措置を講じなければならない。

> ①身体的拘束等の適正化のための対策を検討する委員会（テレビ電話装置その他の情報通信機器を活用して行うことができるものとする）を3か月に1回以上開催するとともに、その結果について、介護職員その他の従業者に周知徹底を図ること。
> ②身体的拘束等の適正化のための指針を整備すること。
> ③介護職員その他の従業者に対し、身体的拘束等の適正化のための研修を定期的に実施すること。

解答 1・2・5

ソーシャルワーク

問題 272

**ソーシャルワークに関する次の記述のうち、より適切なものはどれか。
2つ選べ。**

1　ラポールとは、相談援助者とクライエントとの信頼関係のことである。
2　クライエントが希望する必要なサービスを同居家族が望まない場合には、家族の意
　　向を優先する。
3　アセスメントとは、援助計画の進捗を定期的に、継続的に観察して評価することで
　　ある。
4　クライエントの意欲を高めるために、小さな事柄から自己決定を促すことが重要で
　　ある。
5　援助計画の目標は、抽象的にすることが重要である。

解説

1　○　ラポールとは、相談援助者とクライエント（利用者）との**信頼関係**のことである。ラポールはフランス語で「信頼」という意味であるが、福祉・心理の世界では「信頼関係」という意味で使われている。

2　×　クライエントと同居家族の意向が異なる場合には、相談援助者は双方の意見をできる限り聴いたうえで**調整**を図っていくことが重要である。また、クライエントと家族との関係が悪化している場合には、相談援助者のかかわりだけでなく、クライエントやその家族を取り巻く関係者が、継続的に家族関係の調整を図っていくことが必要となる。

3　×　選択肢の説明はアセスメントではなく、**モニタリング**のことである。介護支援専門員は、クライエントや環境の変化、現状把握の進展などにより、援助活動の見直し（モニタリング）をすることが常に必要である。参考までに、アセスメントとは、課題分析ともいい、クライエントの生活上の問題点を明らかにし、自立した日常生活を営むことができるよう支援を行ううえで解決すべき課題を把握することをいう。

4　○　自己決定については、クライエント自身が行っていくことが重要であるが、**小さな事柄**（**最も対処しやすい問題**）から進めていくとクライエントのモチベーションも上がり、取り組みやすい。

5　×　援助計画は、わかりやすい**具体的な目標**を設定する。抽象的な目標ではなく、できる限り具体的な、誰もが共通に理解可能な目標にすることが重要である。

解答　**1・4**

ソーシャルワーク

問題 273

ソーシャルワークに関する次の記述のうち、より適切なものはどれか。3つ選べ。

1 アウトリーチの対象は、本人のみならず、家族や地域住民も含む。
2 社会的孤立が深まっている場合であっても、対人関係をもちたくないというクライエントの意思を全面的に尊重すべきである。
3 多職種連携の際は、誰もが支援できるように、各専門職等の役割を曖昧にしておくことが大切となる。
4 支援を終結する際には、クライエントの終結に対する不安に配慮する必要がある。
5 クライエントが利用できる社会資源が不足している場合、新たな社会資源を創出していくことが求められる。

解説

1 ○ **アウトリーチ**とは、援助者が、クライエントが相談に来るのを待っているのではなく、**援助者側から**援助を必要としている人のところに**出向いて援助活動**を始めること、またはその方法をいう。身体障害・精神障害、環境上の問題や情報伝達の不備のために援助を受けていない場合、支援機関側から積極的に問題を発見し、援助の手を差し延べること（アウトリーチ）が必要となる。アウトリーチの対象は、**本人のみならず、家族**や**地域住民**も含まれる。

2 × クライエントの意思は尊重すべきではあるが、社会的孤立を招いている状況には改善するためのアプローチが必要である。相談援助者は、クライエントがなぜ対人関係をもちたくないのか、もてないのか、その原因を探るようにしなければならない。

3 × 多職種連携では、それぞれの専門性を発揮させるため、**各専門職の役割を明確にしておく**ことが重要となる。クライエントにかかわる多職種による支援チームを編成し、チームの知識や技能、経験を活かしてクライエントの問題解決に取り組む（協働する）こと（チームアプローチ）が必要となる。

4 ○ 相談援助者は、支援を終結する際には、クライエントの終結に伴う怒り、不信、突き放された思い、不安などを十分に受け止め、クライエントの思いへの**共感的理解**を示して、きちんとクライエントに対して言葉や態度でフィードバックする必要がある。

5 ○ 社会資源が不足する場合、相談援助者などは**必要な資源や制度を創出する必要**がある。社会資源の創出もソーシャルワークに含まれる。参考までに、社会資源にはフォーマルサービス（公的な提供主体により提供されるサービス、制度など）とインフォーマルサポート（家族、ボランティア、親戚、友人、近隣の人など）がある。

解答 1・4・5

相談援助者の基本姿勢

問題 274

相談援助者の基本姿勢について、より適切なものはどれか。 3つ選べ。

1 相談援助者は、クライエントの視点から、人生観や価値観等についての理解をより深めることが重要である。

2 相談援助者自身が職業倫理に違反する行為を自覚していない場合があるため、スーパービジョンによる点検が重要となる。

3 認知症のクライエントは自分で判断することが困難なため、率先して相談援助者が判断を行う。

4 近隣住民から説明を強く求められたため、クライエントの同意を得ないで、近隣住民にクライエントの緊急連絡先である長男の電話番号を伝えた。

5 相談援助者は、クライエントの生活課題は個別的であることを認識して対応していく必要がある。

解説

1 ○ 相談援助者は、利用者主体の観点から、**クライエント本人**の人生観や価値観等についての理解を深めることが重要である。

2 ○ **スーパービジョン**とは、指導者であるスーパーバイザーが、相談援助者であるスーパーバイジーに対して、専門職としての力量を上げるために指導・アドバイスなどの教育を行うものである。定期的に行うことで、職業倫理を見直すきっかけになり、職業倫理の違反を予防することにつながる。

3 × クライエントが認知症のため自分で判断することが困難だと決めつけずに、まずは**本人の意思**を最大限に尊重するようにかかわる姿勢が重要である（バイステックの7原則の「自己決定の原則」）。

4 × クライエントの同意を得ずに、近隣住民に長男の電話番号を漏らすことは、**守秘義務違反**であり、あってはならないことである（バイステックの7原則の「秘密保持の原則」）。

5 ○ 相談援助者は、クライエントを「生活課題を抱え、支援が必要な者」と分類するのではなく、クライエント一人ひとりの生活習慣や価値観など個々のニーズに沿った対応を行っていく必要がある（バイステックの7原則の「個別化の原則」）。

バイステックの7原則

> ①クライエントを個人としてとらえる（個別化の原則）
> ②クライエントの感情表現を大切にする（意図的な感情表出の原則）
> ③援助者は自分の感情を自覚して吟味する（統制された情緒的関与の原則）
> ④クライエントの全人間像の受容（感情受容と共感の原則）
> ⑤時と場を超えてクライエントに対する非審判的態度（非審判的態度の原則）
> ⑥クライエントの自己決定の最大限の尊重（自己決定の原則）
> ⑦秘密保持（秘密保持の原則）

解答 1・2・5

インテーク面接

問 題 275 ☑ ☑ ☑

インテーク面接について、より適切なものはどれか。 ２つ選べ。

1 インテーク面接は、初期の面接であるため、１回で終わらせなければならない。

2 クライエントが話しやすい、秘密が保持できる部屋の準備など、環境を整えることも重要となる。

3 アセスメント項目の順番に従って、すべて質問する必要はない。

4 インテーク面接では、得られる情報は少ないため、記録の必要はない。

5 クライエントの主訴に対して、相談援助者の所属する機関が対応できないことを伝えるのは、控えるようにする。

解 説

1 × インテーク面接は、必ずしも１回で**終わるとは限らない**。インテーク面接は、受理面接、初期面接とも呼ばれ、クライエントと相談援助者が相談目的のために初めて出会う場であり、援助を必要とする状況と課題を確認し、その後の援助の方針を話し合い、契約を結ぶ過程を総称する言葉である。

2 ○ インテーク面接は、クライエントの個人情報を聴く場であり、個人情報の保護に留意する必要がある。クライエントが話しやすく、秘密が保持できる部屋の準備など環境を整えることは、クライエントとの信頼関係を築くため、面接が円滑に運ぶためにも重要である。

3 ○ 情報収集のため、アセスメント項目について質問することは必要であるが、アセスメント項目の順番どおりにすべて質問する必要はない。クライエントの状態に合わせて、順序を変更したり、不要なものを聴かなかったりすることも可能である。

4 × インテーク面接で得られた情報については、情報が多い少ないにかかわらず、**記録**する必要がある。インテーク面接では、所属機関にまだその事例に関する何の情報も知らされていない場合が多い。インテーク面接担当職員の帰宅後に、クライエントや他機関から緊急連絡が入り、ほかの職種が緊急に対応することもある。そこで、迅速にインテーク面接の経過をまとめ、相談援助者としての意見と予測、緊急に対応すべき事柄、当面の問題、他機関との連絡の必要性とその経過などをしっかりと記載しておくことが求められる。

5 × インテーク面接は、現状を聴き、所属機関が提供できるサービスなどについて見極め、クライエントの**主訴**に対して、相談援助者の**所属機関の役割**が合致するか確認することが重要である。所属機関が対応できないことは「できない」と明確に伝えなければならない。

解答 2・3

インテーク面接のポイント

・援助を求めて相談する人（クライエント）を面接することを「**インテーク**」と呼ぶ。ソーシャルケースワークの最初の段階。初回の面接という意味であるが、必ずしも１回で終わるとは限らない。

・アセスメントの項目の順番に従って、すべて質問するわけではなく、クライエントや家族との話の流れ、尋ねられたことなどに応じて、情報収集をしていく。

・相談援助者は、所属機関、援助者のできること、できないことなどをクライエントに具体的に伝達していく。

・特に、正確、迅速な記録が求められる。

面接場面におけるコミュニケーション技術

問題276

面接場面におけるコミュニケーション技術について、より適切なものはどれか。3つ選べ。

1 クローズドクエスチョンとは、クライエントが「はい」か「いいえ」で答えることのできる質問である。
2 オープンクエスチョンとは、チェックリストに従ってクライエントに質問していくことである。
3 明確化とは、クライエントの言葉をそのまま返すことである。
4 共感とは、クライエントの考え方について、相談援助者がクライエントの立場に立って理解しようとすることをいう。
5 話すときの表情、抑揚、速さなども、面接においては重要となる。

解説

1 ○ 質問には、クローズドクエスチョン（閉じられた質問）とオープンクエスチョン（開かれた質問）がある。**クローズドクエスチョン**は、「はい」か「いいえ」で答えられる質問や、2～3語の単語で簡単に答えられる質問である。相手の語ることを明確化し、事実を確認することができる。

2 × **オープンクエスチョン**とは、答えが限定されず、クライエントが自由に答えることができる質問である。チェックリストに従って質問していくものではない。オープンクエスチョンでは、話を広げることで、得られる情報が多くなり、場合によっては、新しい考えや見方が引き出されることもある。一般的には、クライエントが具体的に話すことを促す質問（オープンクエスチョン）のほうが信頼関係を醸成しやすいため、よいとされている。

3 × **明確化**とは、クライエントの主訴や思いを明らかにすることであり、言葉をそのまま返すことは**反射**の技法である。

4 ○ **共感**とは、相談援助者がクライエントの世界を、クライエント自身がとらえるように理解することである。

5 ○ コミュニケーションには、言語的なもの（**言語的コミュニケーション**）と非言語的なもの（**非言語的コミュニケーション**）がある。非言語的コミュニケーションとして、表情、抑揚、話す速さ、声のトーン、うなずき、身ぶりなどがある。話すときの表情、抑揚、速さなどの非言語的コミュニケーションによって、クライエントに与える印象が変わるため、面接においては重要な技術となる。

解答 **1・4・5**

面接場面におけるコミュニケーション技術

問題 277

面接場面におけるコミュニケーション技術について、より適切なものはどれか。3つ選べ。

1 クライエントに障害がある場合には、イラスト、写真、文字盤などを活用することも面接を進めていくうえで有効となる。
2 クライエントの成長を促すコミュニケーション技法に、直面化がある。
3 予備的共感とは、相談援助者が、自らの態度、言葉遣い、質問の形式等をクライエントの反応に合わせて修正していくことである。
4 「なぜ」や「どうして」で始まる質問は、クライエントを自己防衛的にさせてしまう。
5 面接場面において、場所の設定、いすの配置などは気にする必要がない。

解説

1 ○ **イラスト、写真、文字盤、手話、ビデオ**など多様な表現方法があり、これらを用いることで理解を深めたり、スムーズな面接を行ったりすることが可能となる。相手のコミュニケーション能力を見定め、適切な手段を選ぶのも相談援助者の責任である。

2 ○ **直面化**は、クライエントの成長を促すコミュニケーションの技法であり、感情・体験・行動の三者間で、何かが相異なる状況に対して問いかけることで、クライエント自身の感情・体験・行動を見直していくことへと誘うものといわれている。

3 × 選択肢の説明は、「波長合わせ」のことである。予備的共感とは、事前情報をもとに、クライエントの立場に立った共感的な姿勢を準備しておくことである。

4 ○ 「**なぜ」や「どうして」で始まる質問**や**重複する質問**は、クライエントの**戸惑いを増幅させてしまう**場合が多い。「なぜ」や「どうして」で始まる質問は、聞く側が納得できないことを無意識のうちに含み、質問される側は必然的に**自分を防衛**しがちになる。対人援助のなかでは、「なぜ」や「どうして」は安易に用いることはせず、他の方法を見つけ出すことが望まれる。

5 × 面接の場所の設定、いすの配置、部屋の雰囲気、相談援助者の服装、書類の理解のしやすさなどの**外的条件**も、円滑なコミュニケーションを可能にするよう**配慮されなければならない**。クライエントが安心し、落ち着いて話せる温かみのある**環境づくり**が求められる。

解答 1・2・4

ソーシャルワークにおける個別援助

問題 278

ソーシャルワークにおける個別援助として、より適切なものはどれか。3つ選べ。

1 福祉事務所で行われる社会福祉主事による生活保護の相談面接
2 特別養護老人ホームの生活相談員による入所者に対するグループ活動
3 精神保健福祉士による入院中のクライエントの心理的な問題に関する面接
4 自治体職員による外国人に対する入院費用等の個別相談
5 震災被災者に対する支援のためのNPOの組織化

解説 **頻出**

1 ○ 福祉事務所で行われる社会福祉主事による生活保護の相談面接は、**個別**援助（**ミクロ・ソー**シャルワーク）である。

2 × 特別養護老人ホームの生活相談員による入所者に対するグループ活動は、**集団**援助（**メゾ・**ソーシャルワーク）である。

3 ○ 精神保健福祉士による入院中のクライエントの心理的な問題に関する面接は、**個別**援助（**ミクロ・ソーシャルワーク**）である。

4 ○ 自治体職員による外国人に対する入院費用等の個別相談は、**個別**援助（**ミクロ・ソーシャ**ルワーク）である。

5 × 震災被災者に対する支援のためのNPOの組織化は、**地域**援助（**マクロ・ソーシャルワー**ク）である。

解答 1・3・4

ソーシャルワークの3つの方法論

ケースワーク（ミクロ・ソーシャルワーク（個別援助））	生活課題を抱える個人や家族への訪問支援から発展したもの。対象は、利用者（クライエント）やその家族など。
グループワーク（メゾ・ソーシャルワーク（集団援助））	貧困地域に居住して住民の教育的支援や地域改善を目指すセツルメントを源流とするもの。対象は、集団（メンバー）や集団場面（関係）など。
コミュニティワーク（マクロ・ソーシャルワーク（地域援助））	地域社会の組織化や開発を志向するもの。対象は、地域社会、組織、国家、制度・政策、社会規範、地球環境など。

ソーシャルワークにおける集団援助

問題 279

ソーシャルワークにおける集団援助として、より適切なものはどれか。3つ選べ。

1　地域の視覚障害者が外出しやすいように、視覚障害者誘導用ブロックや音響式信号機の設置などを自治体にはたらきかけること
2　地域包括支援センターの主任介護支援専門員による認知症高齢者を介護する家族への相談面接
3　地域包括支援センターの保健師による一人暮らしの高齢者を集めた介護予防教室
4　介護老人福祉施設の生活相談員によるカラオケ大会などのレクリエーション活動
5　精神科クリニックで行われるアルコール依存症の当事者による分かち合いの体験

解 説 ── 頻出

1 ×　地域の視覚障害者が外出しやすいように、視覚障害者誘導用ブロックや音響式信号機の設置などを自治体にはたらきかけることは、**地域**援助（**マクロ・ソーシャルワーク**）である。

2 ×　地域包括支援センターの主任介護支援専門員による認知症高齢者を介護する家族への相談面接は、**個別**援助（**ミクロ・ソーシャルワーク**）である。

3 ○　地域包括支援センターの保健師による一人暮らしの高齢者を集めた介護予防教室は、**集団**援助（**メゾ・ソーシャルワーク**）である。

4 ○　介護老人福祉施設の生活相談員によるカラオケ大会などのレクリエーション活動は、**集団**援助（**メゾ・ソーシャルワーク**）である。

5 ○　精神科クリニックで行われるアルコール依存症の当事者による分かち合いの体験（セルフヘルプ・グループ）は、**集団**援助（**メゾ・ソーシャルワーク**）である。セルフヘルプ・グループ（自助グループ）は、同じ悩みをもつ者同士が当事者しか理解できない悩みなどの相談に応じたりするグループである（例：断酒会や認知症高齢者を介護する家族の会など）。

解答 3・4・5

介護支援分野 ①

保健医療サービス分野 ②

福祉サービス分野 ❸

ソーシャルワークにおける地域援助

問題 280

ソーシャルワークにおける地域援助として、より適切なものはどれか。3つ選べ。

1 キャラバン・メイトによる地域住民のための認知症サポーター養成講座
2 地域包括支援センターの社会福祉士による高齢者を虐待する家族への面接
3 地域包括支援センターによる介護に悩む家族を対象とした交流活動
4 社会福祉協議会による認知症の人や家族介護者のための地域サービスの整備
5 災害の被災者に対する支援のためのボランティアの組織化

解説　頻出

1 ○ キャラバン・メイト（認知症サポーター養成講座を企画・開催し、講師を務める人のこと）による地域住民のための認知症サポーター養成講座は、**地域**援助（**マクロ・ソーシャルワーク**）である。なお、個別の認知症相談は、**個別**援助（**ミクロ・ソーシャルワーク**）であり、認知症カフェへの参加やかかわりは、**集団**援助（**メゾ・ソーシャルワーク**）である。

2 × 地域包括支援センターの社会福祉士による高齢者を虐待する家族への面接は、**個別**援助（**ミクロ・ソーシャルワーク**）である。

3 × 地域包括支援センターによる介護に悩む家族を対象とした交流活動は、**集団**援助（**メゾ・ソーシャルワーク**）である。

4 ○ 社会福祉協議会による認知症の人や家族介護者のための地域サービスの整備は、**地域**援助（**マクロ・ソーシャルワーク**）である。

5 ○ 地域にはたらきかけ、被災者に対する支援が有効に機能するように、社会資源を調整・開発していくことは、**地域**援助（**マクロ・ソーシャルワーク**）である。

解答　**1・4・5**

ONE POINT

地域援助（マクロ・ソーシャルワーク）について

・地域援助の対象は、個人でも集団でもなく、地域全体である。
・個別援助や集団援助が直接に利用者（クライエント）などにはたらきかけることを主とする直接援助技術であるのに対し、地域援助は、地域へのはたらきかけにより利用者（クライエント）などが利益を得るという間接援助技術である。
・地域の組織化は、原則住民が参加して行う。

① 介護支援分野
② 保健医療サービス分野
③ 福祉サービス分野

支援困難事例

問題 281 ☑ ☑ ☑

支援困難事例について、より適切なものはどれか。3つ選べ。

1 「本人要因」「社会的要因」「サービス提供者側の要因」の3つが相互に影響を及ぼし合って、支援困難な状況が生み出されていると考えることができる。

2 支援困難事例の調整は、利用者のことを一番理解している介護支援専門員1人で行っていく。

3 問題を抱えた利用者が相談窓口に来るのを待つのではなく、援助者自らが利用者宅に出向き接触をもつことも必要な場合がある。

4 支援を拒否している高齢者には、信頼できる人を探し、支援につなげることが有効である。

5 セルフ・ネグレクトには、親族による介護放棄が含まれる。

解説

1 ○ 支援困難を形成する要因は多様であり、それらが相互に影響を及ぼし合って支援困難な状況が生み出されているが、①**本人要因**、②**社会的要因**、③**サービス提供者側の要因**、に大別される。

支援困難を形成する要因

本人要因	心理的要因（不安、不満・怒り、意欲の低下、支援拒否）、身体的・精神的要因（疾病、障害、判断能力の低下）
社会的要因	家族・親族との関係、地域との関係、社会資源の不足
サービス提供者側の要因	本人との支援関係の不全、チームアプローチの機能不全、ニーズとケアプランの乖離

2 × **地域包括支援センター**や重層的支援を展開する機関が、支援困難事例のサービス調整や後方支援を行い、必要なスーパービジョンを提供している。介護支援専門員は、これらの機関と**協働でチームを形成**し、関係者が集う**地域ケア会議**を活用しながら、各事例のニーズに即応したチームを臨機応変に構成し、チーム内のコミュニケーションを円滑化し、その効果を最大にする取り組みが求められる。

3 ○ 高齢者は、自ら支援を求めなかったり、社会的に孤立していて情報を入手できない場合もあり、地域に積極的に出向き、ニーズの発見を行う**アウトリーチ**が重要となる。

4 ○ 支援を拒否している高齢者や家族であっても、特定の信頼できる人からの助言や支援を受け入れる場合もあり、**キーパーソン**を探し、支援につなげていくという方法は**有効**である。

5 × 親族が高齢者に必要な介護を行わない場合、**高齢者虐待防止法**の定義では、それを「**介護・世話の放棄・放任**」（ネグレクト）としてとらえるが、高齢者自身が必要な支援を求めない場合を、「**セルフ・ネグレクト**」と呼ぶ。親族による介護放棄は**含まれない**。

解答 1・3・4

障害者総合支援法

問題 282

障害者総合支援法について正しいものはどれか。3つ選べ。

1 対象となる障害者の範囲には、難病患者も含まれる。

2 市町村は、介護給付費等の支給決定を行うにあたり、障害支援区分の認定を行う。

3 自立支援医療費の支給は、地域生活支援事業の1つである。

4 障害者が65歳になった場合には、介護保険法の適用を受けるため、それ以後障害福祉サービスは利用できない。

5 障害者総合支援法の給付は、自立支援給付と地域生活支援事業で構成されている。

1 ○ 障害者総合支援法の障害者の範囲は、**身体障害者**、**知的障害者**、**精神障害者**（発達障害者を含む）、**難病患者**である。

2 ○ 市町村は、介護給付費等の支給決定を行うにあたり、**障害支援区分の認定**を行う。障害支援区分の認定の流れは、①障害支援区分認定調査 → ②市町村が設置する市町村審査会における審査判定 → ③市町村による障害支援区分の認定となる。

3 × 精神通院医療、更生医療、育成医療が含まれる自立支援医療費の支給は、**自立支援給付**の1つである（問題283の表（287頁）参照）。

4 × 障害者が65歳になった場合、原則として介護保険制度が優先されることになるが、介護保険法と重複しない障害者固有のサービス（**同行援護**や**行動援護**など）については、障害福祉サービスを**利用することができる**。

5 ○ 障害者総合支援法の給付は、**自立支援給付**と**地域生活支援事業**で構成される。自立支援給付は、介護給付費、訓練等給付費、地域相談支援給付費、計画相談支援給付費、自立支援医療費、補装具費などの支給がある。地域生活支援事業は、地域で生活する障害者のニーズを踏まえ、地域の実情に応じた柔軟な事業形態での実施が可能になるよう、自治体が創意工夫により事業の詳細を決定するものである。市町村地域生活支援事業と都道府県地域生活支援事業がある。

障害者総合支援法における自立支援給付と地域生活支援事業

自立支援給付	介護給付費（居宅介護、重度訪問介護、同行援護、行動援護、療養介護、生活介護、短期入所、重度障害者等包括支援、施設入所支援）、訓練等給付費（自立訓練、就労選択支援※、就労移行支援、就労継続支援、就労定着支援、自立生活援助、共同生活援助）、地域相談支援給付費、計画相談支援給付費、自立支援医療費、補装具費などの支給
地域生活支援事業	**市町村地域生活支援事業**（理解促進研修・啓発事業、自発的活動支援事業、相談支援事業、成年後見制度利用支援事業、成年後見制度法人後見支援事業、日常生活用具給付等事業、移動支援事業など）、**都道府県地域生活支援事業**（専門性の高い相談支援事業、専門性の高い意思疎通支援を行う者の養成研修事業など）

※ 2022（令和4）年12月16日から3年を超えない範囲内において政令で定める日から施行

解答 **1・2・5**

障害者総合支援法

問題 283

障害者総合支援法について正しいものはどれか。3つ選べ。

1 介護給付費の支給には、重度訪問介護が含まれる。
2 補装具費は、自立支援給付の1つである。
3 日常生活用具給付等事業は、市町村の必須事業である。
4 介護保険サービスは、一律に障害福祉サービスに優先して提供される。
5 精神通院医療は、自立支援医療費の支給対象になっていない。

解説

1 ○ 介護給付費には、居宅介護、**重度訪問介護**、同行援護、行動援護、療養介護、生活介護、短期入所、重度障害者等包括支援、施設入所支援が含まれる（問題282の表（286頁）参照）。

2 ○ 補装具費とは、障害者総合支援法に基づく**自立支援給付**の1つで、補装具の購入、借受けまたは修理に要した費用について支給されるものである。補装具とは、障害者等の身体機能を補完し、または代替し、かつ、長期間にわたり継続して使用されるものとされ、具体的には、義肢、装具、車いすなどをいう。

3 ○ **日常生活用具給付等事業**は、障害者等に対し、自立生活支援用具等の日常生活用具を給付または貸与すること等により、日常生活の便宜を図り、その福祉の増進に資することを目的とした事業である。日常生活用具給付等事業は、**市町村の必須事業**となっている。

4 × 介護保険サービスは、原則、障害福祉サービスに優先して提供されるが、介護保険サービスに相当するものがない、**同行援護**、**行動援護**、**自立訓練（生活訓練）**、**就労移行支援**、**就労継続支援**等については、障害者総合支援法によるサービスを受けることができる。

5 × 自立支援医療費とは、障害者総合支援法に基づく自立支援給付の1つで、医療費の自己負担額を軽減する公費負担医療制度である。その支給対象は、①**精神通院医療**、②**更生医療**、③**育成医療**である。

自立支援医療

医療	対象者
精神通院医療 （都道府県等）	精神保健及び精神障害者福祉に関する法律第5条に規定する**精神障害者**で、通院による精神医療を継続的に要する者
更生医療 （市町村）	身体障害者福祉法第4条に規定する**身体障害者**で、その障害を除去・軽減する手術等の治療により確実に効果が期待できる者（18歳以上）
育成医療 （市町村）	児童福祉法第4条第2項に規定する**身体障害児**で、その障害を除去・軽減する手術等の治療により確実に効果が期待できる者（18歳未満）

解答 1・2・3

287

生活保護制度と介護保険制度のかかわり

問題 284

生活保護制度と介護保険制度のかかわりについて正しいものはどれか。2つ選べ。

1 生活保護制度は、市町村の責任と裁量の下で行われる。
2 介護扶助による介護の給付は、介護保険法の指定を受け、かつ、生活保護法による指定を受けた事業者等に委託して行われる。
3 介護保険施設入所者の日常生活費は、介護扶助から給付される。
4 介護保険制度に基づく介護予防福祉用具や介護予防住宅改修は、介護扶助の対象となっている。
5 介護扶助の範囲には、移送は含まれていない。

解説

1 × 生活保護制度は、日本国憲法第25条に規定された生存権の保障の理念に基づき、国の責任と裁量の下で行われる。

2 ○ 選択肢のとおりである。なお、介護保険法に基づく指定を受けた事業者は、その指定があったときに、基本的に、生活保護法に基づく介護機関としての指定を受けたものとみなされる。

3 × 介護保険施設に入所している生活保護受給者の日常生活費は、介護施設入所者基本生活費として**生活扶助**から支給される。

4 ○ 介護扶助の範囲は下記の表のとおりである。

居宅介護	居宅介護支援計画に基づき行うものに限る
福祉用具	介護保険制度に基づく福祉用具購入と同一
住宅改修	介護保険制度に基づく住宅改修と同一
施設介護	介護保険制度に基づく施設介護と同一
介護予防	介護予防支援計画に基づき行うものに限る
介護予防福祉用具	介護保険制度に基づく介護予防福祉用具購入と同一
介護予防住宅改修	介護保険制度に基づく介護予防住宅改修と同一
介護予防・日常生活支援	介護予防支援計画または介護保険法に規定する第1号介護予防支援事業による援助に相当する援助に基づき行うものに限る
移送	歩行が不能または著しく困難であり、保険給付により送迎が行われない場合に、入所、通所等のために必要不可欠な交通機関を利用することをいう

5 × 移送は、**介護扶助**に含まれる。移送は、介護保険法に基づく給付は行われていないが、交通費の支弁が困難な被保護者の状況を考慮し、介護扶助で給付を行っている（選択肢4の表を参照）。

解答 **2・4**

生活保護制度

問題 285 ✓ ✓ ✓

生活保護制度について正しいものはどれか。 2つ選べ。

1 介護扶助は、原則として金銭給付によって行うものとされているが、これができないときや妥当でないとき等は、現物給付によって行うことができる。
2 生活保護の実施機関は、厚生労働大臣である。
3 保護は、原則として世帯を単位に、その要否と程度が決められる。
4 要保護者のみからの申請に基づき、都道府県・市等の福祉事務所が生活保護の要否判定を行う。
5 葬祭扶助では、死体の運搬や納骨の費用が対象となる。

解説

1 × 介護扶助は、原則として**現物給付**によって行うものとされているが、これができないときや妥当でないとき等は、**金銭給付**（住宅改修や福祉用具など）によって行うことができる。

	扶助の種類	扶助の内容	給付の形態 （原則）
1	生活扶助	食べる物、着る物、光熱水費など日常の暮らしの費用	金銭給付
2	教育扶助	義務教育に必要な費用（教科書、学用品、給食代などを含む）	金銭給付
3	住宅扶助	家賃、地代、家屋の補修などの費用	金銭給付
4	医療扶助	けがや病気の治療をするための費用（通院費、診察、手術などの治療、コルセット、眼鏡、薬剤などを含む）	現物給付
5	介護扶助	居宅介護、施設介護、福祉用具、住宅改修などの費用	現物給付
6	出産扶助	出産をするための費用	金銭給付
7	生業扶助	高等学校等就学費用、自立のために技能を身につけるための費用、仕事をするのに必要な資金	金銭給付
8	葬祭扶助	お葬式の費用（死体の運搬、火葬・埋葬、納骨、その他葬祭に必要な費用について基準額の範囲内で給付）	金銭給付

2 × 生活保護の実施機関は、**都道府県知事**（町村部を担当）、**市長**及び**福祉事務所を管轄する町村長**である。

3 ○ 保護は、原則として**世帯**を単位として行われる。ただし、これによりがたいときは、個人を単位として定めることができる（生活保護法第10条）。

4 × **要保護者、その扶養義務者**または**その他の同居の親族**からの申請に基づき、都道府県・市等の**福祉事務所**が生活保護の要否判定を行う。

5 ○ 葬祭扶助は、**死体の運搬**や**納骨**、火葬・埋葬、その他葬祭に必要な費用について基準額の範囲内で給付される。

解答 **3・5**

生活保護制度

問題 286

生活保護制度について正しいものはどれか。３つ選べ。

1 生活保護を受けようとする者は、生活保護の適用前に、預貯金などの資産、各種手当等の社会保障給付などを活用することが求められる。
2 65歳以上の被保護者の普通徴収される介護保険料は、介護扶助として給付される。
3 医療扶助は、原則として現物給付である。
4 医療扶助においては、後発医薬品の使用が原則化されている。
5 40歳以上65歳未満の医療保険未加入の被保護者が要介護者になったときには、介護サービス費用の１割が介護扶助として給付される。

解説 頻出

1 ○ 生活保護法第４条に規定されている**補足性の原理**のことである。

2 × 65歳以上で生活保護を受けている者は、介護保険の第１号被保険者でもある。普通徴収される介護保険料については、**生活扶助**の**介護保険料加算**として給付される。

第１号被保険者の保険料

普通徴収の場合	生活扶助の介護保険料加算として給付
特別徴収の場合	収入認定において年金収入から控除

3 ○ 医療扶助は、疾病や負傷による**入院**または**通院**により治療を必要とする場合に、生活保護の**指定医療機関**に委託して行う給付である（原則として**現物給付**）。入院、診療、投薬、注射、手術などのほか、施術や入退院等の場合の**交通費**も給付の対象になる。医療扶助を受ける場合は、福祉事務所から**医療券**の発行が必要である。

4 ○ 2018（平成30）年の生活保護法の改正により医療扶助における**後発医薬品**の使用の促進が法律上明確化された。生活保護法第34条第３項において、「原則として、後発医薬品によりその給付を行うものとする」とされている。

5 × 40歳以上65歳未満の者のうち、医療保険に加入できず介護保険の被保険者になれない被保護者の場合、要介護者になったときには、介護サービス費用の**全額**が**介護扶助**として生活保護から給付される。生活保護受給者の大多数は、医療保険の未加入者（国民健康保険適用除外者）のため、介護保険の被保険者とならない。

	40歳以上65歳未満の生活保護受給者	65歳以上の生活保護受給者
医療保険の被保険者	第２号被保険者（自己負担１割を生活保護から給付）	第１号被保険者（自己負担１割を生活保護から給付）
医療保険未加入者	介護保険の被保険者の資格を取得できない者（10割を生活保護から給付）	

解答 **1・3・4**

介護支援分野 ① 保健医療サービス分野 ② 福祉サービス分野 ③

生活困窮者自立支援制度

問題 287

生活困窮者自立支援制度について正しいものはどれか。3つ選べ。

1 生活困窮者自立相談支援事業は、必須事業である。
2 子どもの学習・生活支援事業は、任意事業である。
3 生活困窮者自立相談支援事業は、親に扶養されている成人の子は対象とされていない。
4 実施機関は、都道府県、市及び福祉事務所を設置する町村である。
5 生活困窮者自立相談支援事業の自立相談支援機関には、地域包括支援センターの職員を配置しなければならない。

解説

1 ○ 生活困窮者自立支援法には、**生活困窮者自立相談支援事業**と**生活困窮者住居確保給付金の支給**の2つの必須事業がある。

生活困窮者自立支援法における事業

必須事業	生活困窮者自立相談支援事業 生活困窮者住居確保給付金の支給
任意事業	生活困窮者就労準備支援事業（努力義務） 生活困窮者家計改善支援事業（努力義務） 生活困窮者一時生活支援事業 子どもの学習・生活支援事業　　　　　等

※このほか、生活困窮者就労訓練事業がある。

2 ○ 子どもの学習・生活支援事業は、**任意事業**である。

3 × 生活困窮者自立支援制度の対象である**生活困窮者**とは、「就労の状況、心身の状況、地域社会との関係性その他の事情により、現に経済的に困窮し、最低限度の生活を維持することができなくなるおそれのある者」とされており、具体的には、現在生活保護を受給していないが、生活保護に至る可能性がある者で自立が見込まれる者とされている。そこには、親に扶養されている成人の子も支援の対象として**含まれている**。

4 ○ 選択肢のとおりである。事業の実施機関は、**都道府県**、**市及び福祉事務所を設置する町村**である。

5 × 生活困窮者自立相談支援事業の自立相談支援機関には、**主任相談支援員**、**相談支援員**、**就労支援員**を配置することが基本となっている。

解答 **1・2・4**

後期高齢者医療制度

問題 **288**

後期高齢者医療制度について正しいものはどれか。2つ選べ。

1 運営主体は、都道府県・指定都市社会福祉協議会である。

2 後期高齢者医療制度の被保険者は、75歳以上の者に限られている。

3 保険料は、年額18万円以上の年金を支給されている者は、普通徴収となっている。

4 被保険者の一部負担金は、原則として医療費の1割であり、現役並み所得者は3割である。

5 後期高齢者医療給付には、療養の給付、高額療養費が含まれている。

 解説 頻出

1 × 運営主体は、都道府県ごとにすべての市町村（東京23区を含む）が加入して設立された**後期高齢者医療広域連合**である。ただし、保険料の徴収、被保険者資格の管理、医療給付に関する届出の受付などの事務は、**市町村**が行う。

2 × 後期高齢者医療制度における被保険者は、次のいずれかに該当する者である。

後期高齢者医療広域連合の区域内に住所を有する者	① 75歳以上の者
	② 65歳以上75歳未満であって、一定の障害の状態にあると広域連合の認定を受けた者

※生活保護世帯に属する者は被保険者から除外される

3 × 保険料は、被保険者またはその者の属する世帯の世帯主等が負担し、市町村役場や金融機関に納付する（**普通徴収**）。ただし、年額18万円以上の年金を支給されている者は、年金から天引きされる（**特別徴収**）。国民健康保険の保険料を確実に納付していた場合などは、申出により口座振替による普通徴収に切り替えることができる。

4 ○ 後期高齢者医療制度における被保険者の一部負担金は、原則として医療費の1割であるが、一定以上の所得者は**2割**、現役並み所得者は**3割**の負担となる。また、この被保険者負担には、月ごとの上限が設けられている。

後期高齢者医療制度の自己負担割合

1割	一般・低所得者
2割	一定以上の所得者
3割	現役並み所得者

5 ○ 後期高齢者医療制度の保険給付には、下記の表の種類の給付が含まれる。

後期高齢者医療給付の種類

①療養の給付	④保険外併用療養費	⑦特別療養費	⑩高額介護合算療養費
②入院時食事療養費	⑤療養費	⑧移送費	⑪条例で定める給付
③入院時生活療養費	⑥訪問看護療養費	⑨高額療養費	

解答 **4・5**

後期高齢者医療制度

問題289

後期高齢者医療制度について正しいものはどれか。3つ選べ。

1 保険料は、厚生労働省令で定める。
2 特別の理由がある者に対して、保険料の減免をすることができる。
3 後期高齢者医療給付には、入院時食事療養費や移送費の支給が含まれない。
4 生活保護法による保護を受けている世帯に属する者は、被保険者にはならない。
5 高額介護合算療養費とは、1年間にかかった医療保険と介護保険の自己負担の合計
　額が基準額を超えた場合に、その超えた金額が支給されるものである。

解説

1 × 後期高齢者医療制度の保険料は、**後期高齢者医療広域連合**が**条例**で定める。保険料は、診療報酬改定とあわせて2年に1度改定される。その設定方法は、被保険者均等割（頭割）と所得割（応能割・所得比例部分）が50：50の割合とされ、被保険者一人ひとりを単位として算定・賦課される。なお、低所得者に対しては軽減措置がある。

2 ○ 後期高齢者医療広域連合は、条例の定めるところにより、低所得などの**特別の理由がある者**に対して、**保険料の減免、徴収の猶予**をすることができる。

3 × 入院時食事療養費や移送費の支給は、後期高齢者医療給付に**含まれる**。問題288 選択肢5の表（292頁）を参照のこと。

4 ○ 後期高齢者医療制度については、国民健康保険と同様、**生活保護世帯に属する者**は被保険者とならない。

5 ○ 高額介護合算療養費とは、毎年8月から翌年の7月末までの1年間にかかった医療保険と介護保険の自己負担の合計額が基準額を超えた場合、その超えた金額が支給されるものである。

解答 **2・4・5**

① 介護支援分野

② 保健医療サービス分野

❸ 福祉サービス分野

高齢者住まい法

問題290

高齢者住まい法について正しいものはどれか。3つ選べ。

1 高齢者住まい法の目的は、高齢者の居住の安定の確保を図ることである。
2 国は、高齢者に対する賃貸住宅及び老人ホームの供給の目標等を定める高齢者居住安定確保計画を定めることができる。
3 事業者は、一定の要件を満たす賃貸住宅等を、都道府県・指定都市の長・中核市の長に申請することにより、サービス付き高齢者向け住宅として登録できる。
4 サービス付き高齢者向け住宅とは、状況把握サービスと生活相談サービスを受けることができるバリアフリーの高齢者向け賃貸住宅である。
5 サービス付き高齢者向け住宅の入居者は、要介護認定を受けた単身高齢者に限られている。

解説

1 ○ 高齢者住まい法は、高齢者が日常生活を営むために必要な福祉サービスの提供を受けることができる良好な居住環境を備えた**高齢者向けの賃貸住宅**等の登録制度を設けるとともに、良好な居住環境を備えた高齢者向けの賃貸住宅の供給を促進するための措置を講じることなどにより、**高齢者の居住の安定の確保**を図ることを目的としている。なお、この法律は**厚生労働省**と**国土交通省**の共管である。

2 × **都道府県**及び**市町村**は、基本方針※に基づき、高齢者に対する賃貸住宅及び老人ホームの供給の目標、高齢者居宅生活支援事業の用に供する施設の整備の促進に関する事項等を定める**高齢者居住安定確保計画**を定めることができる。

> ※基本方針…高齢者の居住の安定の確保に関する基本的な方針（平成21年8月19日厚生労働省・国土交通省告示第1号）

3 ○ **事業者**は、一定の要件を満たす賃貸住宅等を、**都道府県・指定都市の長・中核市の長**に申請し、**サービス付き高齢者向け住宅**として登録することができる。サービス付き高齢者向け住宅の登録を受けると、建設・改修費に対して国から一定の補助を受けられる。

4 ○ サービス付き高齢者向け住宅におけるサービスは次のとおりである。

状況把握サービス	入居者の心身の状況を把握し、その状況に応じた一時的な便宜を供与するサービス
生活相談サービス	入居者が日常生活を支障なく営むことができるようにするために入居者からの相談に応じ必要な助言を行うサービス

5 × サービス付き高齢者向け住宅の入居者は、**単身高齢者**または高齢者とその**同居者（配偶者等）**となっている。ここでいう高齢者とは、**60**歳以上の者、または要介護・要支援認定を受けている**40**歳以上**60**歳未満の者のことをいう。

解答 **1・3・4**

老人福祉法

問題 291

老人福祉法について正しいものはどれか。 2つ選べ。

1 老人福祉法は、福祉六法の1つである。
2 老人福祉法における措置とは、虐待などのやむを得ない事由により介護保険サービスを受けられない場合などに、居宅介護支援事業者が職権をもって必要なサービスを提供することをいう。
3 特別養護老人ホームとは、無料または低額な料金で、老人を入所させ、食事の提供その他日常生活上必要な便宜を供与することを目的とする施設である。
4 地方公共団体は、老人クラブ等の事業を行う者に対して、適当な援助をするように努めなければならない。
5 国は、老人居宅生活支援事業及び老人福祉施設による事業の供給体制の確保に関する計画を定める。

解説

1 ○ 選択肢のとおりである。福祉六法とは、①**児童福祉法**、②**身体障害者福祉法**、③**知的障害者福祉法**、④**老人福祉法**、⑤**生活保護法**、⑥**母子及び父子並びに寡婦福祉法**のことである。

2 × 老人福祉法における**措置**とは、虐待などのやむを得ない事由により介護保険サービスを受けられない場合などに、**市町村**が職権をもって必要なサービスを提供することをいう。

3 × 選択肢の説明は、**軽費老人ホーム**のことである。老人福祉法による特別養護老人ホームの定義は下記の表のとおりである。

施設名	概要	施設の性格
特別養護老人ホーム	65歳以上の者で、身体上または精神上著しい障害があるために常時の介護を必要とし、かつ、居宅においてこれを受けることが困難な者を入所させ、または介護保険法の規定による地域密着型介護老人福祉施設入所者生活介護、介護福祉施設サービスを利用する者を入所させ、養護することを目的とする施設	措置施設

4 ○ 老人福祉法において、**地方公共団体**は、老人の福祉を増進することを目的とする事業の振興を図るとともに、**老人クラブその他当該事業を行う者**に対して、適当な援助をするように努めなければならないとされている（法第13条第2項）。

5 × **市町村**は、老人居宅生活支援事業及び老人福祉施設による事業（**老人福祉事業**）の供給体制の確保に関する計画（**市町村老人福祉計画**）を定めるものとされている。市町村老人福祉計画には、市町村の区域内において確保すべき老人福祉事業の量の目標を定め、また、その老人福祉事業の量の確保のための方策に関する事項等について定めるよう努めるものとされている。

解答 **1・4**

① 介護支援分野

② 保健医療サービス分野

❸ 福祉サービス分野

個人情報保護法

問題 292

個人情報保護法について正しいものはどれか。3つ選べ。

1 個人情報保護法には、国の責務は規定されていない。
2 個人情報には、基礎年金番号やマイナンバーも含まれる。
3 個人情報取扱事業者とは、個人情報データベース等を事業の用に供している者をいう。
4 個人データの第三者提供について、児童虐待のおそれがある情報を関係機関で共有する際においても、あらかじめ本人の同意が必要となる。
5 個人情報保護委員会は、個人情報取扱事業者等に対して、必要な報告を求めることができる。

解説

1 × 個人情報保護法第4条に**国の責務**、第5条に地方公共団体の責務が規定されている。

2 ○ 選択肢のとおりである。個人情報にはその他、免許証番号等の**個人識別符号**が含まれる。

個人情報の定義

個人情報	特定の個人を識別することができるもの	氏名、生年月日、その他の記述等により特定の個人を識別できるもの	
	個人識別符号	身体の一部の特徴を電子計算機の用に供するために変換した符号	顔の骨格、声紋、指紋、DNA 等
		役務の利用や書類において対象者ごとに割り振られる符号	旅券番号、基礎年金番号、免許証番号、保険者番号、マイナンバー等

3 ○ 選択肢のとおりである。ただし、国の機関や地方公共団体、独立行政法人等、地方独立行政法人は、除外される。

4 × 個人情報取扱事業者は、個人データを第三者に提供する場合、あらかじめ本人の同意を得なければならないが、以下の場合等には、本人の同意は**不要**である。

①法令に基づく場合	例：警察、裁判所、税務署等からの照会
②人の生命・身体・財産の保護に必要で、本人の同意を得ることが困難な場合	例：災害時の被災者情報の家族・自治体等への提供
③公衆衛生の向上・児童の健全な育成の推進に必要で、本人の同意を得ることが困難な場合	例：児童生徒の不登校や、児童虐待のおそれがある情報を関係機関で共有
④法令の定める事務を遂行する国の機関等に協力する場合	例：国や地方公共団体の統計調査等への協力

5 ○ 個人情報保護委員会は、個人情報取扱事業者等に対して、**必要な報告**を求めたり、立入検査を行ったりすることができる。また、必要に応じて、指導・助言・勧告・命令を行うことができる。

解答 2・3・5

育児・介護休業法

問題 293 ☑ ☑ ☑

育児・介護休業法について正しいものはどれか。3つ選べ。

1 育児・介護休業法に関する相談窓口は、各都道府県の労働局雇用環境・均等部（室）である。
2 育児休業とは、労働者が原則として3歳に満たない子を養育するために取得する休業である。
3 介護休業とは、労働者が要介護3以上の家族に限り、その者を介護するために取得する休業である。
4 介護休業の対象となる家族の範囲に、兄弟姉妹も含まれる。
5 介護休業の期間は、対象家族1人につき通算93日まで取得ができる。

解説

1 ○ 育児・介護休業法に関する問い合わせは、各都道府県の**労働局雇用環境・均等部（室）**が対応している。

2 × 育児休業とは、労働者が原則として**1歳**に満たない子を養育するために取得する休業である。基本的にすべての労働者が対象となっている。ただし、日々雇用される労働者は対象とされていないほか、入社1年未満の労働者など労使協定により対象外にできる労働者の範囲が決められている。育児休業の期間は、原則として子が1歳に達する日までの間で、労働者が申し出た期間である。なお、2022（令和4）年10月1日より、分割して2回まで取得することができるようになった。

3 × 介護休業とは、労働者が**要介護状態**にある対象家族を介護するために取得する休業である。基本的にすべての労働者が対象となっている。ただし、日々雇用される労働者は対象とされていないほか、入社1年未満の労働者など労使協定により対象外にできる労働者の範囲が決められている。

4 ○ 介護休業の対象となる家族の範囲は、配偶者（事実婚を含む）、父母、子、配偶者の父母、祖父母、**兄弟姉妹**及び孫である。

5 ○ 介護休業の期間は、対象家族1人につき通算**93**日まで、3回を上限として分割して取得することができる。介護休業にあたっては、雇用保険から介護休業給付金が支給される。休業開始時の賃金の67％の水準であり、育児休業の場合と異なり、社会保険の保険料免除はない。

解答 1・4・5

高齢者虐待防止法

問題 294

高齢者虐待防止法について正しいものはどれか。3つ選べ。

1 高齢者虐待防止法における高齢者虐待とは、身体的虐待、著しく養護を怠ること（ネグレクト）、心理的虐待、性的虐待、経済的虐待の5つである。

2 高齢者に対する著しい暴言は、心理的虐待である。

3 養護者による高齢者虐待を受けたと思われる高齢者を発見した者は、生命または身体に重大な危険が生じている場合は、速やかに市町村に通報しなければならない。

4 市町村長は、毎年度、養介護施設従事者等による高齢者虐待の状況やそれに対する措置等を公表する。

5 養介護施設には、地域包括支援センターは含まれない。

解説 頻出

1 ○ 高齢者虐待防止法における「高齢者虐待」とは、養護者による高齢者虐待及び養介護施設従事者等による高齢者虐待をいい、具体的には、①**身体的虐待**、②**著しく養護を怠ること（ネグレクト）**、③**心理的虐待**、④**性的虐待**、⑤**経済的虐待**の5つが規定されている。

2 ○ 高齢者に対する著しい暴言、または著しく拒絶的な対応その他の高齢者に著しい心理的外傷を与える言動を行うことは、**心理的虐待**に該当する。

3 ○ 養護者による高齢者虐待を受けたと思われる高齢者を発見した者は、当該高齢者の生命または身体に重大な危険が生じている場合は、速やかに**市町村**に通報しなければならない。

4 ✕ **都道府県知事**は、毎年度、養介護施設従事者等による高齢者虐待の状況、高齢者虐待があった場合にとった措置などについて公表するものとされている。

5 ✕ 地域包括支援センターは、養介護施設に**含まれる**。高齢者虐待防止法に規定する養介護施設、養介護事業、養介護施設従事者等については以下のとおりである。

	養介護施設	養介護事業	養介護施設従事者等
老人福祉法による規定	・老人福祉施設 ・有料老人ホーム	・老人居宅生活支援事業	「養介護施設」または「養介護事業」の業務に従事する者
介護保険法による規定	・介護老人福祉施設 ・介護老人保健施設 ・介護医療院 ・地域密着型介護老人福祉施設 ・地域包括支援センター	・居宅サービス事業 ・地域密着型サービス事業 ・居宅介護支援事業 ・介護予防サービス事業 ・地域密着型介護予防サービス事業 ・介護予防支援事業	

解答 1・2・3

高齢者虐待防止法等

問題 295

高齢者虐待防止法について正しいものはどれか。3つ選べ。

1 都道府県は、相談、指導及び助言、通報または届出の受理等の事務を地域包括支援センターに委託することができる。

2 市町村長は、養護者による高齢者虐待により高齢者の生命または身体に重大な危険が生じているおそれがある場合、立ち入り調査を行うため、所在地を管轄する警察署長に対し援助を求めることができる。

3 市町村は、養護者の負担軽減のため、養護者に対する相談、指導及び助言その他必要な措置を講ずる。

4 市町村は、養護者の負担軽減のため、緊急の必要がある場合に、高齢者が短期間養護を受けるために必要となる居室を確保するための措置を講ずる。

5 都道府県は、地域包括支援センター等との連携協力体制を整備し、養護者による高齢者虐待にいつでも迅速に対応することができるように配慮しなければならない。

解説

1 × **市町村**は、地域包括支援センターなどに、相談、指導及び助言、通報または届出の受理等の事務を委託することができる。

2 ○ 市町村長は、養護者による高齢者虐待により高齢者の生命または身体に重大な危険が生じているおそれがあると認める場合、立ち入り調査を行うことができる。立ち入り調査を行う際、市町村長は高齢者の**所在地を管轄する警察署長**に対し援助を求めることができる。

3 ○ 市町村は、**養護者**の負担の軽減のため、**養護者**に対する相談、指導及び助言その他必要な措置を講ずるものとされている。

4 ○ 市町村は、選択肢3の措置（その他必要な措置）として、養護者の心身の状態に照らしその養護の負担の軽減を図るため緊急の必要があると認める場合に、高齢者が短期間養護を受けるために必要となる居室を確保するための措置を講ずるものとされている。

5 × **市町村**は、養護者による高齢者虐待の防止、養護者による高齢者虐待を受けた高齢者の保護及び養護者に対する支援を適切に実施するため、老人介護支援センターや地域包括支援センターその他関係機関、民間団体等との連携協力体制を整備し、養護者による高齢者虐待にいつでも迅速に対応することができるよう、特に配慮しなければならないとされている。

解答 **2・3・4**

成年後見制度

問題 296

成年後見制度について正しいものはどれか。2つ選べ。

1 認知症等の精神上の障害により、判断能力が著しく不十分な者には、成年後見人を選任することができる。

2 市町村長は、65歳以上の者につき、その福祉を図るため特に必要があると認めるときは、後見開始の審判を請求することができる。

3 成年後見人が成年被後見人の居住用の不動産を処分する場合は、市町村長の許可が必要である。

4 任意後見制度とは、認知症等により判断能力が不十分になったときのために、後見人になってくれる者と後見事務の内容をあらかじめ契約によって決めておく制度である。

5 任意後見契約は、公正証書以外の方式で契約をしても有効である。

解説 頻出

1 × 認知症等の精神上の障害により、判断能力が著しく不十分な者には、**保佐人**を選任することができる。法定後見制度の分類については、以下の表のとおりである。

法定後見制度の3つの分類

分類	対象者	後見事務の内容
①後見	判断能力が欠けているのが通常の者	成年後見人は、預貯金の管理や重要な財産の売買、介護契約など、本人の財産に関する法律行為について代理権と取消権をもつ。ただし、本人の居住用の不動産を処分する場合には家庭裁判所の許可が必要。
②保佐	判断能力が著しく不十分な者	保佐人は、重要な財産を処分するなど、本人が行おうとしている一定の行為について同意権と取消権をもつ。また、本人の同意のもと、保佐人などの請求により、家庭裁判所の審判を経て代理権が与えられる。
③補助	判断能力が不十分な者	補助人は、本人の同意のもと、補助人などの請求により、家庭裁判所の審判を経て同意権、取消権と代理権が与えられる。ただし、同意権の範囲は保佐人よりも限定されている。

2 ○ 老人福祉法の規定に基づき、**市町村長**は、65歳以上の者につき、その福祉を図るため特に必要があると認めるときは、後見開始等の審判を請求することができる。

3 × 成年後見人は、本人（成年被後見人）の財産に関する法律行為（例えば預貯金の管理、重要な財産の売買、病院への入退院の手続きや費用の支払い、施設入所手続きや費用の支払い、介護契約等）について**代理権**がある。ただし、本人の居住用の不動産を処分する場合は、**家庭裁判所**の許可が必要となる。

4 ○ **任意後見制度**とは、将来、本人の判断能力が認知症等により不十分になったときのために、判断能力があるうちに、本人が後見人になってくれる者（任意後見受任者）と後見事務の内容を**あらかじめ公正証書で契約**して決めておく制度である。

5 × 任意後見契約は、公正証書以外の方式での契約は**認められない**。

解答 **2・4**

成年後見制度

問題297

成年後見制度について正しいものはどれか。2つ選べ。

1 成年後見制度利用促進法では、成年被後見人の意思決定の支援とともに、財産の管理、身上の保護を定めている。
2 成年後見人の職務の1つである身上監護には、事実上の介護労働をすることが含まれる。
3 任意後見受任者の配偶者、直系血族及び兄弟姉妹は、任意後見監督人となることができない。
4 2022（令和4）年最高裁判所事務総局家庭局「成年後見関係事件の概況」によれば、親族が成年後見人等に選任された者の割合は、約7割である。
5 2022（令和4）年最高裁判所事務総局家庭局「成年後見関係事件の概況」によれば、申立人と本人との関係について最も多いのは、本人（成年被後見人等）の子である。

解説

1 〇 成年後見制度利用促進法では、基本理念として、成年被後見人の**意思決定の支援**とともに、**財産の管理、身上の保護**を定めている。

2 × **身上監護**とは、事実上の介護労働をすることではなく、介護契約や施設入所契約・病院入院手続き等の行為を、本人に代わって行うことである。

3 〇 **任意後見監督人**とは、任意後見人が不正や権限濫用をしないように監督を行う者である。家庭裁判所が任意後見監督人を選任する。任意後見受任者本人や、その近い親族（任意後見受任者の配偶者、直系血族及び兄弟姉妹）は任意後見監督人になることができない。

4 × 成年後見人等（成年後見人、保佐人及び補助人）と本人との関係をみると、配偶者、親、子、兄弟姉妹及びその他親族が成年後見人等に選任されたものが全体の約**19.1**％である。一方、親族以外の第三者が成年後見人等に選任されたものは、全体の約**80.9**％となっており、その内訳は、弁護士が8682件（約27.1％）、司法書士が1万1764件（約36.8％）、社会福祉士が5849件（約18.3％）、社会福祉協議会が1432件（約4.5％）、行政書士が1427件（約4.5％）、市民後見人が271件（約0.8％）などとなっている。

5 × 最高裁判所事務総局家庭局「成年後見関係事件の概況」によれば、申立人と本人との関係について最も多いのは、2019（令和元）年までは本人（成年被後見人等）の子であった。しかしながら、2020（令和2）年より、申立人は**市区町村長**が最も多くなり、2022（令和4）年では全体の約23.3％を占めている。次いで本人（約21.0％）、本人の子（約20.8％）の順となっている。

解答 1・3

成年後見制度

問題 298

成年後見制度について正しいものはどれか。2つ選べ。

1 後見開始の申立は、本人の住所地がある都道府県に行う。

2 成年被後見人が行った法律行為は、原則として、取り消すことができる。

3 成年後見人は、病院への入退院の手続きや費用の支払いを本人に代わって行うことはできない。

4 本人以外の者の請求により補助開始の審判をするには、本人の同意は必要ではない。

5 社会福祉協議会等の法人も、成年後見人に選任されることがある。

解説

1 × 後見開始の申立は、本人の住所地を管轄する**家庭裁判所**に行う。家庭裁判所は、本人、配偶者、四親等内の親族、検察官などの請求により、後見開始の審判をすることができる。

2 ○ 成年被後見人が行った法律行為について、成年被後見人にとって不利益なものは、**取消権**によって、原則として、**取り消すことができる**。ただし、日用品の購入その他日常生活に関する行為については、取り消しの対象とならない。

3 × 成年後見人は、本人の財産に関する法律行為（例えば預貯金の管理、重要な財産の売買、病院への入退院の手続きや費用の支払い、施設入所手続きや費用の支払い、介護契約等）を本人に代わって**行うことができる**。

4 × 本人以外の者の請求による場合、補助開始の審判には本人の同意が**必要となる**。後見開始と保佐開始の審判は、本人の同意がなくても可能である。

5 ○ 後見人となる親族がいない場合や、本人が法律的な問題を抱えている場合など、専門職後見人のほか、地域の社会福祉協議会等の**法人**が成年後見人に選任されることも増えている。

成年後見人等を選任する際の考慮事由

> 家庭裁判所が成年後見人、保佐人、補助人を選任する際には、以下のような事情を考慮して選任する（民法第843条第4項）。
> ① 本人の心身の状態ならびに生活及び財産の状況
> ② 成年後見人等の候補者の職業・経歴（法人の場合は、その事業の種類・内容）
> ③ 成年後見人等の候補者と本人との利害関係の有無
> ④ 本人の意見

解答 2・5

日常生活自立支援事業

問題 299 ☑☑☑

日常生活自立支援事業について正しいものはどれか。 3つ選べ。

1 対象者の要件として、日常生活自立支援事業の利用契約を締結する能力を有していなくてもよい。

2 第2種社会福祉事業として規定されている福祉サービス利用援助事業である。

3 実施主体は、市町村社会福祉協議会である。

4 生活支援員は、介護保険サービス事業者との契約締結の手続きの援助や利用料の支払いの援助等を行う。

5 都道府県・指定都市社会福祉協議会に設置された運営適正化委員会が、日常生活自立支援事業の適切な運営の監視を行う。

解説

1 × 日常生活自立支援事業の対象者は、次の2つの要件を満たす者である。
①判断能力が不十分であるために、日常生活を営むのに必要なサービスを利用するための情報の入手、理解、判断、意思表示を適切に行うことが困難であること
②日常生活自立支援事業の**利用契約を締結する能力を有すること**

2 ○ 日常生活自立支援事業は、社会福祉法において**第2種社会福祉事業**として規定されている福祉サービス利用援助事業である。**第1種社会福祉事業**は利用者への影響が大きいため、経営安定を通じた利用者の保護の必要性が高い事業（特別養護老人ホームや障害者支援施設など）である。**第2種社会福祉事業**は比較的利用者への影響が小さいため、公的規制の必要性が低い事業（老人デイサービス事業など）である。

3 × 日常生活自立支援事業の実施主体は、**都道府県・指定都市社会福祉協議会**である。事業の一部を**市区町村社会福祉協議会**等に委託できることとされている。委託を受ける**市区町村社会福祉協議会**は、必要に応じて近隣の市区町村エリアも事業の対象地域とできるため、「基幹的社会福祉協議会」と呼ばれる。基幹的社会福祉協議会による事業の実施体制がとられない市区町村では、**都道府県・指定都市社会福祉協議会**が、直接、利用者と契約を結び、援助を行う。

4 ○ 選択肢のとおりである。**生活支援員**は、基幹的社会福祉協議会に配置され、専門員が策定した支援計画に基づき、福祉サービスの利用手続きの援助や利用料の支払いの援助等を行う。

5 ○ 選択肢のとおりである。判断能力が不十分な人の権利擁護にかかわるという事業の特性に鑑み、福祉サービスに関する利用者等からの苦情解決にあたること等を役割とした第三者委員会である**運営適正化委員会**が、事業全体の運営監視と利用者からの苦情解決にあたっている。

解答 **2・4・5**

日常生活自立支援事業

問題 300

日常生活自立支援事業について正しいものはどれか。 3つ選べ。

1 支援内容には、介護保険サービスの利用料の支払いの援助のほか、預貯金の通帳等の預かりなどが含まれる。

2 対象者は、認知症の診断を受けた人、または療育手帳や精神障害者保健福祉手帳をもっている人に限られる。

3 生活保護受給者の利用料は、無料である。

4 専門員は、初期相談から支援計画の策定、利用契約の締結に関する業務を行う。

5 介護保険審査会は、利用者の契約締結能力に疑義のある場合に審査を行う。

解 説

1 ○ 支援内容には、選択肢のような**福祉サービスの利用援助**や**書類等の預かりサービス**のほか、年金等の受領の手続きなどの**日常的金銭管理サービス**がある。

支援内容

❶福祉サービスの利用援助	利用と利用中止の手続き　苦情解決制度の利用の手続き 利用料の支払いの手続き　等
❷日常的金銭管理サービス	年金等の受領の手続き　税金、公共料金の支払いの手続き 日用品等の代金の支払いの手続き　等
❸書類等の預かりサービス	年金証書、預貯金の通帳等の預かり　等

2 × 日常生活自立支援事業の対象者は、認知症高齢者、知的障害者、精神障害者等のうち**判断能力が不十分な者**である（問題 299 の選択肢 1 の解説（303 頁）参照）。認知症の診断を受けている人や、療育手帳や精神障害者保健福祉手帳をもっている人に**限られない**。

3 ○ 利用料の額は実施主体により異なるが、平均的には援助活動 1 回あたり 1000〜1500 円程度になっている。ただし、生活保護受給者については、公的補助があるため**無料**である。

4 ○ **専門員**は、基幹的社会福祉協議会（問題 299 の選択肢 3 の解説（303 頁）参照）に配置され、**初期相談**から**支援計画の策定**、**利用契約の締結**に関する業務等を行う。原則として、高齢者や障害者等への援助経験のある社会福祉士や精神保健福祉士等があてられる。**専門員は専任の常勤職員**である。なお、支援計画に基づき福祉サービスの利用手続きの援助などを行う生活支援員は、非常勤職員が中心となっている。

5 × 選択肢の記述は**契約締結審査会**のことである。日常生活自立支援事業の対象者の具体的な契約締結能力の有無は、あらかじめ定められた「契約締結判定ガイドライン」に基づいて判定される。ガイドラインで判定できない場合には、医療、福祉、法律の専門家からなる**契約締結審査会**において、本人に契約する能力があるかどうか審査する。介護保険審査会は、各都道府県に設置され、市町村の行った処分に対する不服申立の審理・裁決を行う機関である。

解答 **1・3・4**

■2024年介護保険制度改正について

本書発刊後に明らかになった、2024（令和6）年施行の介護保険制度改正の内容のうち、本書に関連するものについて、弊社ホームページにおいて順次紹介していきます。下記 URL でご確認ください。
https://www.chuohoki.co.jp/foruser/manager/

■本書に関する訂正情報等について

弊社ホームページ（下記 URL）にて随時お知らせいたします。
https://www.chuohoki.co.jp/foruser/manager/

■本書へのご質問について

下記の URL から「お問い合わせフォーム」にご入力ください。
https://www.chuohoki.co.jp/contact/

ケアマネジャー試験合格問題集 2024

2024 年 1 月 30 日　発行

編集………………………中央法規ケアマネジャー受験対策研究会
発行者………………………荘村明彦
発行所………………………中央法規出版株式会社
　　　　　　　　　　　　〒 110-0016　東京都台東区台東 3-29-1　中央法規ビル
　　　　　　　　　　　　TEL 03-6387-3196
　　　　　　　　　　　　https://www.chuohoki.co.jp/
印刷・製本……………………株式会社太洋社
本文デザイン…………………株式会社ジャパンマテリアル
装幀デザイン…………………株式会社デジカル
装幀キャラクター……………坂木浩子